国家社会科学基金项目一般项目"'新基建'驱动城市旅游公共服务精准供给的实现机制与路径研究"（23BJY139）

云南省哲学社会科学规划智库项目重点项目"农文旅融合促进普洱景迈山古茶林文化景观保护传承的对策研究"（ZK2024ZD01）

昆明学院引进人才科研项目"大数据时代的民族村寨旅游形象共建机制研究"（XJ20220028）

# 旅游目的地形象评价、优化与传播研究

贺景　吕宛青　毕丽芳  著

华中科技大学出版社
http://press.hust.edu.cn
中国·武汉

## 内 容 简 介

本书以旅游目的地形象的评价、优化与传播为研究主题。通过对相关研究成果的系统梳理，确立研究主题；进而从本质探讨、形成分析、因素剖析、指标识别等方面构建旅游目的地形象系统的理论框架；同时以云南边境少数民族特色村寨为实证研究对象，结合网络文本内容分析旅游目的地形象亟待优化的问题；最后探讨旅游目的地形象的优化与传播对策。

**图书在版编目(CIP)数据**

旅游目的地形象评价、优化与传播研究 / 贺景，吕宛青，毕丽芳著. -- 武汉：华中科技大学出版社，2025.4. -- ISBN 978-7-5772-1742-0

Ⅰ.F590.1

中国国家版本馆 CIP 数据核字第 20250J1K00 号

### 旅游目的地形象评价、优化与传播研究  贺 景 吕宛青 毕丽芳 著
Lüyou Mudidi Xingxiang Pingjia、Youhua yu Chuanbo Yanjiu

| | |
|---|---|
| 策划编辑：魏雨楠 | |
| 责任编辑：黄梓芮 | |
| 封面设计：廖亚萍 | |
| 责任校对：刘小雨 | |
| 责任监印：周治超 | |

出版发行：华中科技大学出版社（中国·武汉）　　电话：(027)81321913
　　　　　武汉市东湖新技术开发区华工科技园　　邮编：430223
录　　排：华中科技大学惠友文印中心
印　　刷：武汉市洪林印务有限公司
开　　本：710 mm×1000 mm　1/16
印　　张：13.25
字　　数：220 千字
版　　次：2025 年 4 月第 1 版第 1 次印刷
定　　价：79.80 元

本书若有印装质量问题，请向出版社营销中心调换
全国免费服务热线：400-6679-118　竭诚为您服务
版权所有　侵权必究

# 前　言

在经济全球化迅猛发展的时代，旅游市场的竞争也趋向国际化，"形象力"的竞争已经成为旅游市场的主导竞争形式之一。旅游目的地形象对潜在旅游者选择和旅游者行为决策产生重大影响，而现阶段国内旅游目的地形象的发展和相关研究仍处在萌芽或起步阶段。疫情结束之后，旅游业发展进入产业复苏的关键时期，如何处理、应对在旅游目的地发展过程中出现的现实问题，通过科学、合理的手段来优化旅游目的地形象已经成为业内亟待解决的问题。

本研究基于前人已有的研究成果，从整体性视角出发，采用文献分析与问卷调查相结合、定性分析与定量分析相结合、学科交叉与软件辅助相结合、比较分析与综合分析相结合等方法，系统性地对旅游目的地形象展开研究，厘清旅游目的地形象的本质，构建旅游目的地形象系统构成、评价、优化及传播的逻辑框架，并以云南边境少数民族特色村寨旅游目的地为例进行实证研究。

本研究主要围绕旅游目的地形象系统构成、评价、优化及传播展开探讨，相关内容主要包括基础研究、理论研究、实证研究三部分。

第一部分为基础研究。首先分别对旅游目的地形象评价、旅游目的地形象优化的已有相关研究进行研究综述，梳理相关研究成果及贡献、研究发展趋势和值得进一步研究的主题。然后结合旅游目的地的发展需求，确立旅游目的地形象系统评价、优化及传播的研究主题。

第二部分为理论研究。为了构建旅游目的地形象系统评价及优化的理论框架，本研究按照以下五个步骤展开分析。一是基于对已有研究成果和理论的借鉴，深入讨论旅游目的地形象的本质，对旅游目的地形象相关概念进行界定；二是对其形成过程和形成路径展开了分析，将"旅游目的地形象"这一抽象概念具象化，由此引出将旅游目的地形象概念系统化的讨论；三是对旅游目的地形象的影响因素进行分析，将众多具象化影响因素进行分类，由此引出对旅游目的地形象系统构成的分析；四是识别旅游目的地形象评价指标，同时也是对旅游目的地形象系统的评价分析；五是探讨旅游目的地形象的提升对策,由此引出旅游目的地形象系统的优化分析。

第三部分为实证研究。基于云南边境少数民族特色村寨旅游目的地及其旅游目的地形象发展的需要,本研究以云南边境少数民族特色村寨为对象进行实证分析。首先对云南省和云南边境少数民族特色村寨旅游目的地形象的发展历程、云南省旅游目的地形象和发展基础条件进行了细致阐述,进而以此为基础,结合云南边境少数民族特色村寨旅游目的地形象评价及传播的网络数据,分析相关信息后讨论得出云南边境少数民族特色村寨旅游目的地形象亟待优化的问题。最后,结合云南边境少数民族特色村寨旅游目的地形象提升的深入分析,引出对边境少数民族特色村寨旅游目的地形象系统优化与传播对策的进一步探讨。

贺 景

2025 年 1 月

# 目 录

## 第一章　绪论　1
### 第一节　研究背景　1
### 第二节　问题的提出　2
### 第三节　研究意义　4
### 第四节　研究内容与方法　5
### 第五节　研究思路与框架　7

## 第二章　研究综述与理论基础　9
### 第一节　旅游目的地形象评价研究综述　9
### 第二节　旅游目的地形象优化研究综述　18
### 第三节　综述结论　21
### 第四节　理论基础　25

## 第三章　旅游目的地形象系统构建分析　29
### 第一节　旅游目的地形象本质　29
### 第二节　旅游目的地形象分类　33
### 第三节　旅游目的地形象形成　37
### 第四节　旅游目的地形象影响因素　41
### 第五节　旅游目的地形象系统　46
### 第六节　小结　55

## 第四章　旅游目的地形象评价分析　57
### 第一节　旅游目的地形象评价对象　57
### 第二节　旅游目的地形象评价工具　58
### 第三节　旅游目的地形象评价内容　58
### 第四节　小结　61

## 第五章 旅游目的地形象优化分析 — 62

第一节 旅游目的地形象优化模型构建 — 62
第二节 旅游目的地形象优化原则 — 68
第三节 旅游目的地形象优化动力 — 70
第四节 小结 — 78

## 第六章 旅游目的地形象传播分析 — 79

第一节 旅游目的地形象传播研究概述 — 79
第二节 旅游目的地形象网络传播系统构成 — 81
第三节 旅游目的地形象网络传播系统的主体关系 — 84
第四节 旅游目的地形象网络传播系统主体交互的过程要素 — 87
第五节 旅游目的地形象网络传播的管理机制 — 91
第六节 小结 — 94

## 第七章 实证研究——云南边境少数民族特色村寨旅游目的地形象的传播机制分析 — 95

第一节 实证案例研究背景 — 95
第二节 云南边境少数民族特色村寨旅游目的地形象调查分析 — 96
第三节 云南边境少数民族特色村寨旅游目的地形象传播现状分析——以新浪微博平台为例 — 158
第四节 云南边境少数民族特色村寨旅游目的地形象传播现存问题 — 171
第五节 云南边境少数民族特色村寨旅游目的地形象传播对策 — 174

## 第八章 结论 — 180

第一节 研究结论与创新 — 180
第二节 研究局限与展望 — 181

## 参考文献 — 183

## 附录 — 195

# 第一章 绪 论

## 第一节 研究背景

21世纪是形象时代(Age of Image),"形象力"的竞争已经成为旅游市场的主导竞争形式之一。显著而独特的旅游目的地形象是吸引庞大旅游市场的重要因素,一定时间内还可以在旅游市场上占据垄断地位。本节内容主要聚焦于研究背景的分析。

### 一、旅游目的地形象优化是国际旅游时代的发展要求

在经济全球化迅速发展的时代,世界各国都纷纷瞄准了国际市场,旅游产业的发展也不例外。很多旅游业发展迅速的国家为了提高国际市场竞争力,在不断提高自身旅游产品质量的同时,也更加关注对旅游目的地形象的优化。国际旅游竞争已不再拘泥于产品与线路层面的角力,而是与时俱进,从战略高度转变发展方式,围绕着具有更广指向和更深内涵的旅游目的地形象展开。众多旅游发达国家多年来尤其是近年来的成功经验表明,构建一个清晰的、能折射出旅游品牌核心价值进而能影响旅游目的地选择和旅行决策的旅游目的地形象,对应对全球化趋势、放大自身优势、化解外部挑战具有重大意义。这种构建思路成为各国旅游组织开展营销的统领战略。近年来,为了吸引旅游者的注意力,旅游目的地形象的问题逐渐引起各界重视,但由于一直面临着市场化程度不高、专业积淀不深等难题,某种程度而言,当前国内对旅游目的地形象的优化行为仍普遍处于萌芽或起步阶段。旅游目的地形象随着旅游者、旅游需求、旅游市场及环境等一系列因素不停地发生改变。合理、有效地进行旅游目的地形象优化,实现旅游目的地形象系统内部统合与外部联动,是应对国际旅游时代下日益激烈的市场竞争的必要途径。

### 二、旅游产业转型升级推动旅游目的地形象优化

经过多年发展,中国旅游业已经具备了大国旅游业的规模和强国旅游业

的潜质,但同时又处于转型和升级的关键时期。一方面,全球化加剧了国际竞争,使得中国旅游业面临来自外部市场环境的严峻挑战;另一方面,随着中国改革开放的持续推进,长久以来因传统经济体制而形成的独特的魅力和巨大的市场潜能,在历经数年的迅猛释放后,已难以维系中国作为旅游大国的市场优势。在这个关键阶段,中国与世界其他国家打响旅游业的"形象战"。早在2008年初,全国旅游工作会议就讨论了关于转型升级和提质增效的旅游发展战略。会议强调旅游业的转型升级以满足多元化复合型的旅游需求为出发点,通过加快转变旅游业发展方式来提升旅游发展质量和效益,进而提高旅游市场竞争力。为顺应旅游业发展要求,实现中国旅游业顺利转型升级,进行旅游目的地形象优化是重要措施之一。

### 三、供给侧结构性改革促进旅游目的地形象优化

自1997年亚洲金融危机以来,中国政府实施的宏观调控从整体上来看主要是针对需求侧的优化,对推动中国经济增长发挥了重大的作用。但是,随着时间的推移,需求侧优化所产生的副作用日渐明显。自2015年11月习近平总书记在中央财经领导小组第十一次会议上提出并强调加强供给侧结构性改革以来,调整经济结构,使要素实现最优配置,优化经济增长的质量和数量成为旅游业发展的主要目标。实施供给侧结构性改革旨在通过劳动力等相关要素来减少无效和低端供给,与此同时,针对日益变化的需求来增强供给结构的适应性和灵活性。旅游目的地形象优化模型旨在从旅游目的地供给侧的角度出发,通过调整旅游目的地资源、要素的配置,促进旅游目的地产品结构调整,优化旅游目的地形象,增强旅游目的地满足日渐多元化的旅游市场需求的能力,进而实现可持续发展。

## 第二节 问题的提出

基于研究背景的分析可知,国内外蓬勃发展的旅游目的地实践对相关研究提出了迫切的要求。与此同时,国内外学者针对旅游目的地形象的概念、形成、影响因素、评价及优化等一系列问题展开了广泛而深入的讨论。然而,尽管近年来相关研究在数量和质量上得到了长足发展,也日益严谨和完善,但由于旅游目的地形象涵盖的内容过于繁杂,直至今日,研究者们基于各自

对旅游目的地形象的不同界定所构建的一系列关于旅游目的地形象的评价指标仍未能达成一致,这一现象引发了笔者的一系列思考。

## 一、旅游目的地形象本质

旅游目的地形象的本质究竟是什么?旅游目的地形象是旅游者在脑海中形成的关于旅游目的地的感知和印象。已有的相关研究从多种视角基于多种理论进行了探讨。本研究认同并强调旅游目的地形象实质上是一种心理现象,是一个抽象的概念,因此,从心理学视角去研究旅游目的地形象的本质与内涵是一个可取的研究视角。但与此同时,这种抽象的心理现象是基于旅游者在整个旅游活动过程中受到一系列具象因素的影响而形成的,因而从市场供求的视角去研究旅游目的地形象的形成过程是十分必要和具有重要意义的。

## 二、旅游目的地形象形成

旅游目的地形象的形成过程究竟是怎样的?"旅游目的地形象"这一抽象概念是随着旅游者的旅游活动过程而得以形成的,因此,根据旅游活动的进展来分析旅游目的地形象的形成过程与路径是符合客观实际的。本研究从时间视角阐述旅游目的地形象的形成过程,结合时空视角和旅游市场供需视角的深层研究对旅游目的地形象的形成路径进行分析,这样有助于读者更加清晰地认识旅游目的地形象的本质与内涵,并为读者根据旅游目的地形象的形成过程与形成路径来识别旅游目的地形象的主要影响因素打下基础。

## 三、旅游目的地形象影响因素

旅游目的地形象主要受到哪些因素的影响?基于旅游目的地形象本质和旅游目的地形象形成过程的分析,对旅游目的地形象主要影响因素进行探讨是十分必要的。在整个旅游活动的进程中,或者说在整个旅游目的地形象的形成过程中,哪些因素产生了重要影响?这些影响因素是如何发挥作用的?本研究尝试对影响旅游目的地形象的内因和外因进行较为综合和全面的分析,通过层次分析和词频分析来识别旅游目的地形象的主要影响因素。

## 四、旅游目的地形象评价

旅游目的地在旅游者脑海中形成的印象究竟如何?存在哪些不足?应

该如何进行旅游目的地形象评价？主要评价内容有哪些？从已有研究成果来看，由于旅游目的地形象的概念内涵和构成要素尚存不清晰之处，旅游目的地形象评价方面的相关理论研究也稍显薄弱，从而印证了旅游目的地形象研究的复杂性和高难度。目前关于旅游目的地形象的评价体系尚没有统一的标准，这也是本研究尝试探讨的主要问题之一。

**五、旅游目的地形象优化与传播**

如何改善旅游目的地在旅游者心目中的印象？由谁来改善？旅游目的地形象的优化包括哪些重要内容与主要节点？本研究基于旅游目的地形象中的"人"与"地"互动的特征，尝试从旅游目的地形象优化的重要节点、主要内容、优化路径、优化原则及动力等方面构建旅游目的地形象优化的理论框架，并结合云南边境少数民族特色村寨的实际情况进行探讨，提出建立云南边境少数民族特色村寨旅游目的地形象的可持续传播机制，以提升云南边境少数民族特色村寨旅游目的地形象，以期对旅游目的地形象的本质及其形成的前因后果有所透视。

鉴于以上思考，本研究主要探讨旅游目的地形象的本质、形成、影响因素、评价、优化与传播六部分内容，其中以云南边境部分少数民族特色村寨为研究对象进行实证分析。

## 第三节 研究意义

### 一、理论意义

一方面，本研究从整体视角出发，通过梳理和分析前人已有的研究成果，将旅游目的地形象优化置于管理学、经济学、心理学、行为学等多学科理论交叉的视野中进行研究。基于认知理论、系统理论、形象发展阶段理论及旅游目的地形象维度理论等相关理论，本研究对旅游目的地形象相关概念进行了界定，厘清旅游目的地形象的构成要素与影响要素的内涵与外延，将"旅游目的地形象"这一抽象概念用具象化的内容进行描述和评价，拓展了旅游目的地形象的研究视角。

另一方面，本研究结合认知理论、形象发展阶段理论、利益相关者理论及推拉理论等构建旅游目的地形象评价体系和优化模型,厘清旅游目的地形象优化各环节、各要素之间的内部关系,丰富了旅游目的地形象理论探讨的内容,延展了相关研究的理论框架,具有一定的理论价值。

## 二、现实意义

一方面,旅游目的地形象优化不仅是国际旅游市场发展的要求,还对促进旅游目的地的发展具有重要作用,同时也是当前旅游业亟须解决的问题,更是旅游目的地打造符合旅游者需求的形象所必须采取的重要措施。旅游目的地形象会对潜在旅游者的选择和旅游者的行为决策产生重大影响,是影响旅游目的地发展的重要因素之一。研究旅游目的地形象优化是基于当前旅游目的地蓬勃发展的实际情况展开的,具有一定的现实意义。

另一方面,现阶段我国旅游目的地形象的优化行为仍处在萌芽或起步阶段。基于国内旅游业进入转型升级的关键时期,以及在旅游目的地形象优化过程中面临的诸多现实问题,本研究以云南省为特定研究对象,探索具有针对性的旅游目的地形象优化及传播对策。这对于分析旅游目的地形象优化及传播的现状、存在的问题,并提出针对性措施,以优化及传播旅游目的地形象,进而提高旅游目的地竞争力,实现旅游目的地可持续发展具有现实参考价值。

# 第四节 研究内容与方法

## 一、研究内容

本研究主要围绕旅游目的地形象系统评价与优化展开探讨,相关内容主要包括基础研究、理论框架构建、实证研究三大部分。

**1. 基础研究**

本研究首先分别对旅游目的地形象评价、旅游目的地形象优化的已有相关研究进行了综述,梳理相关研究成果及贡献、研究发展趋势,并指出了值得进一步研究的主题。然后结合旅游目的地的发展需求,确立旅游目的地形象系统评价、优化及传播的研究主题。

**2．理论框架构建**

为了构建旅游目的地形象系统评价及优化的理论框架,本研究按照以下五个步骤展开分析。一是基于已有研究成果,深入讨论旅游目的地形象的本质,对旅游目的地形象相关概念进行界定;二是对其形成过程和形成路径展开分析,将"旅游目的地形象"这一抽象概念具象化,由此引出将旅游目的地形象概念系统化的讨论;三是对旅游目的地形象的影响因素进行分析,将众多具象化影响因素进行分类,由此引出对旅游目的地形象系统构成的分析;四是识别旅游目的地形象评价指标,同时也是对旅游目的地形象系统进行评价分析;五是探讨旅游目的地形象的提升对策,由此引出旅游目的地形象系统的优化分析。本研究的理论框架构建流程如图1-1所示。

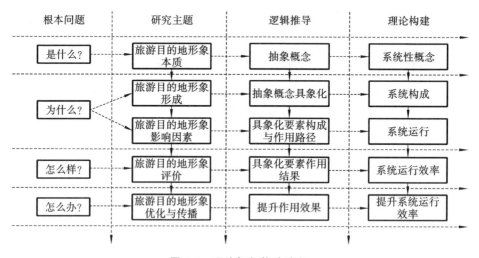

**图1-1 理论框架构建流程**

**3．实证研究**

基于云南省旅游目的地和云南省旅游目的地形象发展的需要,本研究以云南边境少数民族特色村寨旅游目的地为对象进行实证分析。首先对云南省旅游目的地形象的发展历程、云南省旅游目的地形象和发展基础条件进行了细致阐述;进而以此为基础,结合云南省旅游目的地形象的市场问卷调查,分析相关数据后讨论得出云南省旅游目的地形象发展现存的问题,并结合前文构建的理论框架提出云南省旅游目的地形象优化的对策建议。

## 二、研究方法

### 1. 文献分析与问卷调查相结合

本研究主要通过中国知网（CNKI）、万方等中文数据库，SpringerLink、Elsevier、Science 等英文数据库进行关键词检索，并结合百度、Google 等搜索引擎，收集到大量相关文献资料，为本研究的选题及撰写提供理论支撑；在收集旅游目的地形象相关文献资料的同时，通过文本分析，并运用 SPSS 分析问卷调查结果，获取与旅游目的地形象影响因素及游客评价相关的数据，为下一步分析旅游目的地形象优化对策做铺垫。

### 2. 定性分析与定量分析相结合

本研究对旅游目的地形象及其优化模型相关概念的界定，需要借鉴大量的前人研究成果，采用文献分析与归纳分析等定性研究方法进行理论分析；采用词频分析与开放式问卷调查来探讨旅游目的地形象的影响因素与评价指标；收集问卷，并运用定量方法对问卷调查结果进行统计分析。

### 3. 学科交叉与软件辅助相结合

本研究融合了管理学、经济学、统计学、心理学、行为学等多个学科的基本原理和研究方法，采用文本数据挖掘、SPSS 统计分析等进行数据分析和处理。

### 4. 比较分析与综合分析相结合

一方面，本研究对比和综合了国内外代表性研究成果，以此来获取支撑旅游目的地形象优化模型的资料，确定旅游目的地形象优化模型的理论框架。另一方面，本研究在对云南省旅游目的地形象优化现状进行分析的过程中，对比分析和综合了解了旅游目的地形象优化的各环节、各要素，以此来提出针对性的建议。

## 第五节　研究思路与框架

本研究构建的研究思路与框架如图 1-2 所示。

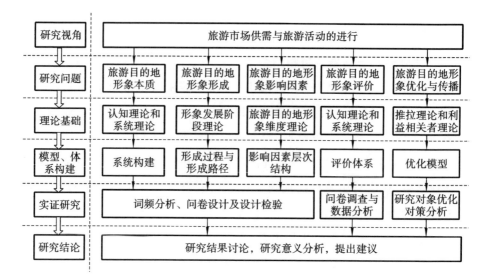

图 1-2 研究思路与框架

# 第二章 研究综述与理论基础

从目前搜索到的相关文献来看,"旅游目的地形象"通常与"旅游地形象""目的地形象""旅游形象"这几个关键词交替出现。国外学者倾向于使用"旅游目的地形象"或"目的地形象"进行表述,国内学者较多使用"旅游形象""旅游地形象"进行表述。国内外学者在进行相关研究时,普遍将以上关键词混为一谈,没有明确区分这几者之间的关系。基于此,本研究在研究综述部分将相关文献一并进行梳理,并在引用没有明确区分这几者之间关系的相关文献时以"旅游目的地形象"进行表述。下面从旅游目的地形象的评价和优化两个方面进行研究综述。

## 第一节 旅游目的地形象评价研究综述

旅游目的地形象是一个抽象概念,对这一抽象概念的评价是否精准、有效,取决于评价内容的确定和评价方法的选择。首先要结合旅游目的地实际情况将旅游目的地形象的概念进行具化,也就是要对其构成要素和相应的目的地属性特征进行降维解析,才能确定旅游目的地形象评价的具体内容。本部分的内容主要从文献回顾入手,总结众多学者关于旅游目的地形象的评价内容的研究,并基于文献评述的结果,指出旅游目的地形象的旅游者感知视角和旅游目的地投射视角,为后续进行旅游目的地形象评价的实证研究打下基础。

### 一、总体研究情况

自 Hunt(1971)首次提出"旅游目的地形象"的概念以来,相关研究就成为学术界关注的焦点。其中,对旅游目的地形象的评价一直是相关研究的热点和难点。要想确定旅游目的地形象的评价内容,首先需要对旅游目的地形象的概念和构成进行深入分析。国外学者基本沿袭从感知主体的角度进行界定的思路,认为旅游目的地形象是旅游者心目中关于旅游目的地的总体印象和综合评价,突出其绝对主观性;国内学者多从旅游目的地资源、形象客体的角度出发,认为旅游目的地形象来自地方文脉,由自然、历史文化、民俗及社会心理积淀等方面的因素构成,突出其相对客观性。由于旅游目的地形象涵盖内容繁杂,至今为止,学者们在相关研究上尚未达成共识。

## 二、主要研究内容

虽然旅游目的地形象是一个抽象概念,但形象的形成必须依托于一定的实体要素和可感知内容。旅游目的地本身是其形象的载体,不同类型、不同规模的旅游目的地的形象评价内容也不尽相同。对已有相关文献的关键词共现网络聚类分析结果表明,学者们较常借助心理学认知理论、形象发展阶段理论及旅游目的地形象维度理论等展开分析。相关研究主要以城市及区域旅游形象、旅游地形象和国家旅游形象等为研究对象,集中于对旅游者感知、旅游目的地资源、评价影响因素及构建评价指标等内容进行分析。

### 1. 基于不同理论的综述

（1）认知理论。

心理学认知理论指出,个体的社会行为取决于其如何看待社会情境。个体总是把自身关于社会情境的知觉、思想,以及信念组成一系列意义单元,这在很大程度上影响着个体所采取的行动。从这个角度来看,旅游者总是会将其自身获得的关于旅游目的地的知觉信息和材料融合起来,形成一个具有意义的有机整体。旅游目的地感知形象评价可以从认知和情感两方面入手(Kim & Richardson,2003;Martín & Rodríguez,2008)。部分学者在旅游目的地形象评价的研究中,将认知形象、情感形象与旅游目的地整体形象及旅游者意向联系起来,不仅辨析了这几者之间的相互关系,也丰富了旅游目的地形象的评价内容。旅游目的地认知形象与情感形象二者关系密切且相互影响,其中,情感形象对旅游者满意度和忠诚度的影响相对较大(王晓辉,2015)。相对于整体形象来说,认知形象和情感形象对旅游意向的影响较大(杨杰等,2009);旅游者的形象感知对旅游者的忠诚度影响较大,同时对旅游者重游意愿和口碑宣传倾向产生显著积极影响(粟路军、黄福才,2010)。基于以上分析,从认知理论的角度来看,学者们主要关注旅游目的地认知形象、情感形象及整体形象的评价,并检验三者对旅游意向、忠诚度及满意度等方面的影响。

(2) 形象发展阶段理论。

形象发展阶段理论将旅游目的地形象的形成与发展过程提炼为三个阶段：原生形象、诱发形象和诱导形象（修正后）(Gunn,1972)。通过日常生活、教育、媒介、他人获得的旅游目的地形象被称为原生形象,受旅游目的地宣传推广影响后形成的是诱发形象,在实地到访和体验旅游目的地之后加以修正所形成的是诱导形象。部分学者基于旅游目的地形象发展阶段理论,依据旅游目的地形象的形成过程对旅游目的地形象的评价内容进行了归纳。旅游目的地形象包括本底感知形象和实地感知形象(李蕾蕾,1999)。本底感知形象是一种间接形象,实地感知形象是关于旅游目的地的直接形象,旅游者在实地到访旅游目的地之前通过媒介和人际传播形成本底感知形象;在旅游目的地进行旅游活动和个人体验的过程中,或在这一过程完成之后形成实地感知形象。具体来说,旅游者在产生旅游动机之前自发形成旅游目的地原生形象,产生旅游动机之后形成认知形象,实地到访旅游目的地之后对原生形象和认知形象进行修正进而形成整体形象(吴晋峰,2014)。因此,旅游目的地形象的评价基于旅游目的地与外界的相互作用过程可以分为本体形象、传播形象和感知形象三个层面的内容(王龙,2012)。少部分学者在旅游目的地形象发展阶段理论的基础上进行延伸,将旅游者在实地到访旅游目的地之后的行为意向也纳入研究范畴。

(3) 旅游目的地形象维度理论。

旅游目的地形象维度理论认为,对于任何旅游目的地形象的研究而言,其各种变量之间的关系都可以通过评价以下三个维度来得以确定。第一维度是衡量感知主体的认知,第二维度是围绕对象或旅游目的地进行评价,第三维度是针对旅游目的地的某些具体属性或特征进行评价(Mazanec,1999)。基于维度理论,旅游目的地形象评价的实证研究包括评价旅游目的地属性、旅游目的地形象认知主体和旅游目的地形象评价对象三类(Gallarza等,2002;廖卫华,2007);此外,服务公平是影响旅游者感知旅游目的地形象的首要因素,感知价值次之,服务质量也是重要影响因素之一(粟路军、黄福才,2010)。旅游者对旅游目的地形象感知的驱动力主要来自城市形象、城市旅游形象、旅游城市间比较利益、旅游者实地感知行为、政府宏观调控行为及城市旅游综合实力(程金龙,2012),包括旅游地所在地理环境实体要素和旅游地中人文社会的抽象要素(李蕾蕾,1999)。旅游目的地属性包括活动专门属性和吸引物专门属性(Chen & Uysal,2002;Bonn等,2005)。旅游目的地的认知属性包括吸引物、舒适度、费用的价值和异国氛围四个方面(Lee 等,2005)。由此可见,对旅游目的地感知主体的认知评价主要集中于辨别旅游者对旅游目的地形象的感知差异及其影响因素;关于旅游目的地的评价主要在于识别其各项要素及所有可能包括的层面;对旅游目的地某些属性或特征的评价是学者们研究的重点。

**2. 基于不同研究对象的综述**

(1)城市及区域旅游形象评价。

利用语义差别量表分析法对 1971—1983 年的区域旅游形象进行评价,对比分析其在 12 年间的变化(Gartner & Hunt,1987);非结构性问卷将旅游者城市旅游形象评价内容分为事物、景观、城市、描述及人物五大类,并进一步为优化城市旅游形象提供理论参考(Reilly,1990;黄震方等,2002)。旅游目的地形象感知偏差评价模型分析的旅游者对城市旅游形象的感知内容主要涵盖旅游吸引物、旅游服务、自然环境及社会环境四个类别,并通过评价指出针对旅游者感知偏差优化城市旅游形象的对策和建议(姚长宏等,2009;徐尤龙等,2015)。通过专家访谈和非结构问卷归纳出城市旅游形象的评价内容包括旅游资源、旅游产品、旅游环境、基础设施与配套服务、公共优化与服务五大类共 36 个评价因子,便于后续实证研究(徐尤龙等,2015)。

(2)旅游目的地形象评价。

沿江滨水区旅游形象评价的内容包括旅游环境与休闲氛围、文化环境、文化节庆活动、体验活动、休闲基础设施、旅游基础设施、便利程度及公共雕塑八大项内容,基于 IPA 法可将沿江滨水区旅游形象塑造划分为积极优化型、控制优化型、适度发展型和重点推进型四类(陆杏梅等,2010);以姚长宏等学者的观点为理论基础,文化遗产地旅游形象的主要评价内容分为旅游吸引物、旅游服务、自然环境、社会环境及遗产认知五个方面,并基于文化遗产旅游目的地的特殊性构建旅游目的地形象评价模型(陶长江等,2013)。基于信息获取渠道及旅游者动机对遗产旅游地的研究主要针对知名度、自然景观、人文景观及特产与体验四个方面的内容进行旅游目的地形象评价,并进一步探讨了旅游目的地形象的传播方法(董亮,2013)。有研究者对各类城市旅游形象感知因子进行了识别,并将旅游城市划分为都会型、胜地型、资源型、资源-都市复合型、观光休闲型、功能中心型及名山型七类,拓展了城市旅游形象评价的研究范围(徐小波等,2015)。

(3) 国家旅游目的地形象评价。

关于奥地利国家旅游形象的研究受到了前人采用目录网格法研究企业形象的启发,主要从形象识别的角度出发,研究国家旅游形象的视觉形象、行为形象及整体形象三个方面的内容(Dowling,1988;Embacher & Buttle,1989);中国国家旅游形象主要包括国家形象、刻板印象、旅游与文化涉入度、旅游意象与感知态度、跨文化评价五个维度13项具体内容(陈麦池等,2012);以格式塔心理学理论为基础对中国国际旅游形象进行实证分析,将相应的评价指标分为旅游吸引物、基础设施、休闲和娱乐、环境及地方氛围五大类(吴晋峰,2014)。针对不同国家的旅游形象进行对比研究的主要包括评价旅游目的地形象、国家整体形象及多个层面的具体内容(Baloglu & Brinberg,1997),国家形象的情感要素对消费者的产品、目的地的接受度直接产生影响(Elliot等,2011)。国家形象通过目的地形象影响旅游者的忠诚度(张静儒等,2015),不同国家旅游者对目的地国家形象和旅游形象的感知评价凸显二者整合形象对旅游者行为效应的影响(Choi,2011)。

**3. 基于不同感知群体的综述**

旅游目的地形象是目标受众对其实体要素和抽象要素的一种主观感受。目标受众的多元化和主观感受的复杂化使得旅游目的地形象因人而异。基于不同旅游者群体的旅游目的地形象评价的内容也因此不尽相同。以旅游者群体为主要对象的旅游目的地形象评价是当前研究的主流,但随着研究视野的不断开阔,一些学者开始关注旅游目的地其他相关群体的目的地形象感知,由此出现了对不同旅游者群体的目的地形象的对比研究、对其他感知群体的目的地形象评价,以及对旅游者群体与其他感知群体的目的地形象的对比研究。

对相关文献进行梳理可以发现,关于不同旅游者群体的旅游目的地形象评价的对比研究主要包括未游群体与已游群体的对比研究、初游群体与重游群体的对比研究、本地群体与外地群体的对比研究,以及不同文化群体间的对比研究(张高军、吴晋峰,2016)。不同国家旅游者针对不同旅游目的地及不同形象时的旅游咨询行为存在较大差异(Chen & Gursoy,2000),不同旅游者群体对旅游目的地形象感知的影响因素和影响方式也存在差异(张宏梅、陆林,2010)。以特定类别旅游者(如商务旅游者等)为研究对象,可评价某一特定旅游目的地的感知形象(李玺等,2011)。对旅游目的地营销组织与旅游者这两个群体的目的地形象进行对比分析,可以发现二者对旅游目的地安全状况、旅游目的地所提供的活动区域及二者与当地人交互的价值观等方面的认知存在明确差异(Grosspietsch,2006),对二者在虚拟网络中表达的对旅游目的地形象的感知进行分析,可以发现二者在多个方面都存在较大不同(Stepchenkova & Zhan,2013)。同样依据网络文本数据的分析,旅游目的地营销组织与旅游者对区域旅游形象的感知也表现出较大差异(Michaelidou等,2013)。此外,作为直接面对旅游者的供给端,一线旅游从业人员对旅游目的地形象的认知也经常被用来与旅游者的目的地形象进行对比分析。根据实地案例的对比研究可以发现,一线旅游从业人员的目的地形象与旅游者群体的目的地形象之间差距不大(Bahar & Kozak,2007)。

### 三、主要研究方法

研究方法不同,旅游目的地形象的评价内容和评价指标等也会存在一定的差异,相关研究常用的旅游目的地形象评价的方法主要包括综合评价法、层次分析法及模糊综合评价法。

#### 1. 综合评价法

综合评价法在现实生活中的应用范围极其广泛。综合评价法主要是指利用相对系统和规范的方法,对研究对象的多个指标、多个单位的具体内容同时进行评价,因此,综合评价法又通常被称为多指标综合评价方法。其特点有三:一是同时对多个指标进行评价;二是在评价过程中对指标进行加权处理;三是评价结果根据综合分值的大小进行排序,进而得出结论。这种方法能够有效减少利用一般评价方法所得出的结论的片面性和局限性,具有较为显著的综合性和系统性。

旅游目的地形象涵盖内容广泛,要对其进行评价难免涉及众多指标。影响旅游目的地形象的众多因素不是依循时间关系先后出现的,而是在整个旅游活动的进行过程中同时发挥作用。因此,运用综合评价法分析旅游目的地形象的众多影响因素,有助于依据相关研究对旅游目的地形象的评价得出更全面、更系统的结论。

研究者在对旅游目的地形象进行评价时,广泛运用了综合评价法进行讨论。旅游目的地形象的评价内容主要包括形成旅游目的地形象认知成分的旅游目的地属性和构成旅游目的地形象感情成分的感情维度(李宏,2007),从而可以在分析影响旅游目的地认知形象与情感形象的因素的基础上进一步构建旅游形象感知概念模型(程圩、隋丽娜,2007)。在旅游目的地形象评价中,旅游目的地形象的认知维度影响其情感维度,而二者又共同发挥作用,影响旅游目的地的整体形象(刘力,2013);刺激因素和旅游动机、社会人口统计特征等个体因素的差异对旅游目的地形象的旅游者认知产生重要影响(Stabler,1988;程圩、隋丽娜,2007)。

**2. 层次分析法**

层次分析法出现于20世纪70年代初,是指基于对研究对象相关元素的多层次分解,使用定性分析与定量分析相结合的方法。基于对研究对象的本质、影响因素及其相互联系等内容进行的深入、细致的分析,研究者可以利用相对较少的定量信息使评价决策简便化。该方法强调研究对象的层次本身,不仅适用于不确定性及主观性较强的情况,还允许研究者以合乎逻辑的方式运用经验、洞察力和直觉来分析问题。

层次分析法对研究者构建旅游目的地形象评价体系和旅游目的地形象评价模型非常重要。旅游目的地形象本身涉及众多要素和信息,是一个难以量化的评价对象。研究者们主要以形象发展阶段理论和旅游目的地形象维度理论为基础,对旅游目的地形象的本质、影响因素及其内部联系进行探讨,并借助层次分析法和个人研究经验,将旅游目的地形象进行层次划分。

根据旅游目的地形象的本质,旅游目的地形象评价的三维模型包括实际形象、投射形象和感知形象三个测量着眼点(丁陈娟等,2007)。旅游目的地形象的形成过程包括信息零片、拼图形成、情感评价和意动四个阶段。由此建立的旅游目的地形象评价体系也应该包括对旅游者在旅行前的形象碎片、产生旅游动机后的形象拼图、实际到访后的情感评价以及旅行结束后的推荐及重游意向的评价(吴晋峰,2014)。评价旅游目的地形象的核心内容包括地方文脉和整体形象,其基本要素包括旅游景区(点)、核心吸引物、旅游支持要素、社会支持要素(廖卫华,2007)。旅游设施、旅游氛围、旅游环境、旅游价格和旅游服务五个层面的影响因素对旅游者形成旅游目的地形象的影响较大(刘智兴等,2015)。旅游目的地形象评价指标可以分为旅游资源、旅游基础设施和配套服务、自然环境和社会环境、旅游服务及旅游活动五个层次(许亚元、姚国荣,2016)。

**3. 模糊综合评价法**

模糊综合评价法起源于模糊数学,是将对研究对象的定性评价转化为定量评价的一种方法。该方法对同时受到多种因素制约的研究对象进行总体评价,得出的结果相对清晰,系统性较强,为研究难以量化的问题提供了较好的分析途径,适用于对象不确定性较为明显的研究。

由于旅游目的地形象本身的层次性不强,相关影响因素较为复杂和模糊,多年来,学者们对旅游目的地形象的定性评价指标难以量化,至今尚未形成统一的评价标准。因此,研究者们选择模糊综合评价法,利用众多指标对旅游目的地形象的总体状况进行综合评价,同时又依据旅游活动的进行过程将旅游目的地形象划分成不同的阶段。这种方法既兼顾了旅游目的地形象的层次性,又可以充分利用研究者的经验,使评价结果更客观,符合旅游目的地的实际情况。

所有可能与旅游目的地形象相关的目的地特征都应纳入评价范畴,包括自然资源,旅游休闲和游憩,物质环境,一般基础设施,文化、历史和艺术,社会环境,旅游基础设施,政治经济因素及地方氛围九大类(Beerli & Martín, 2004),因此,在进行旅游目的地形象评价的过程中,应该将旅游目的地形象评价内容进行分类,并尽可能地涵盖以上内容。研究者利用问卷调查将城市旅游形象的实地评价与对旅游目的地形象的理论研究结合起来,问卷的主要内容包括地方文脉、整体形象、旅游景区(点)、核心吸引物、旅游支持要素、社会支持要素,这为城市旅游形象定位奠定了基础(廖卫华,2007)。以对旅游目的地形象的娱乐、基础设施、环境和其他娱乐机会这四类要素的评价为依据,可以将旅游者划分为不同的类别,以显示各类旅游者的形象感知特征差异(Kim等,2000)。不同客源地旅游者对旅游城市特征的感知度、认可度均存在显著差异,由此可以构建不同旅游者群体的感知偏差评价模型/体系(卞显红、张树夫,2005;姚长宏等,2009;吴晋峰,2014;徐小波等,2015),从而有效区分各类城市旅游形象感知的13项因子,包括目的地景观风貌、市内交通、餐饮、娱乐、住宿、资源型吸引物、居民友好感、社会风情、物价、气候天象与天气、城市化水平、购物与商业服务及目的地知名度(徐小波等,2015)。

## 四、综述小结

学者们基于不同的理论,针对不同感知群体,对不同类型和规模的旅游目的地形象进行了评价研究,主要成果和贡献在于通过识别评价因子、构建评价模型及评述相关研究,深化对旅游目的地形象的理解和分析,拓展相关研究思路,指导旅游目的地实践工作。

**1. 识别评价因子**

根据市场调查的数据结果分析,可将旅游目的地形象评价因子分成旅游吸引物、旅游服务、自然环境及社会环境四大类(姚长宏等,2009);专家访谈和非结构性问卷分析将旅游目的地形象评价因子提炼为旅游资源、旅游产品、旅游环境、基础设施与配套服务、公共优化与服务五大类(徐尤龙等,2015)。国家旅游形象相应的评价指标可分为旅游吸引物、基础设施、休闲和娱乐、环境及地方氛围五大类(吴晋峰,2014)。与旅游目的地形象相关的属性包括自然资源,旅游休闲和游憩,物质环境,一般基础设施,文化、历史和艺术,社会环境,旅游基础设施,政治经济因素及地方氛围九大类内容,在实际评价过程中应结合旅游目的地实际情况将评价因子具体化(Beerli & Martín,2004)。

**2. 构建评价模型**

旅游目的地形象评价的相关研究经常引用形象认知成分模型(Echtner & Ritchie,1991),该模型深化了学者们对旅游目的地属性的理解,但不能直接用来生成量表进行评价。旅游目的地形象三维评价模型包括实际形象、投射形象和感知形象三个测量着眼点(丁陈娟等,2007)。根据形象主体及感知内容模型构建的感知偏差评价模型包含三个层次9个指标,第一层次为偏差指数,第二层次包括本地居民、旅游媒介、现实旅游者、潜在旅游者,第三层次包括吸引物、旅游服务、自然环境、社会环境(姚长宏等,2009)。国家旅游形象的评价模型主要包括国家形象、刻板印象、旅游与文化涉入度、旅游意象与感知态度、跨文化评价五个维度13项具体内容(陈麦池等,2012)。

**3. 评述相关研究**

基于对相关文献的回顾可以分析得出前人研究的内容、方法和研究结论。研究者梳理总结了旅游目的地形象评价相关问题的识别与分类,以及评价内容体系(Gallarza等,2002)。对旅游目的地形象评价内容的文献评述指出,旅游目的地形象评价内容主要由形成旅游目的地形象认知成分的旅游目的地属性和构成旅游目的地形象感情成分的感情维度构成(李宏,2007)。研究者对国内外关于旅游目的地形象评价内容的相关研究进行了梳理,总结了国内外学者关于旅游目的地形象概念的理解。基于TDI三个连续体(Echtner & Ritchie,1991)或Keller品牌联想模型(Keller,1993)开发科学、有效的量表是准确评价认知成分的关键(王龙,2012)。对国内外相关研究的回顾和对比研究结果显示,旅游目的地形象的评价体系包括旅游吸引物、基础设施、休闲和娱乐、环境及地方氛围五大类,结合问卷调查的方式可对旅游目的地形象进行实证分析(吴晋峰,2014)。相关文献的回顾结果表明,不同旅游者群体的旅游目的地形象评价的对比研究主要包括未游群体和已游群体的对比研究、初游群体和重游群体的对比研究、本地群体和外地群体的对比研究，以及不同文化群体间的对比研究(张高军、吴晋峰，2016)。

　　首先，基于不同理论的相关研究将旅游目的地形象评价的内容聚焦于形象本身，从心理学角度对旅游目的地形象的认知、情感及旅游者意动等方面的内容进行了深入分析，也为后续研究对旅游目的地形象评价进行阶段划分和维度划分奠定了基础。其次，不同感知群体视角下的旅游目的地形象评价相关研究是旅游目的地形象评价内容相关研究的一个突破，但目前该类研究还相对较少。已有相关研究凸显了旅游者文化背景及其个体特征对旅游目的地形象感知的影响和这些影响之间的差异，是对旅游目的地形象的进一步细分评价，为后续相关对比研究奠定了基础，也为本研究构建旅游目的地形象评价体系提供了重要参考。此外，对不同旅游目的地的形象评价主要是进行实证研究，相关研究成果基本涵盖了旅游目的地形象评价的相关内容，其评价指标因旅游目的地的实际情况而有所不同，丰富了旅游目的地形象评价的内容和运用范围，使得相关实证研究的结果更加具有针对性和实践意义。

## 第二节　旅游目的地形象优化研究综述

　　近年来，随着我国区域旅游目的地的不断发展，市场竞争越来越激烈，树立个性鲜明的旅游目的地形象已经成为各旅游目的地增强竞争力的重要战略手段之一。但旅游目的地形象涉及内容繁多，目标受众具有复杂的个体特征，因而旅游目的地形象的建设工作面临诸多挑战。旅游目的地营销组织和个人向市场的投射效果究竟如何？其传播方法和手段是否有效？旅游者的旅游目的地形象感知是否符合旅游目的地营销组织和个人的期望？这些都是学者们在进行旅游目的地形象研究时迫切希望得到解答的问题。基于这一现实，国内外学者运用多种统计方法和分析方法，针对旅游目的地形象展开评价和优化研究。旅游目的地形象评价的相关研究解决了旅游目的地形象"怎么样"的问题，而了解了旅游目的地形象"怎么样"，紧随其后的就是"怎么办"的问题。旅游目的地形象优化的相关研究将旅游目的地形象看成一个与旅游活动密切相关的有机整体，试图从旅游产品优化、旅游环境优化等方面提升旅游者满意度，最终实现旅游目的地形象优化。

## 一、总体研究情况

自 20 世纪 90 年代开始出现关于形象优化的研究起,至今三十余年,相关研究发文量基本保持平稳增长,利用中国知网(CNKI)以"形象优化"为主题进行文献查询,结果显示,相关研究发文量在 2010 年形成一个小高峰,2015 年达到历史最大发文量,近年来还呈现出持续增长的趋势。本研究以 CiteSpace 作为对相关文献进行计量可视化分析的主要手段。对已有相关文献的关键词进行共现网络聚类分析后得出的结果表明,相关研究主要以城市形象、企业形象、国家形象、品牌形象及服务形象作为研究对象,集中于对形象塑造、形象管理、传播策略及形象优化的影响因素等相关内容进行探讨。对旅游目的地形象优化这一主题的讨论尚不多见。大部分学者将旅游目的地形象与旅游目的地形象提升结合起来进行分析,这一现象引起了本研究对旅游目的地形象本质的思考,具体内容在本研究的第三章中有详细讨论,暂且不表。相关研究主要借助评价理论和系统理论探讨旅游目的地形象优化。

## 二、主要研究内容

围绕已有相关文献的关键词展开共现网络聚类分析后得出的结果表明,相关研究主要以城市旅游形象和区域旅游形象为研究对象,主要集中于对旅游产品优化和旅游环境优化进行讨论。

白祖诚在 1994 年北京旅游研讨会上提出优化旅游产品是优化旅游形象的关键步骤之一。王晞(2006)在构建旅游目的地形象系统理论框架的基础上,整合旅游者的空间需要、目的地景观物质形象的刻画和虚拟媒介形象的塑造与审美体验环境,构建旅游目的地形象系统并提出优化对策。李如跃(2007)以旅游者传播为核心,从整合营销理论、口碑营销策略及建立信息反馈系统等方面进行分析,提出旅游目的地形象传播的优化模式。吴佳宾(2008)基于灰度区旅游地的特殊性,对旅游目的地形象进行了分类研究。针对不同类型旅游目的地形象的形成原因,提出优化措施,并指出了具体的优化提升的流程与内容。唐娟(2009)对澳门特别行政区进行实证研究,指出充实文化、强化形象空间和规划形象发展三条优化途径,并从旅游目的地形象宣传口号、旅游节事、视觉形象三个角度提出旅游目的地形象优化的方案。崔晓明和周超(2009)以陕西省安康市为例,从优化人文旅游资源和文化旅游产业集群结构的视角,对旅游目的地形象塑造和整合营销传播进行了探讨。

祁超萍（2011）指出以旅游目的地形象系统为核心，围绕旅游机构形象、旅游教育形象和旅游营销形象三个子系统展开分析，将以上三个子系统作为一个有序的整体进行分析，讨论了这个整体外部环境因素的变化，以及内部子系统各因素的发展带来的旅游目的地形象系统的变化。朱洪端（2013）在其研究中提出了城市旅游形象系统模型的构建，研究的主体内容基本沿袭李蕾蕾在1999年提出的"旅游形象识别系统"的主体架构，细化了城市旅游形象的绩效评估与反馈环节，提出城市旅游形象优化的动力机制和意义。王观娣（2013）在其文章中指出城市旅游形象优化的一致性原则和差异性原则，并提出要根据城市情感定位来优化旅游形象。王洁（2017）采用网络文本分析的方法，以湖北省武汉市为具体研究对象，探讨其旅游目的地形象的特征，并提出具体的优化建议。

### 三、主要研究方法

由于旅游目的地形象本身的复杂性和主观性，研究者在构建旅游目的地形象系统、提出旅游目的地形象优化相关对策的过程中遇到许多难以辨识类别的要素。更多的研究者对前人研究成果进行了梳理和归纳，进而将其作为研究旅游目的地形象优化的理论基础和研究框架，因此，相关研究主要运用文本分析法、内容分析法和问卷调查法等方法展开讨论。

**1. 文本分析法**

文本分析法指的是对文本的表示及其特征项的选取，比较常见的是分词算法和词频统计。具体过程是从已有文本中抽取特征词，并通过统计方法对其进行量化，是挖掘文本和检索信息的基本步骤。这种方法使得原始文本结构化，是对原始文本的科学提炼，使其有章可循，广泛适用于对已有文献的梳理和提炼。多数研究者在研究旅游目的地形象优化时用到了这种方法。

**2. 内容分析法**

内容分析法是对获取到的内容进行客观、系统、定量描述的一种研究方法。本质上是从带有表征意义的已有词句中推断出整个内容的准确意义。这种方法对组成研究对象的因素与结构的分析较为细致，体现的是一个层层推理的过程。值得注意的是，内容分析法是定性研究方法与定量研究方法的结合。研究者在选择分析内容、制定评价标准、确定研究对象类别和要素单元时基本上是主观的。一旦评价标准、研究对象类别和要素单元被确定后，其后续的相关研究过程就被认为是客观的，由此可以确定相关研究结论的客观性。这种方法对确定旅游目的地形象优化的框架和具体内容有很大的帮助。

### 3. 问卷调查法

问卷调查法主要以提问的形式记载个体对于某个特定问题的态度、行为特征、观点或信念,是社会调查研究中常见的一种收集资料和数据的手段。开放式问卷相对灵活,具有较强的适应性,尤其适用于调查类型多样、内容复杂或者事先无法确定答案的研究对象。封闭式问卷是将与研究问题相关的各种可能的答案一并列出,由被调查者从中进行选取。这种问卷要求以括号说明的形式对答题方式进行一定的指导和说明,有利于被调查者正确理解和回答问题,具有较高的回复率和操作效率。总体来说,相较于封闭式问卷,开放式问卷可以提供更多信息,甚至可能得到一些预想不到的、对解决研究问题具有启发性的内容。这两种问卷调查方法经常出现在旅游目的地形象优化的相关研究中。为了确定旅游目的地形象系统相关内容,研究者通常要用到开放式问卷,而在确定了研究框架后,则较常使用封闭式问卷进行现状分析。

## 四、综述小结

关于旅游目的地形象优化的已有研究主要还停留在具体层面上。相关研究讨论了旅游目的地形象优化的具体措施和建议,尝试性地提出了旅游目的地形象优化的原则。更多的研究成果集中于以旅游系统、旅游目的地系统为核心展开对旅游目的地形象的讨论。

相关研究围绕旅游资源、旅游产品及旅游环境等内容,主要对城市及区域旅游形象的优化进行了分析,极个别学者提及了国家旅游形象优化的部分内容。这些研究在一定程度上丰富了旅游目的地形象研究的视角,拓展了旅游目的地形象优化相关研究的领域,为后续研究展开对旅游目的地形象优化的讨论提供了参考和借鉴。

## 第三节 综述结论

### 一、研究成果梳理

整体来看,学者们在相关研究领域已经取得许多非常重要的成果,已有相关研究涉及旅游目的地形象评价的各个方面。国外研究从"人"开始,相对重视对基础理论的探讨;国内研究以"地"为先,比较关注应用型研究。目前,国内在相关理论的研究深度方面还存在一定的进步空间。本研究以国外旅游目的地形象评价相关研究成果的阶段性发展为主线,将国内外相关研究划分为萌芽时期、探索时期和发展时期三个阶段,进行了简要归纳,见表2-1。

表 2-1 国内外旅游目的地形象评价相关研究阶段及代表人物

| 研究阶段 | 地域 | 时间段 | 研究视角 | 主要研究方法 | 代表人物 |
|---|---|---|---|---|---|
| 萌芽时期 | 国外 | 1971—1991年 | 旅游目的地、旅游者 | 个案分析法、观察法、经验总结法 | Hunt、Mayo、Gunn、Crompton、Echtner、Ritchie 等 |
| | 国内 | — | — | — | — |
| 探索时期 | 国外 | 1992—2007年 | 旅游空间、旅游资源 | 实证理论、扎根理论研究、探索性研究 | Gartner、Gallarza、Pike 等 |
| | 国内 | 1995—2005年 | 旅游目的地 | 个案分析法、观察法、层次分析法 | 陈传康、黎洁、李蕾蕾、王磊、黄震方 等 |
| 发展时期 | 国外 | 2008年至今 | 旅游地竞合关系、旅游者 | 市场调研、模拟法、综合评价法 | Greaves、Elliot 等 |
| | 国内 | 2005年至今 | 旅游空间、旅游者 | 实证理论、模拟法、模糊综合评价法 | 李宏、李想、保继刚、吴必虎、张宏梅 等 |

具体看来,国外相关研究大多侧重从旅游者(潜在旅游者)的主观感知角度对旅游目的地形象的内在规律及行为效应进行评价分析;主要关注对旅游目的地形象影响要素进行提取和评价的研究,并对该类研究集中采用数理统计方法和计算机辅助技术;侧重旅游目的地形象的市场定位战略、竞争比较等营销优化论题的研究。国内关于旅游目的地形象的研究源于20世纪90年代中期,学者从研究初期就关注旅游目的地的实践问题,较少探讨形象的本体论问题,更多的是借鉴国外相关理论和研究成果;目前国内学者主要着眼于旅游目的地形象策划等运用性研究领域,对形象优化全过程的整合分析

和模型性研究相对较少。

## 二、研究趋势分析

不难看出,随着经济全球化进程不断加快,在国际旅游市场需求的推动下,有关旅游目的地形象的研究越来越受到业界、学术界的重视。近年来,相关研究不仅在数量上迅速增长,从质量上看也有了长足发展。国内外学者的相关研究正在或即将呈现以下几个特点。

一是研究视角不断扩大,研究因素继续细化。随着旅游目的地形象理论研究的深入,关于旅游目的地形象的研究思路和研究方向逐渐呈现出更加具体的趋势。旅游目的地视角和旅游者视角是相关研究的主流。一方面,从旅游者的角度来看,除了旅游者感知,旅游者的性别、年龄等特征逐步进入学者们的研究视域,成为旅游目的地形象优化考虑范围内的因素。另一方面,从旅游目的地的视角出发,学者们逐渐意识到,除了旅游目的地的空间布局,旅游目的地的区位、交通、设施、天气等因素也对旅游目的地形象优化及其可持续发展产生重要影响。此外,旅游从业人员素质、旅游产品设计、旅游目的地居民态度等因素也对旅游目的地形象的优化产生影响,因此,研究范围的泛化和内容的具化是旅游目的地形象相关研究的发展趋势,旅游目的地形象优化的重要性逐渐凸显。

二是研究学科多项交叉,研究方法丰富多样。随着旅游业的全球化发展,旅游目的地之间的竞争日益加剧,形象不够显著、独特的旅游目的地将无以为继,这就带来了旅游市场的进一步动荡。多学科的融合交叉是研究旅游目的地发展、旅游目的地形象优化的重要手段,因此,与旅游目的地形象研究联系紧密的相关学科的学者们开始更多地关注被前人忽略的研究领域。多学科的交叉研究促进各种研究方法之间的交流和互动,促使更多高质量研究成果出现,也为研究旅游目的地形象优化提供了越来越多的方法。

三是研究目的更加明确,研究成果趋向运用。对旅游目的地形象存在的问题及其解决措施进行研究的根本目标在于实现研究成果的运用价值和实践价值,这是由旅游业的本质属性决定的。近年来,越来越多的学者开始关注旅游目的地形象研究向成果转化的途径和方式,开始深入思考如何使旅游目的地形象的相关研究不再是"纸上谈兵",而是实现其运用价值,真正地服务于旅游目的地和旅游业的发展。旅游目的地形象相关研究目的日益明确和研究成果趋向运用表明相关研究领域的深入发展,使得旅游目的地形象优化的成效得以呈现。

总之,目前关于旅游目的地形象的描述性、实证性研究成果相对较多。究其原因,一是学术界尚未出现系统的理论框架,在部分基本问题的探讨上也未能达成一致,在一定程度上影响了旅游目的地形象理论研究向深层次发展;二是描述性的实证研究较多,尚未形成统一的、可操作的分析模型,难以进行普及和推广。基于这一现状,旅游目的地形象的研究应进一步与相邻学科交叉、渗透与融合,加强对理论的深入研究。同时,为适应旅游目的地发展需要,关于旅游目的地形象优化的研究将逐渐成为学者们关注的新焦点。

## 三、小结

近年来,越来越多的学者开始在更广阔而繁杂的背景中对旅游目的地形象展开研究,旅游目的地形象优化正在成为相关研究者关注的新焦点。除了上文梳理的关于旅游目的地形象评价与优化等主题,还有许多学者从其他方面对旅游目的地形象进行了探讨和分析。近年来,部分学者开始深入思考旅游目的地形象的本质问题,对旅游目的地形象相关概念也做了一些对比分析。虽然总体来说取得的成果还相对较少,理论基础较为薄弱,但这至少能说明旅游目的地形象的本质问题已经引起了学术界的关注,而相关研究成果也为后续研究提供了一些理论参考。此外,旅游目的地形象优化开始进入研究者的视野,部分学者的研究开始关注旅游目的地形象危机应对、旅游目的地形象优化等主题,将优化旅游目的地形象作为发展旅游目的地的主要手段进行分析。

目前旅游目的地形象相关研究领域中还存在许多尚未达成一致的问题,理论基础与研究方法尚未完全成熟,关于旅游目的地形象的概念、特征、形成、分类及影响因素等一系列的理论探讨还没有达成共识,关于旅游目的地形象优化的现实问题也还没有圆满解决。在经济全球化、旅游国际化及旅游目的地蓬勃发展的时代背景下,深入探讨旅游目的地形象相关概念、梳理理论基础,并以此为指导来分析旅游目的地形象优化的相关理论和现实问题,具有较强的理论价值和现实意义。

本研究认为,对旅游目的地形象的评价,本质上是评价感知主体的旅游目的地形象,也就是检验旅游目的地形象的市场吻合度。这不仅可以避免旅游目的地"自吹自擂"导致其策划形象在旅游市场上严重"水土不服",还可以充分了解旅游者对旅游目的地形象的感知结果。更重要的是,旅游目的地形象并不是一成不变的,而是随着旅游者、旅游需求、旅游市场及环境等一系列因素不断发生改变的,因此需要持续跟踪、反馈,以掌握旅游市场的具体需求。只有准确分析旅游目的地形象的定义和内涵,才能更加准确地界定旅游目的地形象评价的内容。对旅游目的地评价内容的界定主要可以从"形象"本身和旅游目的地两个层面着手。从"形象"本身来看,旅游目的地形象评价内容主要是评价主体感知的结果,受到旅游者个体特征、旅游动机等因素的影响;从旅游目的地来看,旅游目的地形象评价主要是评价旅游目的地的景观、设施、产品与服务、旅游氛围与环境的整体形象。只有结合旅游目的地的不同类型和规模,以及旅游目的地的实际情况,才能相对客观、全面地分析旅游目的地形象评价的内容。因此,本研究将结合旅游者感知和旅游目的地投射两个视角,依据旅游活动进行过程的时间先后顺序,提出旅游目的地形象优化模型。后文将从旅游目的地形象优化的相关研究入手,梳理和归纳前人研究成果,为后续讨论做铺垫。

综上所述,本研究基于旅游市场供给与需求相结合的视角,综合考虑旅游目的地形象形成的时间逻辑,对旅游目的地形象的形成过程和形成路径进行深入分析。在识别主要影响因素的前提下,构建旅游目的地形象评价体系,并进一步构建旅游目的地形象优化模型。在全面梳理和构建理论框架之后,本研究选取云南边境部分少数民族特色村寨作为研究对象进行实证分析。

## 第四节 理 论 基 础

### 一、认知理论

认知理论的主要观点在于,个体的社会行为依赖于个体对社会情境的态度。个体总是把自身关于社会情境的知觉、思想,以及信念组成简单的意义单元,而正是这种解释和组织的行为在很大程度上影响着他们所采取的行动。

从这个角度来看,旅游者总是会将其自身获得的关于旅游目的地的知觉信息和材料融合起来,形成一个具有意义的有机整体。正是由于个体的主观能动性强及其信息获取方式多样,这些信息和材料经过个体大脑处理之后,往往会形成不尽相同甚至千差万别的旅游目的地形象。在旅游目的地形象的形成过程中,个体也总是将获取的有关旅游目的地的信息材料和碎片组成不同的意义单元,由此形成对旅游目的地的认知。当旅游目的地的现实情况与个体认知产生冲突时,个体通常会通过调整自身行为来使二者达成一致,而这种改变往往直接影响个体对旅游目的地的态度。

基于这一理论,本研究对形象、旅游形象、旅游目的地形象等相关概念进行了界定。认知理论有助于本研究明确旅游目的地形象的本质,并为后文评价旅游目的地形象提供重要理论基础。

## 二、形象发展阶段理论

Gunn 在 1972 年提出了形象发展阶段理论,将旅游目的地形象的形成与发展过程提炼为三个阶段——原生形象、诱发形象和诱导形象(修正后)。通过日常生活、教育、媒介、他人获得的旅游目的地形象被称为原生形象;受旅游目的地宣传推广影响后形成的是诱发形象;在实地到访和体验旅游目的地之后加以修正而形成的是诱导形象。此观点得到后来的学者们的普遍认同。由此,旅游者体验被视为旅游目的地形象形成过程中的关键因素。

在形象发展阶段理论的基础上,旅游目的地的原生形象与诱导形象可以合并成次级形象,修正后的诱导形象发展为初级形象,由此得出简化的形象两阶段理论。初级形象建立在个体实地到访旅游目的地的经历之上,而次级形象指的是个体在前往旅游目的地之前对该旅游目的地的形象感知。基于此,后人将这一观念逐步发展成潜在旅游者的本底感知形象与旅游者的实地感知形象两相对应的理念。

旅游目的地形象发展阶段理论将旅游目的地形象的形成过程进行了明确的划分,是本研究分析旅游目的地形象形成路径及其影响因素的理论基础,具有较大的理论价值。

## 三、旅游目的地形象维度理论

旅游目的地形象维度理论认为,对于该领域的任何相关研究而言,其各种变量之间的关系都可以通过评价以下三个维度来得以确定。第一维度是衡量感知主体的认知;第二维度是围绕对象或旅游目的地进行评价;第三维度是针对旅游目的地的某些具体属性或特征进行评价(Mazanec,1999)。

基于旅游目的地形象维度理论,可以将对旅游目的地形象的评价分为三个主要维度,这是后续相关研究,同时也是本研究确定旅游目的地形象评价内容的核心理论依据。

### 四、系统理论

"系统"一词的含义是"部分构成整体"。一般来说,系统主要是指由若干要素依据一定的规律和形式而共同构成的具有一定的结构和功能的有机整体。这表明系统由要素构成,要素形成结构,结构产生功能,从而表明了系统内部的要素之间、要素与系统之间,以及系统与环境之间的相互联系。

系统理论的基本思想是把研究问题或对象看成一个整体,并在分析问题的过程中关注各部分要素之间的相互联系。系统内部各环节和各部分,以及系统内部和外部的环境因素之间,均相互联系、相互影响和相互制约。

旅游目的地形象涉及内容繁多,涵盖旅游目的地资源、产品、设施等实体要素,也包括旅游目的地接待、服务、制度及当地民俗风情等抽象要素。正因为旅游目的地形象是由丰富而复杂的要素共同组成的,根据系统理论的观点,在研究旅游目的地形象评价与优化的过程中,也应当将这些要素视为一个有机整体来进行分析。正因为旅游目的地形象的内容庞杂,涉及的因素很多,所以对旅游目的地形象的研究需要运用系统理论来进行指导。此外,旅游目的地形象系统具备系统结构所具有的共同特征,其主要表现为整体性、层次性、综合性以及动态性等。值得一提的是,这样的系统始终是处于运动状态的,其内部各环节之间的联系,以及内部环节与外部环境之间的相互作用并不是一成不变的。充分认识到这一系统特征方能准确理解旅游目的地形象系统。

### 五、利益相关者理论

利益相关者理论认为,管理活动是企业的经营管理者出于综合平衡各利益相关者之间的利益诉求而开展的。该理论对利益相关者及其参与管理活动的方式的界定是基于利益相关者在管理决策中产生的影响而进行的,因此该理论突出了利益相关者在制定、实施决策的过程中所起到的重要作用。

一般认为,利益相关者与企业联系紧密,通常由企业交易伙伴、外部压力集团及受企业活动影响的相关群体共同组成。其中,企业交易伙伴与外部压力集团等相关群体是施力方,受企业活动影响的相关群体是受力方。具体来看,企业交易伙伴是与企业关系最为密切的、对企业影响最为显著的利益相关群体,外部压力集团也对企业的生存和发展起着较为重要的作用,受企业活动影响的相关群体是企业的直接或间接利益相关者。

  旅游目的地形象涉及内容繁多,涵盖旅游目的地资源、产品、设施等实体要素,也包括旅游目的地接待、服务、制度及当地民俗风情等抽象要素。在整个旅游目的地形象管理的实践过程中不可避免地会涉及旅游活动各个环节的重要因素,也就势必会涉及与旅游目的地及其形象管理相关的利益群体。基于旅游目的地形象的概念界定与内涵分析,利益相关者理论有助于研究者确定旅游目的地形象管理的相关群体,尤其是旅游目的地形象管理主体涉及的相关群体,如旅游目的地政府、旅游企业、旅游从业人员及旅游目的地居民等,这为本研究构建旅游目的地形象优化系统奠定了理论基础。

# 第三章 旅游目的地形象系统构建分析

## 第一节 旅游目的地形象本质

对任何问题的研究都会涉及诸多名词概念,虽无必要事无巨细一一阐述,但对相关核心概念进行辨析是不可或缺的。本研究针对与旅游目的地形象优化这一与主题密切相关的"形象""旅游形象""旅游目的地形象"等关键词进行界定与分析,为后续研究奠定基础。

### 一、形象

根据辞海官方网站(https://www.cihai.com.cn/home)的释义,"形象"一词主要包括如下几种含义:①形状,相貌(如《三国志·魏志·管宁传》中的"宁少而丧母,不识形象");②表达或描绘得具体生动(如形象地说明,讲话很形象);③文学艺术把握现实和表现思想感情的一种美学手段。

国外学者通常用英文单词 image 表述"形象",Hunt(1971)首次提出"形象"的概念界定,认为形象是外界作用于人的大脑所形成的意识流。虽然关于这个概念的界定尚未非常明确,但该概念在学术界得到了广泛使用。形象一般被定义为个体对所认识事物的主观性和概念性的理解;或者是以人脑信息处理过程为基础,所形成的一种内在信念和印象。从心理学角度来看,形象指的是个体通过视觉、听觉、触觉、味觉等各种感觉器官,在大脑中形成的关于某种事物、某个人、某个企业等客体的整体印象。简言之,形象就是知觉,是各种感觉的再现,其因不同认知个体而不同,并对个体行为产生不同影响。

由此可知,形象的内涵主要包括三个方面的内容:一是形象客体,主要是指客观外部形态状貌、结构内涵等因素;二是形象主体,主要是指行为主体——人;三是形象本体,主要是指主客体之间的感知关系。由此可以认为,形象实际上是指主体对客体的感知印象。已有文献关于"形象"概念的界定多从感知主体视角出发,强调形象的主观性和抽象性。形象不是指事物本身,而是指个体对事物的感知。本研究结合前人界定的感知主体视角和现实生活中的感知客体视角,认为形象即主体对客体的形状与行为的印象,突出感知关系的动态变化过程,这也为下文分析旅游目的地形象打下基础。

## 二、旅游形象

顾名思义,一切与旅游活动相关的形象都可以被称为旅游形象。

旅游形象的定义范围是可以伸缩变化的,大到整个国家的旅游形象,小至某一景区(点)的旅游形象,都可以用"旅游形象"这一概念进行表述。从整个旅游活动过程来看,旅游形象包括旅游目的地形象、旅游者形象、旅游企业形象、旅游传播形象等;从时间演变过程来看,旅游形象包括历史旅游形象、当前旅游形象、未来旅游形象等;从空间范围变化来看,旅游形象包括国家旅游形象、省/市/地区旅游形象、景区(点)旅游形象等。

根据对"形象"概念的理解,旅游形象虽然是个感知概念,但其受到旅游客体各项旅游要素的影响而产生不同的变化。从旅游活动的内容来看,旅游形象的主要影响因素包括食、住、行、游、购、娱六个方面的相关因素;从旅游活动的参与主体来看,旅游形象的主要影响因素包括旅游者、旅游经营者、旅游从业人员、旅游目的地居民、旅游目的地政府等;从要素的属性来看,旅游形象的主要影响因素既包括旅游资源、旅游产品、旅游设施等实体要素,又包括旅游服务、旅游政策、旅游氛围等抽象要素。

## 三、旅游目的地形象

旅游目的地形象是一个抽象概念,对于这一抽象概念的理解要从旅游者,即需求的角度出发,将个体特征考虑在内进行探讨;同时,也要结合旅游目的地实际情况进行具化,也就是要基于供给的角度,对旅游目的地形象的构成要素和相应的目的地属性特征进行降维解析,这样才能对"旅游目的地形象"这一概念进行准确定义。

国外学者多从旅游者视角进行分析,认为旅游目的地形象是指潜在旅游者对一个地区所持的感知或印象,是个体对旅游目的地所持信念、看法和印象的总和,其所体现的是旅游者的个人态度,由三种相互关联的成分即认知、评价和意愿构成,这一观点得到国内外众多学者的认同。国内学者普遍倾向结合旅游目的地的要素来对旅游目的地形象进行界定,认为旅游目的地形象是指个体对该旅游目的地社会、政治、经济、生活、文化等各方面资源、产品与要素的感知、印象、信念、观点的综合。同时,学者们根据相关要素的不同吸引程度,进一步将物质形态的相关因素划分为旅游目的地形象的现实形象,将非物质形态的旅游资源、旅游环境、旅游风险及其他一些相关因素划分为旅游目的地形象的抽象形象。

旅游目的地形象的界定虽然是基于不同的角度提出来的,但其本质内涵是基本相同或相互联系的,因此,学者们通常从供给和需求两个角度来理解旅游目的地形象。旅游者视角和旅游目的地视角分别对应需求角度与供给角度。一方面,从需求的角度来理解旅游目的地形象,这一形象指的是旅游者通过各种传播媒介或者本人实地经历,直接或间接地获得的,由旅游目的地各种要素资源所共同形成的意念要素的集合,它是旅游者心中关于旅游目的地的客观形象的反映。另一方面,从供给的角度来理解旅游目的地形象,这一形象因旅游目的地对自身的各种要素资源进行组合与改善,并且针对不同旅游者进行旅游者的意念要素的选择性传播而形成。旅游目的地形象是旅游目的地主动对外进行宣传的代表形象,在某种程度上,它象征着旅游目的地相关管理活动的目标,是旅游目的地希望旅游者因接收到旅游目的地的投射信息而获得并形成关于旅游目的地的印象。

基于此,本研究认为,关于旅游目的地形象的理解可从以下几个方面入手:其一,旅游目的地形象的本质与形象概念一致,是个体脑海中关于旅游目的地的一种主观印象;其二,旅游目的地形象的核心概念是感知主体对旅游目的地提供的各种旅游产品和服务的总体印象和综合评价;其三,旅游目的地形象是感知主体——旅游者与旅游目的地之间互动的结果,是本底感知形象与实地感知形象的互动和匹配,也是投射性形象和接受性形象的互动和匹配。在这些互动和匹配的过程中,势必要牵涉到旅游者与旅游目的地的一系列相关因素。

从广义角度来看,除了旅游目的地形象的主体、旅游目的地形象的客体,媒介要素也是旅游目的地形象的重要内容。此外,主体、客体的互动除了受到媒介要素的影响,还受到旅游目的地的非旅游产业因素的影响,这些因素为旅游目的地形象提供外围保障,因此也是旅游目的地形象系统的组成部分。

综上所述,旅游目的地形象本质上是旅游者对旅游目的地向旅游市场投射的形象的综合感知与评价。旅游目的地通过各种媒介手段,将各类实体与抽象的资源、要素向旅游市场进行投射,希望得到市场的认可。旅游目的地随着旅游活动发展的不同阶段呈现出不同的特点,而旅游者的感知评价是旅游目的地投射形象在市场接受程度上的具体表现。媒介系统是传播旅游目的地形象的重要渠道,旅游目的地的非旅游产业因素又会对旅游目的地形象产生外围影响。因此,以系统理论为基础,将旅游目的地形象看成一个主要由旅游者、旅游目的地、媒介系统和外围因素等共同构成的有机整体,不仅符合旅游目的地形象的本质,同时也结合了与旅游目的地相关的各种因素,是对旅游目的地形象更加全面的系统性理解。

### 四、相关概念辨析

正确理解旅游目的地形象相关概念及其相互之间的关系,是顺利开展进一步研究的重要基础条件之一。

**1. 形象与旅游目的地形象**

对形象的界定是理解旅游目的地形象的根本出发点。正确理解形象的概念,是对旅游目的地形象概念进行理解和进一步分析的前提条件。形象与旅游目的地形象主要的不同点在于二者所涵盖的意义层面有所不同。形象所包含的内容相比于旅游目的地形象要更为广泛,其涉及社会生活的方方面面。旅游目的地形象本质上只是形象中的一种。对旅游目的地形象的理解,必须以准确定义形象的概念为前提。从心理学角度来看,旅游目的地形象的概念与形象的概念是一脉相承的。二者本质上都是指个体在脑海中形成的关于某件事物的总体印象,是一种主观性和复杂性都极强的心理活动,且二者都受到信息渠道、感知环境、社会背景及个体特征等多方面因素的影响。

**2. 旅游形象与旅游目的地形象**

从整个社会空间范围来看,旅游形象包括旅游地域形象、旅游者形象、旅游优化营销形象等,而旅游目的地形象研究的是一定地域范围内的形象,是对旅游形象在某一地域范围内的深化。从地域范围层面来看,在无限的社会空间范围内,关于旅游目的地和旅游目的地形象的研究只是旅游形象研究内容的一方面,而当空间限制在一定的地域范围内时,旅游形象又包括旅游地域、旅游者感知、营销优化等方面的形象,旅游形象则相应成为旅游目的地研究的核心内容。从立足层面来看,旅游目的地形象是地域旅游形象,立足于一定旅游者和旅游目的地的具体层面,更加关注旅游者客源市场及一定的旅游者个体因素,而旅游形象立足于旅游行业的基础层面,属于综合层面的范畴。

旅游形象与旅游目的地形象这两个概念之间的共同点在于均以"形象"二字为其核心概念,从心理学角度来看是一脉相承的。从需求的角度来看,二者均是旅游者的感知结果;从供给的角度来看,二者都是感知对象的投射结果。

旅游形象和旅游目的地形象之间的差异关键在于:一是地域范围的差异;二是涵盖意义的差异。从立足层面来看,旅游形象包括了形象和旅游目的地形象的含义,而对于某一固定的感知对象而言,旅游形象又成为"形象"和"旅游目的地形象"概念的核心内容。

### 五、小结

对形象、旅游形象等概念的明确界定是理解旅游目的地形象的根本出发点,也是对旅游目的地形象的概念进一步理解和分析的前提条件。在旅游目的地形象的相关研究中,经常难以完全清楚地对形象、旅游形象、旅游目的地形象等概念进行辨别。从本质上来看,这些概念又是相互影响的,因此,在相关研究中,研究者应根据不同的立意角度和不同的地域范畴来选择合适的概念进行深入探讨。

旅游目的地形象是个体对旅游目的地各项要素与意念要素的集合反应,这表明个体总是通过旅游目的地各项要素、各类信息的传递在脑海中形成关于旅游目的地的整体形象或某一方面的印象。个体在产生旅游动机或实地到访旅游目的地之后,往往会主动收集、整理有关旅游目的地的信息,由此形成旅游目的地形象。

旅游目的地需要通过不同信息传播渠道将相关信息传递出去,如此才能使个体对旅游目的地形象的认知发生改变。反之,旅游目的地需要尽量避免负面信息出现在个体的接受范围内,达到维护和优化旅游目的地形象的目的。个体对某一旅游目的地形成一定印象之后,在一定时期内往往难以改变,由此也表明了旅游目的地形象优化的重要性。

## 第二节 旅游目的地形象分类

旅游目的地形象分类是准确识别旅游目的地形象影响因素的重要前提。

大部分研究将旅游目的地形象的内涵、形成、分类等混为一谈,而旅游目的地形象的内涵就是旅游者感知的实质,旅游者感知过程就是旅游目的地形象的形成过程,只有结合旅游目的地形象的形成过程才能更清晰地对旅游目的地形象进行分类。基于此,本研究以前文对旅游目的地形象的形成过程与形成路径的分析结果为基础,对已有研究中关于旅游目的地形象内涵与分类的内容进行梳理,通过词频分析从相关内容中识别出最主要的部分,并根据旅游目的地形象的构成要素进行分类,为后文分析旅游目的地形象影响因素打下基础。

## 一、对已有研究成果的质性归纳

本研究选取已有研究中与旅游目的地形象内涵及分类研究关系密切的内容进行梳理(具体结果见附录的附表1)。

## 二、旅游目的地形象分类标准与结果

相关研究对旅游目的地形象的内涵与分类进行了深入的探讨,也出现了一些被学者相对认可的观点和分类结果。但纵观已有研究成果,对旅游目的地形象的内涵与分类的界定标准长期未能达成一致,导致其分类结果五花八门。旅游目的地形象的分类研究是识别旅游目的地形象影响因素的重要前提,是进一步进行旅游目的地形象评价的重要基础,因此,本研究基于对已有研究的词频分析,初步归纳出旅游目的地形象的内涵与类别,具体内容见表3-1。

表3-1 旅游目的地形象内涵与类别的词频分析[①]

| 关键词 | 频次 | 关键词 | 频次 | 关键词 | 频次 | 关键词 | 频次 | 关键词 | 频次 |
| --- | --- | --- | --- | --- | --- | --- | --- | --- | --- |
| 形象 | 37 | 尺度 | 3 | 核心 | 2 | 中观 | 1 | 省市 | 1 |
| 印象 | 21 | 整体 | 3 | 资源 | 1 | 概念 | 1 | 微观 | 1 |
| 旅游 | 12 | 信任 | 2 | 地区 | 1 | 三个 | 1 | 心理学 | 1 |
| 目的地 | 11 | 维度 | 2 | 宏观 | 1 | 历史 | 1 | 地段 | 1 |
| 感知 | 9 | 原生 | 2 | 功能性 | 1 | 初级 | 1 | 综合 | 1 |
| 认知 | 9 | 投射 | 2 | 现实 | 1 | 意见 | 1 | 文化 | 1 |
| 景观 | 7 | 意识流 | 2 | 普通 | 1 | 客观 | 1 | 主观 | 1 |
| 观念 | 7 | 接受 | 2 | 景区 | 1 | 质量 | 1 | 特性 | 1 |
| 观点 | 5 | 未来 | 2 | 修正 | 1 | 物质 | 1 | 属性 | 1 |

---

[①]资料来源:本研究根据ROSTCM6.0词频分析所得(表中数字代表频次)。

续表

| 关键词 | 频次 | 关键词 | 频次 | 关键词 | 频次 | 关键词 | 频次 | 关键词 | 频次 |
|---|---|---|---|---|---|---|---|---|---|
| 意象 | 3 | 诱发 | 2 | 社会 | 1 | 县域 | 1 | 独特 | 1 |
| 实地 | 3 | 诱导 | 2 | 旅行社 | 1 | 各种 | 1 | — | — |
| 信念 | 3 | 心理 | 2 | 企业 | 1 | 次级 | 1 | — | — |

本研究过滤掉一些对旅游目的地形象无实际意义的词汇，主要包括"尺度""旅行社""企业""三个""各种""心理学"等，而"形象""旅游""目的地"三个出现频次靠前的词是研究对象本身，不应作为对其本身进行分类的依据，因此也予以剔除。已有研究中关于旅游目的地形象分类的视角主要有三种：一是时间视角；二是空间视角；三是基于旅游市场的供求视角。已有研究对旅游目的地形象的分类之间似乎都有重叠之处，但又有着很大的区别。如果其分类结果不同的关键在于其分类视角不同，则不同视角下的分类结果应完全不同。但就目前的结果来看，不同分类视角下的结果存在一定的相同之处。

一是时间视角。从旅游活动的进行过程来看，旅游目的地形象包括原生形象、诱发形象和诱导形象（修正后）；从旅游目的地形象形成的先后顺序来看，旅游目的地形象包括实地到访前的次级形象和实地到访后的初级形象；从旅游目的地的发展进程来看，旅游目的地形象由历史形象、现实形象及未来形象构成。从时间视角对旅游目的地形象进行分类的研究及其后续研究是相关研究的主流。

二是空间视角。从地域范围大小来看，旅游目的地形象分为国家旅游目的地形象、省市域旅游目的地形象、县域旅游目的地形象及景区（点）旅游目的地形象四类。从空间视角对旅游目的地形象进行分类的研究及其后续研究逐渐受到重视。

三是市场供求视角。从旅游市场供求主体来看，旅游目的地形象可分为投射性形象和接受性形象；从旅游目的地形象的具体构成来看，旅游目的地形象可分为认知形象和情感形象，认知形象和情感形象共同影响旅游目的地整体形象，从而进一步影响意动形象；根据旅游者在旅游过程中的感知对象的不同，旅游目的地形象可以划分为旅游景观形象、旅游产品形象和旅行社形象三类；根据旅游目的地实际构成要素的不同，旅游目的地形象可以划分为物质景观形象、社会文化景观形象、旅游企业形象及核心地区（地段）形象。

从时间视角进行的分类主要关注旅游者在旅游活动全过程中的感知变

化,是基于需求方视角的探讨,抓住了旅游目的地形象的本质,因此成为后续研究中备受推崇的分类方法。若能将供给方的相关因素稍做平衡,则更能明确旅游目的地形象的形成过程与形成路径,以及在形成过程中所受到的影响。

从空间视角进行的分类主要关注旅游目的地客观因素的差异,缺乏对旅游目的地形象本质的考虑,忽略了旅游目的地形象的动态变化,且旅游目的地形象本质上与旅游形象一脉相承,已经含有空间地域范畴特征,因此不便基于空间视角对旅游目的地形象进行分类。

从市场供求视角进行的分类既从需求的角度强调旅游者感知,又从供给的角度关注旅游目的地对旅游市场的投射,引出了本研究对旅游者与旅游目的地之间的互动关系的探讨。将 Beerli 和 Martín 的观点与 Gartner 的观点结合起来看,旅游活动过程中每个阶段的旅游目的地形象都涵盖了旅游者对旅游目的地的认知评价和情感评价,认知形象和情感形象共同构成旅游目的地的整体形象,最后对旅游者的行为意向产生影响。市场供求视角下对旅游目的地形象进行的分类存在的问题无法明确旅游目的地形象的形成过程与形成路径,模糊了时间先后关系。

基于此,本研究结合时间视角和市场供求视角对旅游目的地形象进行分类。根据主体不同,旅游目的地形象可分为投射性形象和接受性形象两大类。根据旅游目的地形象形成过程的不同,投射性形象又可细分为两个层次:一是营销者经提炼后投射给潜在旅游者的传播投射性形象;二是由旅游目的地投射给现实旅游者的实际投射性形象。同时,接受性形象可细分为原生形象、诱导形象与诱发形象。其中,投射给潜在旅游者的传播投射性形象是旅游者原生形象与诱导形象的重要来源,投射给现实旅游者的实际投射性形象是旅游者诱发形象的直接来源。本研究构建的旅游目的地形象分类示意图如图 3-1 所示。

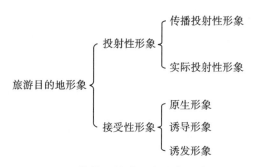

图 3-1 旅游目的地形象分类示意图

对旅游目的地形象进行的分类是结合前文关于旅游目的地形象的形成过程与形成路径的分析结果而展开的。分类方法结合了基于旅游目的地形象本质的时间视角和基于旅游目的地形象形成过程中的市场供求视角，综合考虑了旅游目的地形象的本质以及在整个旅游活动过程中的旅游者与旅游目的地之间的互动关系。由此得出了包括传播投射性形象和实际投射性形象的旅游目的地投射性形象，以及包括原生形象、诱导形象和诱发形象的旅游者接受性形象。对旅游目的地形象进行的分类是后文分析旅游目的地形象影响因素、构建旅游目的地形象评价体系的重要前提条件。

## 第三节　旅游目的地形象形成

形象发展阶段理论将旅游目的地形象的形成过程与发展过程提炼为三个阶段：原生形象、诱发形象和诱导形象（修正后）。通过日常生活、教育、媒介、他人获得的旅游目的地形象被称为原生形象，受旅游目的地宣传推广影响后形成的是诱发形象，在实地到访和体验旅游目的地之后加以修正而形成的是诱导形象。此观点得到后来的学者们的普遍认同。由此，旅游者体验被视为旅游目的地形象形成过程中的一个关键因素。

基于前人研究成果，本研究对旅游目的地形象的内涵进行了细致、深入的探讨，得出如下几点结论。

其一，旅游目的地形象是旅游目的地向旅游市场投射的希望被旅游市场所接受的形象。通过整合旅游资源、提升基础设施建设、开发特色产品、优化服务质量及打造良好的旅游软环境，旅游目的地试图呈现出一种具有市场吸引力的状态，并通过一定的媒介手段向旅游市场进行投射。由此产生的投射形象是一种基于旅游目的地实际情况进行加工的带有主观能动性的结果，进一步印证了旅游目的地形象的主观能动性。与此同时，个体的特征千差万别，这种来自旅游市场的主观意识使得旅游目的地形象的形成受到更多的不可控因素的影响，从而体现了旅游目的地形象的复杂性。

其二，旅游目的地形象是旅游者对旅游目的地各项资源要素的整体感受和综合评价。一方面，旅游目的地形象本质上是一个难以名状的抽象概念，是存在于个体脑海中的一种认知概念，其通常处于一种难以准确描述、评价和把握的状态；另一方面，这个抽象概念是通过一定的具体事物的作用而形成的,例如,旅游目的地的基础设施建设、服务人员的态度和能力、旅游环境与氛围等因素均对旅游目的地形象的形成产生直接影响。从这个意义上来看,旅游目的地形象又是可以被具象化的,而这一具象化的过程就是还原旅游目的地形象定位、策划及传播的全过程。

其三,旅游目的地形象的形成要经历一个受到诸多因素影响的过程。一方面,不同的旅游者对旅游目的地形象有着不同的理解,因而不同旅游者形成的旅游目的地形象也必然有所差异。旅游者的旅游动机、客源地文化背景及实地到访旅游目的地次数等因素均对旅游目的地形象的形成有着直接而显著的影响。另一方面,旅游目的地的自然资源、基础设施与服务、旅游环境与氛围及当地的经济、政治、文化、法律等环境,均在一定程度上对旅游目的地形象产生影响。旅游目的地本身因素、当地环境因素及信息获取/传播等各方面因素都是影响旅游目的地形象的重要组成部分。由此可见,旅游目的地形象的形成不是一蹴而就的,在其产生与形成的过程中,都会受到众多因素的综合影响。因此,基于旅游目的地与旅游者互动的角度来考虑旅游目的地形象形成过程中的每一个环节所带来的影响是十分必要和具有重要意义的。

基于此,本研究认为旅游目的地形象的形成主要由旅游目的地投射、旅游者感知及旅游目的地与旅游者的互动三个层面构成。下文将从旅游目的地形象的形成过程与形成路径展开讨论。

## 一、旅游目的地形象形成过程

本研究认同美国学者 Gunn 提出的形象发展三阶段理论,并强调在这一形成过程中旅游目的地与旅游者之间的互动关系。在产生旅游动机之前,旅游者结合日常生活、教育、媒介及他人获得关于旅游目的地的信息碎片,形成关于旅游目的地的原生形象。一旦产生旅游动机之后,旅游者就开始主动收集关于旅游目的地的相关信息,从而接收到旅游目的地的宣传和推广,形成对旅游目的地的体验期望,在这一过程完成后,旅游者形成关于旅游目的地的诱发形象。旅游者实地到访旅游目的地之后,会对旅游目的地的各项资源、产品、服务等要素及整体旅游产生相应的主观感受,形成旅游者体验,而原生形象和诱发形象在这一体验过程之后会发生改变,改变后形成关于旅游目的地的诱导形象。

原生形象和诱发形象是旅游者在实地到访旅游目的地之前通过媒介手段和人际传播形成的模糊印象,是旅游者关于旅游目的地的一种间接感知形象;诱导形象是旅游者在旅游目的地进行旅游活动和个人体验的过程中,或者说在这一过程完成之后的实际感受,是旅游者关于旅游目的地的一种直接感知形象。

本研究强调间接感知形象与直接感知形象之间的差异,这种差异既体现了不同旅游者之间的个体差异,又体现了旅游目的地投射形象与实际情况之间的差异,还体现了旅游目的地实际情况与旅游者期望之间的差异。因此,旅游者与旅游目的地之间的互动关系是旅游目的地形象形成过程中的重要主导因素。

旅游目的地的形成过程可以根据旅游者实地到访旅游目的地前后的时间节点划分为两大阶段。具体来看,实地到访旅游目的地之前又可以分为两个阶段:一是产生旅游动机之前,旅游者结合日常生活、教育、媒介及他人获得旅游目的地的相关信息,形成关于旅游目的地的初步印象;二是产生旅游动机之后,旅游者主动收集旅游目的地的相关信息,形成关于旅游目的地的模糊的综合印象。实地到访旅游目的地之后,旅游者亲身体验和感受旅游目的地的各项资源、产品与服务等要素,通过对实地到访旅游目的地之前的模糊印象进行印证和修正,形成关于旅游目的地的明确的实际印象。因此,旅游目的地形象是以旅游目的地对旅游市场的投射为基础、以旅游者的实际体验和感受为路径、以旅游者与旅游目的地的互动为关键节点、以旅游目的地的实际情况为验证而最终形成的形象。

基于以上分析,本研究构建的旅游目的地形象形成过程示意图如图3-2所示。

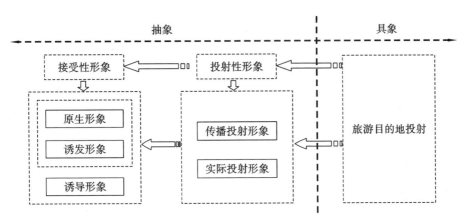

图3-2 旅游目的地形象形成过程示意图

对旅游目的地形象形成过程的分析实质上就是要将这一抽象概念的形成过程用具象化的描述表达出来。在这一形成过程中,"旅游目的地形象"这一抽象概念受到各项具象因素的影响,由此引出下文对旅游目的地形象形成路径的分析。

## 二、旅游目的地形象形成路径

旅游目的地形象形成路径是对旅游目的地形象形成过程的深层次分析,目的是具体指出旅游目的地形象形成过程各行为主体、各项要素、各方信息的流动路径,是更为直观的分析。

一方面,旅游目的地形象在形成过程中受到来自旅游者自身旅游动机、个体特征和个人偏好等各项主观因素的影响。这些连续的独立因素单独或者与其他因素结合起来对形成旅游目的地形象发挥重要作用。因此,具体分析旅游目的地形象的形成路径,就是要强调主观因素对旅游者感知旅游目的地形象可能带来的各种影响。

另一方面,旅游目的地形象在形成过程中还受到来自日常生活中的媒介及他人的影响,以及旅游目的地各项旅游产业相关要素和非旅游产业相关要素的影响。这些涵盖内容复杂、相互联系紧密的客观因素交织起来对旅游目的地形象产生重要影响。因此,具体分析旅游目的地形象的形成路径,就是要强调外界因素对旅游者感知旅游目的地形象可能带来的各种影响。

基于此,本研究构建的旅游目的地形象形成路径示意图如图 3-3 所示。

由图 3-3 可知,旅游目的地形象的形成主要呈现出以下三个特点:一是整个过程分为原生、诱导及诱发三个阶段,每个阶段之间存在明显的前后因果逻辑关系;二是各个阶段形象的形成需要耗费一定的时间;三是各个阶段形象的形成都受到多种不同因素的影响。

具体来看,处于原生阶段的潜在旅游者形成关于旅游目的地的形象主要受到日常生活中的媒介及他人、旅游者个体特征和旅游目的地推广等因素的影响;处于诱导阶段的潜在旅游者产生了旅游动机,则这一阶段影响旅游者关于形成旅游目的地形象的主要因素包括旅游者的旅游动机及其主动收集的关于旅游目的地的相关信息;诱发阶段是旅游者在实地到访旅游目的地之后才开始的,这一阶段中的旅游目的地的实际情况对旅游者形成旅游目的地形象产生更为重要的影响,旅游者在旅游活动过程中的体验和感受也同时发挥作用。此外,其他非旅游产业的相关因素主要以旅游环境的形式贯穿旅游

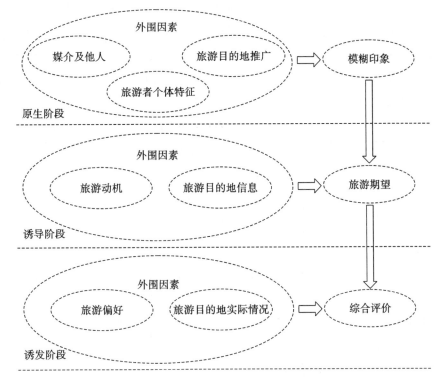

图 3-3　旅游目的地形象形成路径示意图

活动的全过程,发挥着重要作用。

对旅游目的地形象的形成过程和形成路径的分析印证了旅游目的地形象的本质与内涵,并清晰地指明了各具象因素在旅游目的地形象形成过程中产生作用的路径,由此也引出了下文对旅游目的地形象影响因素的分析,并为后文厘清旅游目的地形象系统构成原理起到重要铺垫作用。

## 第四节　旅游目的地形象影响因素

### 一、基于已有研究的质性归纳

关于旅游目的地形象影响因素的研究成果丰硕(具体内容见附录的附表2),本研究的主要目的在于明确影响旅游目的地形象的因素中究竟有哪些部分是最为重要且受到普遍认同的,同时将这些因素与旅游目的地形象各阶段对应起来。

在具体探讨旅游目的地形象影响因素的内容时,已有的研究众说纷纭,需要归纳具有说服力的、公认的旅游目的地形象影响因素来解决这种困境。因此,本研究针对前文关于旅游目的地形象影响因素的内容进行梳理,用词频分析法力图聚焦相关研究中具有说服力的内容,具体内容见表3-2,从而找到本次研究的核心内容。

表3-2 旅游目的地形象影响因素词频分析[①]

| 关键词 | 频次 | 关键词 | 频次 | 关键词 | 频次 |
| --- | --- | --- | --- | --- | --- |
| 旅游 | 61 | 传播 | 1 | 人口 | 1 |
| 目的地 | 35 | 刺激 | 1 | 生物 | 1 |
| 服务 | 9 | 大型 | 1 | 时间 | 1 |
| 因素 | 9 | 代理 | 1 | 市场 | 1 |
| 环境 | 8 | 当地 | 1 | 舒适度 | 1 |
| 设施 | 6 | 地方 | 1 | 属性 | 1 |
| 基础 | 5 | 地理 | 1 | 数量 | 1 |
| 社会 | 5 | 地貌 | 1 | 水文 | 1 |
| 形象 | 5 | 电影 | 1 | 体验 | 1 |
| 资源 | 5 | 动机 | 1 | 天气 | 1 |
| 氛围 | 3 | 二手 | 1 | 条件 | 1 |
| 感知 | 3 | 费用 | 1 | 停留 | 1 |
| 获取 | 3 | 风景 | 1 | 投入 | 1 |
| 气候 | 3 | 风险 | 1 | 物质 | 1 |
| 认知 | 3 | 公共 | 1 | 显著 | 1 |
| 文化 | 3 | 公平 | 1 | 信源 | 1 |
| 吸引 | 3 | 国家 | 1 | 形成 | 1 |
| 技术 | 2 | 机构 | 1 | 休闲 | 1 |
| 价值 | 2 | 接待 | 1 | 一手 | 1 |
| 经济 | 2 | 紧密 | 1 | 遗产 | 1 |
| 配套 | 2 | 经历 | 1 | 以往 | 1 |
| 特征 | 2 | 经验 | 1 | 艺术 | 1 |

①资料来源:本研究根据ROSTCM6.0词频分析所得(表中数字代表频次)。

续表

| 关键词 | 频次 | 关键词 | 频次 | 关键词 | 频次 |
|--------|------|--------|------|--------|------|
| 影响 | 2 | 距离 | 1 | 异国 | 1 |
| 质量 | 2 | 历史 | 1 | 营销 | 1 |
| 专门 | 2 | 流行 | 1 | 拥堵 | 1 |
| 状况 | 2 | 旅游者 | 1 | 优化 | 1 |
| 自然环境 | 2 | 旅游者 | 1 | 主体 | 1 |
| 自然资源 | 2 | 气氛 | 1 | 自主 | 1 |
| 包括 | 1 | 前因 | 1 | 作用 | 1 |
| 变量 | 1 | 情感 | 1 | — | — |
| 差异 | 1 | 渠道 | 1 | — | — |
| 程度 | 1 | 群体 | 1 | — | — |

由表3-2可知，已有研究在探讨旅游目的地形象影响因素时关注的核心内容是旅游目的地的众多要素，但这部分要素通常难以穷尽，因此各学者对影响因素辨识的结果通常是以旅游目的地的实体要素为主，部分学者还关注到了旅游环境与氛围等抽象要素。未能归入旅游目的地形象影响因素相关类别的词语有"基础""形象""获取""影响""以往""包括""作用""优化""体验""显著""形成""变量""紧密"。这些词多为动词、形容词，对于旅游目的地形象影响因素分类的参考价值不大。出现频次靠前的旅游、目的地、因素等词是分析对象本身，在此也不应作为分类的依据和内容。

## 二、旅游目的地形象影响因素分类

总的来看，相关研究中对旅游目的地形象影响因素的分析可以总结为以下四个方面：一是来自旅游者本身的影响因素；二是来自旅游目的地的影响因素；三是来自信息传播过程中的影响因素；四是来自旅游环境的影响因素。下文将结合旅游目的地形象形成过程与形成路径来进行具体分析。

依据旅游目的地形象形成过程的分析，影响旅游目的地形象形成的因素首先来自旅游者形成原生形象的这个阶段，旅游者主要受到来自日常生活中的媒介及他人信息传播的影响，接收到关于旅游目的地形象的信息碎片；旅游者形成诱发形象的影响因素主要来自旅游者自身旅游动机和旅游目的地的形象投射，包括旅游宣传手册、旅游广告及旅游网站等各种信息传播渠道；

影响旅游者形成诱导形象的主要因素包括旅游偏好、旅游目的地实际情况和外围因素。

依据旅游目的地形象形成路径的分析,影响旅游目的地形象形成的因素一方面是指来自旅游者自身的因素,另一方面是指外界各项相关刺激因素。具体来看,旅游者的个体因素主要包括旅游动机、旅游偏好等心理因素,以及性别、年龄、支付能力、闲暇时间、受教育程度及婚姻状况等个体特征因素;外界相关刺激因素主要包括旅游目的地吸引物、旅游设施、旅游目的地可进入性、旅游服务等旅游产业要素,旅游目的地向旅游市场投射形象所借助的渠道和手段等各项旅游产业相关要素,以及当地社会、经济、技术及文化等各项环境相关要素。

基于旅游目的地形象的本质,旅游者的个体特征、旅游动机和旅游偏好等各项因素是影响旅游目的地形象的内因;旅游者在日常生活中受到的来自媒介及他人信息传播的影响、旅游目的地的旅游产业因素及环境因素等各项因素均是影响旅游目的地形象的外因。影响旅游目的地形象的内因和外因同时发挥作用,最终形成关于旅游目的地的总体印象,并对旅游者的重游意愿及推荐意愿产生直接影响。基于此,本研究归纳的旅游目的地形象影响因素层次结构示意图如图3-4所示。

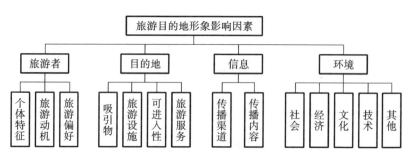

图 3-4 旅游目的地形象影响因素层次结构示意图

旅游者是否去过该旅游目的地及其停留时间的长短对旅游目的地形象的形成产生重要影响。一般来讲,来自不同文化背景的旅游者所持有的旅游目的地形象之间均有所差异。与旅游目的地文化背景越相近,旅游者所形成的旅游目的地形象越接近旅游目的地的实际情况。除了文化背景,旅游者的其他社会学人口特征等因素也对旅游目的地形象的形成有一定的影响。

为了迎合旅游市场需求,旅游目的地通过提供食、住、行、游、购、娱等以服务为主的旅游产品,并借助一定的渠道和手段向旅游者提供旅游目的地的相关信息,进行旅游目的地形象传播,其行为对旅游者形成旅游目的地形象产生直接影响。但由于影响因素繁多,旅游者的感知通常不可能与旅游目的地的实际情况完全吻合,因此需要针对旅游目的地的实际情况及旅游者的群体差异进行修正和优化。

### 三、旅游目的地形象影响因素作用路径

为了明确旅游目的地形象评价指标,以上文对旅游目的地形象形成、分类及旅游目的地形象影响因素的分析为基础,本研究构建的旅游目的地形象影响因素作用路径示意图如图 3-5 所示。

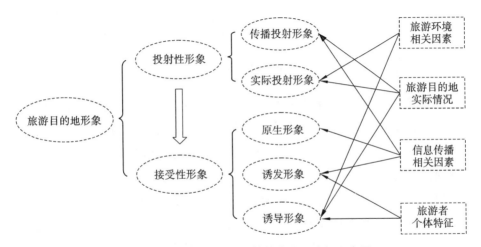

图 3-5　旅游目的地形象影响因素作用路径示意图

由图 3-5 可知,旅游者个体特征主要对旅游者形成诱发形象和诱导形象产生影响;信息传播相关因素主要影响着旅游者形成原生形象和诱发形象,同时也对旅游目的地的传播投射形象产生影响;旅游目的地实际情况对旅游者形成诱导形象、旅游目的地的传播投射形象和实际投射形象都产生重大影响;旅游环境相关因素主要影响旅游者形成诱导形象和旅游目的地的实际投射形象。需要注意的是,图中指出的旅游目的地形象影响因素的作用路径只呈现了最主要的因素与形象之间的最主要的影响关系,并不代表其他因素与其他形象之间不存在联系。事实上,各项影响因素之间相互联系,共同在旅游者的整个旅游活动的进行过程中发挥作用,贯穿整个旅游目的地形象的形成过程。

## 第五节　旅游目的地形象系统

旅游目的地形象涉及内容繁多,不仅涵盖旅游目的地资源、产品、设施等实体要素,还包括旅游目的地接待、服务、制度及当地民俗风情等抽象要素。正因为旅游目的地形象是由众多丰富而复杂的要素共同组成的,根据系统理论的观点,在研究旅游目的地形象评价与优化的过程中,也应当将旅游目的地形象视为一个有机整体来进行分析。此外,旅游目的地形象系统具备系统结构所具有的共同特征,其主要表现为整体性、层次性、综合性以及动态性等。值得一提的是,这样的系统始终是处于运动状态的,其内部各环节之间的联系,以及内部环节与外部环境之间的相互作用并不是一成不变的。

### 一、旅游目的地形象系统示意图

任何有关形象的研究都离不开形象概念所规定的三个部分:形象主体(人)、形象客体(对象)及形象本体(人脑对客体的信息处理的结果)。旅游目的地形象本身是一个抽象概念,但其本质上是通过旅游目的地众多的实体要素和抽象要素共同作用形成的。归根结底,旅游目的地形象还是要以某种具体的形态呈现出来。依据认知理论,旅游目的地形象从本质上来看,并不是关于旅游目的地客观环境的真实反映,而是主体根据自身原有经验(日常生活中获取的关于旅游目的地的信息碎片)与外部环境(如信息获取渠道、数量及质量,旅游目的地环境等)的互动而形成的关于旅游目的地的总体印象和综合评价。由于感知主体显著的个体特征差异,这一抽象概念在主体脑海中的反映不尽相同。

旅游目的地形象的形成是一个渐进的过程。首先,旅游者接收到的旅游目的地形象是旅游目的地呈现的状态在其脑海中的印象,因此旅游目的地形象首先要受到旅游者本身的影响;其次,旅游目的地形象呈现的是旅游目的地各项具体要素的状态,因此受到旅游目的地各类相关要素的影响;再次,各类外围因素和旅游软环境对旅游目的地发挥作用,从而使旅游目的地形象受到各类社会环境因素的影响。因此,在分析旅游目的地形象时,应将其看成一个系统来进行分析,其又可以进一步细分为形象主体(行为主体)、形象客体(作用对象)、形象本体(行为结果)、媒介系统(传播途径)、外围因素五类要素。旅游目的地形象系统示意图如图3-6所示。

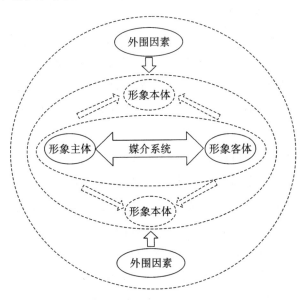

图 3-6　旅游目的地形象系统示意图

由图3-6可知,旅游目的地形象系统是一个涵盖内容繁多复杂、要素间相互作用的多元性复合有机整体。图中箭头表示作用关系,其中实线箭头表示直接而显著的作用关系,虚线箭头表示抽象作用关系;实线边框表示客观实体,虚线边框表示抽象实体。一方面,旅游目的地形象系统中,形象主体与形象客体之间的相互作用以媒介系统为桥梁表现得直接而显著,因此为实线箭头;同样,外围因素虽然没有直接作用在系统内的具体实物上,但从旅游目的地形象主客系统的角度来看,外围因素也是实实在在发挥作用的因素,因此也用实线箭头表示;此外,形象主体、形象客体对旅游目的地形象本体发挥的作用通过"旅游目的地形象"这一抽象概念呈现出来,因此作用关系需要用虚线箭头表示。另一方面,形象主体、形象客体、媒介系统及外围因素等均是客观存在的实体,因此用实线边框表示;旅游目的地形象本体、旅游目的地形象主客系统及旅游目的地形象整体系统都是需要从理念的角度来进行理解的实体,因此需要用虚线边框表示。各要素之间相互作用、紧密联系,共同组成旅游目的地形象系统。

## 二、旅游目的地形象系统构成分析

由上文分析可知,旅游目的地形象系统主要由形象主体、形象客体、形象本体、媒介系统及外围因素组成,下文将分别从这五个方面进行详细阐述。

**1. 旅游目的地形象主体**

主体,一般是指事物的主要部分,与客体相对应。从哲学角度来看,主体是指对客体有认识能力和实践能力的人,是客体的存在意义的决定者;从法学角度来看,主体是指享受权利和承担义务的公民或法人。旅游目的地形象主体是指在旅游目的地形象形成过程中具有主观能动性、起着支配作用的群体。

根据前文探讨旅游目的地形象的概念界定和本质后得出的结论,旅游目的地形象的主体即旅游目的地形象的感知主体是旅游者。旅游者对旅游目的地形象的感知是综合了产生旅游动机前后和实地到访旅游目的地前后的整体评价。不同旅游者形成的关于旅游目的地的形象都会因旅游者的个体特征、旅游动机、旅游偏好及旅游期望等因素的不同而存在巨大的差异。

值得强调的是,随着旅游活动的进行,作为旅游目的地形象的感知主体,旅游者的主观能动作用始终贯穿整个旅游目的地形象的形成过程。因此,在后续对旅游目的地形象优化进行分析的时候,必须重点关注旅游目的地形象主体的分析和讨论。

**2. 旅游目的地形象客体**

客体是与主体相对应的存在,一般是指可感知或可想象到的任何事物。客体既包括客观存在并可以被主观感知的事物(具体的如树木、房屋等,抽象的如物价、自由等),也包括思维开拓的事物(如神话人物等)。通常来说,客体是相对于主体而言的。从哲学角度来看,客体是指主体以外的客观事物,是主体认识和实践的对象;从法学角度来看,客体是指主体的权利和义务所指向的对象,包括物品、行为等内容。

旅游目的地形象的客体就是旅游目的地。旅游目的地将旅游活动过程中包括需求、交通、供给和市场营销等在内的所有要素都整合起来,并使之成为满足旅游者需求的服务和设施中心,这是旅游活动过程中最重要的环节。旅游目的地及其形象能吸引旅游者,是旅游目的地经营管理活动的主要目标。管理旅游目的地形象的主体正是基于对旅游目的地的认知和进行的实践,来树立旅游目的地形象。因此,旅游目的地是旅游目的地形象的客体,而这一客体,也正如其他所有个体事物或群体事物一般,是一个涵盖多方面内容的系统性的存在。

旅游目的地形象主体作用于旅游目的地这一形象客体。旅游经营者对旅游目的地的各项资源、要素加以利用和改善,使其共同发挥作用,形成对旅游者具有吸引力的旅游目的地形象。不同地域范围、不同类型的目的地,其构成要素、特征及其所处的旅游市场环境各异,因此在旅游目的地形象优化的实践中需要因"地"而异采取不同的措施。

**3. 旅游目的地形象本体**

本体是一个哲学概念,是指事物的原样或本身。旅游目的地形象本身是一个抽象概念,但是主体通过一定的媒介手段对客体产生作用,在这一过程中,本体便经由各类实体要素和抽象要素得以呈现出来。正是因为如此,旅游目的地形象在形成的过程中受到了诸多影响和干扰,由此凸显出分析其本身构成和特征的重要性。

关于旅游目的地形象的本体研究就是探讨旅游目的地形象主体与形象客体之间的相互关系。根据前文分析,可知旅游目的地形象本身是由许多不同层次和类型的"子"形象构成,呈现出一种系统性特征。例如,旅游视觉形象包括景观形象、公园形象、建筑形象、交通形象及环境形象等,旅游行为形象包括政府形象、居民形象、服务形象及旅游企业形象等。在进行旅游目的地管理的实践过程中,细化旅游目的地形象的类型有利于更加精准地定位和管理旅游目的地形象。

一方面,从需求方的视角出发,旅游目的地形象是旅游者通过各种传播媒介或实地经历直接或间接地获得的旅游目的地各种要素资源所形成的意念要素的集合。基于旅游者视角,旅游目的地形象经历了从原生形象到诱导形象,再到感知形象的三个阶段的演变。在旅游者尚未产生旅游动机之前,其通过社会生活的各个方面会或多或少接触到某一目的地的相关信息,由此形成关于某一目的地的原生形象;当旅游者产生旅游动机之后,其会主动地、有意识地通过各种媒介手段收集关于目的地的相关信息,这一过程会受到供给方对外传播和推广的内容和方式的影响,由此形成诱导形象;当旅游者实地到访旅游目的地之后,其通过亲身经历和旅游体验,会印证或改变其原来持有的旅游目的地形象,从而形成感知形象。此外,感知形象一旦形成,在一定时期内难以得到改变,因此也将成为旅游者再次实地到访这一旅游目的地时所持有的原生形象的来源之一。

另一方面,从供给方的视角出发,旅游目的地形象是旅游目的地对其本身的各种要素资源进行组合与改善,针对旅游者进行选择性传播的意念要素。基于旅游目的地视角,旅游目的地形象主要包括实地形象、设计形象和传播形象三个层面。首先,各个旅游目的地都是由各种不同要素组成的,其本身所具有的旅游资源、地方性特征和社会环境等都有所差异,由此形成实地形象;随后,以营利为基本出发点的旅游目的地经营者通过专家、设计师、规划师等,在掌握旅游目的地现有资源的前提下,试图设计出迎合市场需求的旅游目的地形象,由此产生设计形象;最后,旅游目的地营销组织基于旅游目的地设计形象,通过各种渠道和途径面向旅游市场进行推广和传播,由此形成传播形象。通常情况下,旅游目的地的实地形象、设计形象及传播形象三者之间存在一定差异。实地形象是旅游目的地资源及发展状况的如实反映,设计形象往往要凸显旅游目的地独特的具有吸引力的一些方面,传播形象通常因其在传播的过程中借助了传播媒介而与设计形象有所差异。

本研究在结合需求与供给两个视角的基础上,从供求双方的互动方式与互动过程入手,强调形象主体、形象客体与形象本体之间的互动关系。旅游目的地对旅游市场的投射产生传播形象,而旅游者关于旅游目的地的原生形象和诱导形象均受到旅游目的地传播形象的直接影响,最终在旅游者实地到访之后产生的感知形象又分别受到旅游目的地实际情况和传播形象的共同影响。因此,旅游目的地形象不仅涵盖了旅游目的地的传播/投射形象,还包括旅游者的感知/接收形象等内容,受到诸多实体要素和抽象要素的影响进而形成现实形象和抽象形象,且因时空变化呈现出不同的状态。由此可见,旅游目的地形象本身是一个受到诸多因素影响、不断发生变化的系统结构。

**4. 旅游目的地形象媒介系统**

媒介是使双方(人或事物)发生关系的人或事物,往往指双方之间交接的工具或介质。从广义上来看,一切可以让人与人之间、人与事物之间或者不同事物之间产生联系或发生关系的物质都是媒介。McLuhan(1964)认为"媒介即信息(The medium is the message)",媒介即万物,万物皆媒介。

旅游目的地形象系统的形成离不开各类媒介的连接和传达。在旅游目的地形象系统的形成过程中,除了传统意义上的传播媒介,还涉及旅游系统中的交通媒介、旅游目的地的管理媒介等。

(1)传播媒介。

传播媒介是连接传播者和受众的中介,是信息传播的符号、形式和渠道(邵雪诗、马丽卿,2011),旅游目的地形象的传播媒介符合这一界定。石培基和李先锋(2006)基于不同媒介的性质和特点,将传播媒介分为大众传播媒介、人际传播媒介、户外传播媒介和实物传播媒介四类。其中,大众传播媒介由报纸、杂志、书籍、旅游指南等纸媒和电视、电影、广播及网络等电子媒介构成；人际传播媒介主要包括语言、信函、电话、互联网等内容；户外传播媒介主要包括霓虹灯、广告牌、路牌及市政公众建筑等内容；实物传播媒介包括旅游产品、标志性建筑（如塑像等）等内容。

（2）交通媒介。

交通媒介包括一切人造的用于人类代步或运输的装置。管理旅游目的地形象涉及的交通媒介主要是指将行为主体运送到旅游目的地，以及行为主体在旅游目的地进行游览时所使用的水路、陆路、航空等交通工具。具体来说，水路交通工具主要包括大型游轮、固定航线的船只等；陆路交通工具主要包括公路、铁路等线路上的公共交通工具和私人交通工具；航空线路主要通过民航飞机、直升机或私人飞机等实现对行为主体的承载功能。

（3）管理媒介。

管理媒介是指管理者协调、组织、领导和控制行为主体的行为及充分利用资源来达到既定的发展目标所依赖的介质和方式。管理旅游目的地形象依赖的管理媒介主要包括人员群体、企业、制度、文化及政策等。具体而言，人员群体主要包括旅游经营者、旅游从业人员、旅游组织、旅游目的地居民及旅游者等；企业主要是指旅行社、旅游餐饮企业、酒店企业及其他相关企业；制度包括企业管理制度、市场运行制度、产业制度等；文化主要是指企业文化、旅游目的地的传统文化、民族文化等；政策主要是指当地政府为支持和鼓励旅游发展而制定的相关内容。

旅游目的地相关媒介使得旅游目的地形象的管理更加直观、便利，是整个旅游目的地形象系统中不可或缺的一部分。

**5. 旅游目的地形象外围因素**

旅游目的地形象的管理还必须依靠旅游业内部的各类外围因素和旅游软环境，这两部分共同构成了旅游目的地形象系统中的外围支持系统。

旅游业内部的各类外围因素主要从侧面为旅游活动提供社会支持。这些外围因素，如政府部门、安全和卫生单位等众多的社会机构和组织，本身能够独立地发挥其社会功能，并非因旅游的产生而存在。其他类似邮政通信部门、网络服务部门、金融服务部门等本身就是社会生活中不可或缺的一部分，同时也在为更好地提供旅游服务发挥作用，是管理旅游目的地形象过程中的重要保障。

旅游软坏境是指外界环境中对旅游目的地形象起重要作用的各项因素，

它是诸如旅游立法、政策、文化、思想观念等旅游外部因素和条件的总和,是一种适应市场机制发展的环境。良好的旅游软环境能够促进当地旅游业的发展,与社会其他各类外围因素一起支持旅游目的地形象系统的运行。

### 三、旅游目的地形象系统环境

每个系统都依赖于环境而存在,环境对系统而言具有外部性特征,因此通常又被称为系统的外部环境。旅游目的地形象系统的外部环境是系统之外各种自然、经济和社会等方面相关因素的总和。旅游目的地形象系统与其外部环境之间存在着各种各样的联系与作用。与此同时,影响因素的多元化也使得旅游目的地形象系统的外部环境变得更加复杂。本研究主要从区域环境、国内环境和国际环境三个角度对旅游目的地形象系统进行阐述。

**1. 旅游目的地形象系统的区域环境**

区域环境是指一定地域范围内的自然因素和社会因素的总和,是一种结构复杂、功能多样的环境。作为特定区域范围内的旅游系统,区域环境对旅游目的地形象系统的影响作用最为直接。

对于旅游目的地形象系统而言,区域环境又存在从狭义上和广义上理解的区别。狭义的区域环境主要是指旅游目的地形象系统所处的用于观赏、娱乐、休息和疗养的场所。广义的区域环境包括游览环境、生活环境、社会环境、生态环境和经济环境等。

旅游目的地形象系统的区域环境是通过从一定程度上限定了旅游目的地形象客体的地理范围来确定的,即有限规模的旅游目的地系统适用区域环境的概念,国内环境和国际环境也对其产生重大影响。当旅游目的地形象系统所针对的客体以国家为单位时,关于旅游目的地形象系统区域环境的分析就转而成为对国内环境和国际环境的分析。

**2. 旅游目的地形象系统的国内环境**

国内环境主要是指旅游目的地形象系统所处的国内经济环境、政治法律环境、社会文化环境、自然环境及科技环境等。

国内经济的发展尤其是旅游经济的发展对旅游目的地形象系统产生直接影响。国民收入水平和消费水平直接影响旅游业的发展速度,不同区域的经济发展水平存在一定差异,直接决定了不同区域的旅游消费方式和旅游消费水平,从而对旅游目的地形象系统产生重要影响;国内政局稳定与否和国内法律健全与否是影响旅游目的地形象的重要因素;国内社会安定程度和国内文化包容态度也进一步对旅游目的地形象的管理发挥作用，差异化的社会文化条件是一把"双刃剑"，其既是吸引旅游者的有利条件，同时也可能成为对旅游者决策产生直接影响的消极因素；国内自然环境是旅游目的地形象系统形成的重要基础条件，独特的自然环境和生态旅游发展直接影响旅游者的感知；国内科技发展及其转化为生产力的水平在一定程度上影响旅游目的地形象。

国内经济消费升级惠及旅游行业、国内法律法规的健全及国内高科技在旅游行业的应用等相关因素将使得旅游目的地形象系统的形成与优化处于快速发展的上升期。然而，在这个整体上升的过程中同时表现出局部波动的状态，如边境地区的恐怖事件、重大泥石流、导游强制购物等都会造成旅游目的地形象系统的损害。

**3．旅游目的地形象系统的国际环境**

国际环境本意是指包括国外产生的各种影响企业经营的事件或机遇。对于旅游目的地形象系统而言，国际环境主要是指影响旅游目的地经济发展和经济建设的相关因素，这些因素对其他外部环境因素均有一定程度的影响。

同国内环境对旅游目的地形象系统的影响类似，国际环境中对旅游目的地形象系统产生影响的因素主要包括经济环境、政治法律环境、社会文化环境、自然环境及科技条件等。不同国家所处的经济发展阶段、不同国家之间货币汇率的变动及不同国民的消费习惯对国际旅游需求的变化起到重要作用，对旅游目的地形象系统产生直接影响；国家政局的稳定与否、国家对旅游经济的政策及不同国家之间的相互关系，往往都直接影响着国际旅游者的出行决策，从而使得旅游目的地形象系统发生改变；不同国家在民族民俗文化、宗教文化及国民教育与阶层文化等方面的差异，也对旅游目的地形象系统的形成产生重要影响；各个国家独特的自然地理环境和景观资源，以及国民关于生态旅游与可持续发展观念所持的不同态度，对旅游目的地形象系统产生直接影响；不同国家的科技发展水平有所差异，对旅游消费形式、旅游企业的运作方式和旅游产品的促销方式产生直接影响，进而影响旅游目的地形象系统。

## 四、旅游目的地形象系统特征

旅游目的地形象系统具有系统的整体性、层次性、综合性以及动态性等特征,并因其内在结构与外部环境之间的相互作用而呈现出不同的状态。

### 1. 整体性

任何系统都是一个由存在特定互动关系的各部分共同作用所组成的有机整体。旅游目的地形象系统的各要素间存在着整体的、统一的关联,具有一定的相互影响和相互作用的秩序或规律。旅游目的地形象系统各要素之间相互作用,共同推进旅游目的地形象形成的全过程,各要素间互相影响,缺一不可。形象主体作用于形象客体,并因不同的行为主体而呈现出不同的作用方式和旅游目的地形象;形象客体是旅游目的地形象系统的根本,其决定了旅游资源、旅游产品的开发,也决定了旅游目的地形象的基本轮廓;形象本体是对形象主体作用于形象客体的结果的呈现,并根据不同的受众呈现出不同的效果;媒介系统是形象主体对形象客体发挥作用的基本途径和基本方式,不同媒介系统的作用效果有所差异;外围因素是对旅游目的地形象系统的外围支持,是旅游目的地形象系统顺利运行的基本保障。

### 2. 层次性

旅游目的地形象系统的层次性指旅游目的地形象系统由不同层次的要素构成。首先,各底层要素构成了旅游目的地形象系统的基础。例如:形象主体由管理旅游目的地形象的行为主体所组成;形象客体由管理旅游目的地形象的作用对象所组成;形象本体由管理旅游目的地形象的作用结果所组成;媒介系统由管理旅游目的地形象的作用方式和作用工具所组成。各要素发挥的功能存在显著差异。其次,形象主体、形象客体及媒介系统三者共同构成了旅游目的地形象系统中的三级系统——主客系统,主客系统是旅游目的地形象最核心的要素,它将管理旅游目的地形象的核心主体囊括在内,并基本揭示了主客系统的相互作用关系。再次,主客系统作用于形象本体,构成了旅游目的地形象系统的二级系统。这一层次的要素是对旅游目的地形象系统中核心要素内涵的延伸,对理解主客系统的作用结果具有明确的指向性作用。最后,各类外围因素以旅游目的地形象系统的二级系统为作用对象,最终展现了旅游目的地形象系统的全貌。总之,各要素系统层次的不同主要在于系统功能的不同,系统层次性中蕴涵了要素功能的层次性,即各级要素有各自层次的功能。这种层次性和功能差异性体现了旅游目的地形象系统在结构上和功能上的严密性。

### 3. 综合性

旅游目的地形象系统是对旅游目的地整体水平和功能的综合体现,是旅游者在整个旅游活动过程中对接触到的众多因素的影响方式和影响途径的综合反映。旅游活动是旅游目的地形象系统的内容,旅游目的地是旅游目的地形象系统的表现形式。不同的旅游目的地形象系统都是综合性系统,这些系统之间的不同点主要表现为不同系统层次或系统等级之间存在差别,例如,云南省旅游目的地形象系统与滇西北旅游目的地形象系统之间的旅游属性是不一样的。同一系统层次的不同系统类型之间存在差异,例如,同属于云南省旅游目的地形象系统的滇西北旅游目的地形象系统和滇中旅游目的地形象系统的旅游属性是不一样的。相同系统类型的不同系统个体之间也存在差别,例如,滇池旅游目的地形象系统与石林旅游目的地形象系统之间就存在着旅游功能的差别。

**4. 动态性**

动态性反映的是旅游目的地形象系统自身及环境的动态变化。不管是从时空角度来看还是从意义层面来看,任何一个系统总是依附于更大规模的系统而存在,旅游目的地形象系统也不例外。撇开旅游目的地形象系统各要素自身的变化不谈,其内部各要素间不断进行的相互作用亦是对其动态性特征的具体体现。与此同时,旅游目的地形象系统与外界的资源、环境、经济等也在不断地进行交换、消耗与更新。系统内部结构与外部环境之间的相互作用使得旅游目的地形象系统总是处于不断发展变化之中。

# 第六节 小 结

本章主要针对旅游目的地形象的前两个问题——"是什么"与"为什么"展开了深入的讨论。从整体来看,旅游目的地形象的概念界定和旅游目的地形象系统分析厘清了旅游目的地形象的系统本质;旅游目的地形象的形成路径与形成过程阐明了旅游目的地形象的阶段性发展过程;旅游目的地形象的分类辨析了旅游目的地形象的类别;旅游目的地形象影响因素的探讨明确了旅游目的地形象的具体由来。其中,旅游目的地形象的概念界定是进行后续分析的基本前提;旅游目的地形象形成、分类及影响因素的相关讨论都是对旅游目的地形象系统进行分析的重要铺垫。

对旅游目的地形象本质及其相关内容进行探讨具有非常重要的意义,该类探讨的主要贡献在于:其一,明确了旅游目的地形象的系统本质,为进一步明确旅游目的地形象评价指标打下基础;其二,将旅游目的地形象作为一个有机整体进行分析,使得对旅游目的地形象优化的讨论有据可依;其三,对旅游目的地形象系统进行的分析丰富了旅游目的地形象相关研究的内容,开拓了研究视角。

# 第四章 旅游目的地形象评价分析

前文关于旅游目的地形象系统的分析明确了旅游目的地形象"是什么"的问题,接下来本章要对旅游目的地形象"怎么样"进行讨论。构建旅游目的地形象评价体系是进行旅游目的地形象评价的理论基础,为后续进行实证研究提供理论框架。下面将从评价对象、评价工具、评价内容和评价指标识别四个方面来分析旅游目的地形象评价的理论框架。

## 第一节 旅游目的地形象评价对象

明确评价对象是进行旅游目的地形象评价的基本前提,只有清楚限定了本研究的评价对象,才能从旅游目的地形象的内涵、分类、形成及影响因素等各方面内容入手,展开进一步的分析和探讨。

对旅游目的地形象进行评价应主要以实地到访旅游目的地的旅游者为调查对象,研究旅游者对旅游目的地的感知和评价。旅游目的地形象评价的主要内容包括:①评价旅游目的地形象的现状与特点;②评价旅游者对旅游目的地各项要素的感知;③评价各项具体评价指标对旅游目的地形象整体水平的影响。

在此,对本研究评价对象的选取理由做出以下陈述:

一方面,本研究选取旅游目的地为评价对象。从哲学思考的角度来看,普遍性是寓于特殊性之中的。针对旅游目的地的研究,在本质上与针对景区(点)旅游形象、城市旅游形象、国家旅游形象等内容的研究是一脉相承的。同时,考虑到具体问题具体分析的原则,本研究从差异性研究与综合性研究相结合的视角将旅游目的地作为评价对象。这样既对旅游目的地的各产业、各要素之间的联系进行了整体探讨,又针对各项影响因素进行了具体考量。将评价对象的规模缩小到可控范围使得本研究更加具有可操作性。

另一方面,本研究限定某一特定类型的旅游目的地为评价对象。从方法论的角度来看,有运用了现象学方法的质性研究,就有以科学实证主义为特征的量化研究。选定某一特定类型的旅游目的地的优势在于,可以使以现象学方法为指导的研究显得更为具体和深入,且因该类研究的研究对象具有很强的代表性,研究结果的推广性也更加具有说服力,通常较为容易被接受。每个旅游目的地的形象都不相同,不论研究者选取哪一个旅游目的地,都有可能面临同样的问题,因此,选取任何一个旅游目的地作为研究对象在本质上都面临着同一个问题。

研究者首先要基于整体观念对研究对象进行模型思考,同时也要在具体问题上进行深入、细致的质性思考和量化研究。旅游目的地发展的实践推动了旅游目的地形象优化工作的开展,因此本研究选取云南边境少数民族特色村寨旅游目的地形象作为评价对象(详见第七章)。

## 第二节 旅游目的地形象评价工具

基于对已有研究成果的梳理,研究者可对旅游目的地形象的内涵、分类、影响因素进行质性提炼和总结,通过 ROSTCM6.0 对已有研究内容进行词频分析,初步提炼出影响旅游目的地形象的几大类因素,并以此为依据,初步构建旅游目的地形象评价指标。

随后,研究者可进一步进行以旅游者开放式问卷和专家开放式问卷为调查手段的访谈,并以此作为对评价指标进行佐证和查漏补缺的途径,使得旅游目的地形象评价指标较为完善,并形成量化指标,从而得出编制预调查问卷的依据。

基于初步形成的预调查问卷,研究者对旅游者进行抽样调查,根据初步分析后得到的数据和结果对调查问卷进行修订,从而提高调查问卷的信度和效度,得到符合科学要求的评价工具。在最终形成正式的问卷之后,研究者再展开正式调查。研究者结合软件 SPSS24.0 对以正式问卷为手段的调查结果进行分析,同时结合 ROSTCM6.0 对与研究主题相关的网络文本进行分析。根据分析结果,研究者总结出旅游目的地形象发展的特点和现存问题,并在此基础上提出拓展旅游目的地形象在线传播范围的对策。

## 第三节 旅游目的地形象评价内容

前文已经明确了旅游目的地形象的系统特征,因此,对旅游目的地形象的评价也相应是个系统工程。第三章对旅游目的地形象的形成过程与形成路径、影响因素及分类等相关内容进行了详细的分析,初步可以判断对旅游目的地形象评价的内容应该主要包括来自旅游者自身的旅游动机和旅游期望等内部因素、来自旅游目的地的内容以及在整个旅游活动过程中因信息传播带来的影响等外部因素,此外,还应对旅游者关于旅游目的地的重游意愿和推荐意愿进行具体判断。

旅游者关于旅游目的地形象的认知评价是形成情感评价和总体评价的基础,三者共同构成旅游目的地形象评价的主要内容,同时又对旅游者的意动评价产生重要影响。一方面,认知评价与情感评价相互影响,二者共同影响总体评价,且三者共同影响旅游者的意动评价;另一方面,认知评价与情感评价直接影响意动评价,又通过影响总体评价间接影响旅游者的意动评价。

对旅游目的地形象进行评价的核心在于衡量旅游者对旅游目的地各项要素的评价。例如,在研究某一省份的旅游目的地形象时,若旅游者表示对该省份印象好/坏,那么其原因是什么?要回答这一问题,就可能涉及旅游活动过程中的饮食、住宿、交通等各方面的内容;再进一步讨论的话,饮食的好坏可能涉及食物的色、香、味、特色和就餐环境等要素,则食物的色、香、味、特色和就餐环境等要素就成为影响旅游目的地形象的因素。这样一来,对旅游目的地各项要素的评价结果就是旅游者所持有的旅游目的地形象。因此,对旅游目的地形象的评价要基于对旅游目的地形象各项评价指标的识别与分类来展开。

## 一、旅游者对旅游目的地形象的认知评价

旅游目的地形象主要由理性的(Reasoned)和感性的(Emotional)理解共同作用后形成,这两个关系密切、相互作用的成分分别对应旅游者对旅游目的地的认知评价和情感评价。认知评价是指旅游者拥有的关于旅游目的地的知识和信念,即旅游者对感知对象的属性的评价。

对旅游目的地形象的认知成分的解构是评价旅游目的地形象的基本前提。旅游目的地认知成分是旅游者对旅游目的地属性的感知和评价。由于旅游目的地的属性过于复杂,难以穷尽,相关研究者为了对旅游目的地属性进行分类花费了大量的精力。其中,被之后的研究者引用最多的是对旅游目的地形象认知属性的三维构成分析,该分析将旅游目的地形象的认知成分划分为"整体的—属性的""功能的—心理的"以及"普通的—独特的"三个维度。

这种划分方法有助于加深对旅游目的地属性的理解，但无法直接生成量表来对旅游目的地形象进行评价。识别并分析旅游目的地形象的评价指标是评价旅游目的地形象的重要步骤之一。

## 二、旅游者对旅游目的地形象的情感评价

情感评价指的是旅游者对旅游目的地的情感。对旅游目的地形象的情感成分的解构是深刻理解旅游目的地形象的关键步骤。旅游目的地形象的情感成分关注的是旅游者在评价旅游目的地时所表现出来的态度，是指个体对目标物的整体情感和情绪。这样的情感评价往往使用"有利的"和"不利的"，"好的"与"不好的"，"愉快的"和"不愉快的"等形容词来加以描述，这些成对的形容词通常被用于开发量表。

最常被用来评价旅游目的地形象情感成分的量表是双极标尺（Bipolar Scale），它包括四个维度："令人振奋的—令人乏味的（Arousing-Sleepy）""令人愉快的—令人不快的（Pleasant-Unpleasant）""令人兴奋的—令人低落的（Exciting-Gloomy）"及"令人放松的—令人有压力的（Relaxing-Distressing）"。这四个维度反映出旅游者对旅游目的地的情感评价。由于前两个维度就足以表达旅游者对旅游目的地形象的情感评价，部分研究中只选用这两个维度，但整体来看，四个维度更能反映旅游者对旅游目的地环境的感知。

## 三、旅游者对旅游目的地形象的总体评价

基于从主观层面对旅游目的地形象进行的更深入的剖析，旅游者在旅游目的地进行实地游览时，会对其在实地到访目的地之前形成的诱发形象，即对旅游目的地的期望，进行验证和再评价。因此，旅游者在对旅游目的地进行认知评价和情感评价之后得到的是关于旅游目的地的总体印象。

基于对旅游目的地形象的认知成分和情感成分的评价，可以用二者的均值来表示旅游目的地形象的总体评价。

## 四、旅游者对旅游目的地形象的意动评价

旅游者对旅游目的地形象的意动评价是旅游目的地形象调查的重要组成部分之一，该评价主要包括旅游者对旅游目的地的重游意愿与推荐意向。就旅游目的地形象而言，旅游者的重游意愿和推荐意向通常是基于旅游者对旅游目的地形象的总体评价而产生的。旅游者对旅游目的地形象的认知评

价与情感评价通过同时而又有区别地影响旅游目的地的总体形象,对旅游者的重游意愿和推荐意向产生重要影响,因此,在对旅游目的地形象进行实证分析时,应将旅游者的重游意愿和推荐意向考虑在内。

基于此,旅游目的地形象的主要评价内容包括:①旅游者对旅游目的地形象的认知评价;②旅游者对旅游目的地形象的情感评价;③旅游者对旅游目的地形象的总体评价;④旅游者对旅游目的地形象的意动评价。

## 第四节 小 结

旅游目的地形象评价体系的构建是根据旅游目的地实际情况制定旅游目的地形象优化策略的重要基本前提。本章构建了旅游目的地形象评价体系,明确了旅游目的地形象评价对象的选择与旅游目的地形象评价工具的整合结果,并解构了旅游目的地属性(认知评价)、旅游者的情绪感知(情感评价)、认知评价和情感评价的均值(总体评价)、旅游者的重游意愿与推荐意向(意动评价),为旅游目的地形象优化提供了可操作的理论框架与方法。下一章内容将对旅游目的地形象优化的重要节点、优化内容、优化路径等内容进行讨论,并结合旅游目的地形象优化的原则和内外部驱动力,构建旅游目的地形象优化模型,为实证研究中分析云南边境少数民族特色村寨旅游目的地形象的优化措施提供理论基础和分析基础。

# 第五章　旅游目的地形象优化分析

旅游目的地形象系统涵盖了旅游目的地形象的主体、客体、本体、媒介和外围支持因素，是一个具有绝对动态性和相对稳定性的有机整体。旅游目的地形象的本质是主体对客体的感知，因此，对旅游目的地形象系统进行优化的关键在于优化和改善感知客体——旅游目的地。对旅游目的地进行优化的关键在于提升旅游目的地各实体要素和抽象要素在旅游者脑海中的总体印象。因此，对旅游目的地形象进行优化实质上是从具象化的要素入手，最终影响抽象化概念的形成与变化。下文将从旅游目的地形象优化的模型构建、优化原则和优化动力三个方面展开详细讨论。

## 第一节　旅游目的地形象优化模型构建

模型的构建主要是为了描述系统内部各环节或各要素之间的因果关系或相互关系。为了构建旅游目的地形象优化模型，本研究从旅游目的地形象优化的重要节点、优化内容和优化路径三个方面进行分析。其中，重要节点是为了明确优化主体，即"谁来做"的问题；优化内容是为了明确具体"做什么"的问题；优化路径是明确作用原理，即"怎么做"的问题。

### 一、重要节点

基于利益相关者理论确定旅游目的地形象优化主体是构建旅游目的地形象优化模型的重要前提。前文已经提到旅游目的地形象优化的关键在于对旅游目的地的投射形象进行优化。基于这一观点，本研究认为对旅游目的地相关决策产生影响的群体都是旅游目的地的利益相关者，例如，旅游经营者、旅游从业人员、旅游目的地居民、以当地政府为代表的旅游组织，以及旅游者本身，都参与了旅游目的地的建设，因此这些群体对旅游目的地形象系统的优化决策产生了重要影响，从而成为旅游目的地形象优化的主体。图5-1所示为参与旅游目的地形象优化的各主体。

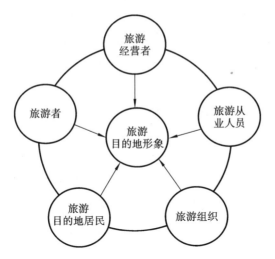

图 5-1 旅游目的地形象优化主体示意图

**1. 旅游经营者**

旅游经营者主要是指旅游目的地的相关企业,是旅游业和旅游产品供给的基本单元。基于其营利性质,旅游经营者是向旅游市场投射旅游目的地形象的核心主体。

旅行社既是旅游活动的组织者,也是旅游供应商的产品销售渠道。酒店包括日常所称的宾馆、饭店、旅馆、旅店、招待所、度假村等,其基本业务是为不同类型的旅游者提供食宿接待服务,是一种不断现代化、专业化、多功能化的商业性综合接待企业,是旅游者和当地公众进行社交活动的重要场所。旅游交通运输企业的任务是实现旅游者在常住地与旅游目的地之间、不同旅游目的地之间及旅游目的地内部的各节点之间的便捷往来。旅游景区(点)往往是展现旅游目的地旅游资源精华的场所,对旅游者的来访起着吸引和促进的作用,在旅游目的地形象形成的整个过程中处于中心地位。

旅游经营者在旅游市场中扮演旅游产品供给者的角色,其数量、规模、经营领域、结构、品牌以及价值观念等,直接决定旅游市场上旅游产品的供给数量、结构和层次等,因而最终决定了旅游目的地的知名度、赞誉度和认可度,即决定了旅游目的地在国内乃至国际上的地位和形象。因此,旅游经营者是优化旅游目的地形象系统的核心主体,在旅游目的地形象优化的实践中发挥举足轻重的作用。

**2. 旅游从业人员**

一方面,旅游从业人员直接向旅游者提供旅游服务,其言谈举止、行为规范及工作质量直接影响着旅游企业的服务效果,因此,旅游企业服务效果的好坏主要取决于旅游从业人员的职业道德、服务技能、文化及心理等多方面的综合素质水平。同时,旅游从业人员的服务态度和服务水平对外来旅游者形成对旅游目的地的印象产生直接影响。因此,旅游从业人员不仅直接代表着旅游企业的形象,还通过其服务行为、服务方式及服务水平影响着当地的旅游目的地形象。

另一方面,旅游从业人员位于直接面向旅游市场的供给前沿,对旅游者关于旅游目的地的感受有着最为直观的了解,因而旅游从业人员自身对旅游目的地形象有着最为直观的感受。旅游从业人员关于旅游目的地形象的直观感受,能够促使其在工作过程中的认知和服务态度发生转变,进而影响旅游者对旅游目的地的感知与评价。因此,旅游从业人员在优化旅游目的地形象方面发挥重要作用。

### 3. 旅游组织

旅游组织通常可分为国际旅游组织和国内旅游组织。具体来说,区域旅游目的地形象主要涉及国内旅游组织,国家旅游目的地形象同时涉及国际旅游组织和国内旅游组织。我国的国内旅游组织可分为旅游行政管理组织、旅游行业组织和旅游教育与学术组织三大类。

当前,我国的旅游行政管理组织主要由文化和旅游部、省(市、区)文化和旅游厅(局)和市(县)文化和旅游局三个层次构成。旅游行业组织由有关社团组织和企事业单位自发组成,通常是非营利性的、具有独立的社团法人资格的社会组织。这些组织通常是在政府有关业务主管部门的指导下运作的,旨在促进旅游目的地经济发展和旅游目的地形象优化。旅游业的发展和旅游开发离不开旅游教育和旅游研究,相关机构在旅游人才培养、旅游市场分析、旅游资源评价与开发、旅游政策制定和完善等方面对优化旅游目的地形象发挥重要作用。

旅游组织在旅游目的地形象优化的主体中发挥着协调、服务、宏观调控等功能。由于旅游资源的公共性、旅游产品的综合性、旅游活动的外部性及旅游市场竞争的不完全性等特征,完全依靠市场力量来实现旅游市场运行的有效性有一定难度,因此,建立健全旅游组织,尤其是旅游行政管理组织和旅游行业组织是十分必要的。旅游组织的整体协调和宏观调控可以使旅游目的地形象优化各参与主体实现有序协作,从而促进旅游目的地形象系统的优化。

**4．旅游目的地居民**

随着旅游经济的发展，旅游目的地居民对外来访问者的友善度及好客态度也逐渐形成了一项无形的旅游资源。旅游目的地居民的风俗习惯、生活水平、居住条件、好客程度等，都会对旅游者产生不同程度的吸引力，是旅游吸引物的重要组成部分。旅游目的地居民的积极支持与踊跃参与，是优化旅游目的地形象的重大动力；反之，将严重阻碍旅游目的地形象系统的优化工作。此外，旅游目的地居民的受教育程度也作为一项重要的个体特征对旅游目的地形象产生重要影响。

从我国大部分地区目前的情况来看，旅游目的地居民在旅游业的发展中往往处于弱势地位，难以从旅游发展的过程中获得应有的利益，致使其对旅游开发和旅游业的发展持消极态度，这不仅严重影响了旅游目的地的可持续发展，也给旅游目的地形象系统的运行造成极大的负面影响。因此，在旅游目的地的发展实践中，应注重正确对待旅游目的地居民的利益，使其从旅游开发中获益，鼓励旅游目的地居民以主人翁的姿态主动参与旅游目的地形象优化的实践工作。

**5．旅游者**

旅游者与旅游目的地以旅游活动为纽带，形成了紧密的相互联系。从旅游目的地形象形成的角度看，旅游目的地形象是在旅游者实地到访旅游目的地前后的一系列活动中所产生和形成的，这决定了旅游者是旅游目的地形象的核心感知主体。作为旅游目的地形象的核心感知主体，旅游者不同的个体特征、旅游动机、旅游期望等都会对旅游目的地形象的感知与形成产生重要影响。

相对而言，国内旅游者对旅游目的地的资源、历史、文化背景等较为了解，相对国际旅游者而言，国内旅游者形成的旅游目的地形象更接近现实情况；国际旅游者出于对陌生文化、陌生环境等的好奇心理，亦可能较国内旅游者而言采取更多的措施来拼凑旅游目的地形象信息碎片与材料，并在其回到常住地后产生较大的传播效果。因此，旅游者以评价、反馈、推荐等方式对旅游目的地形象的传播和优化产生重要影响。旅游者对旅游目的地形象的评价与意见反馈，是对旅游目的地形象优化的重要支持，由此决定了旅游者是旅游目的地形象优化的主体之一。

## 二、优化内容

旅游目的地形象系统的优化内容要结合旅游目的地形象本质及其影响

因素来确定。由前文分析可知,旅游目的地形象系统优化的主要内容在于对旅游目的地的各项资源与要素的优化。前文对旅游目的地形象影响因素的分析中将相关要素分为旅游目的地相关因素、信息传播相关因素及环境相关因素几大类。具体来看,旅游目的地相关因素主要包括旅游目的地吸引物、旅游设施、旅游目的地可进入性、旅游服务等内容;信息传播相关因素主要包括旅游目的地信息传播渠道和传播内容;环境相关因素主要包括社会环境、经济环境、文化环境、技术环境及包括医疗、通信、保险、银行等在内的其他环境因素。

优化旅游目的地传播投射形象应主要从旅游目的地相关信息的传播渠道和传播内容入手,使旅游目的地形象的传播渠道多样化、效率化,同时提高传播内容的全面性、特色性和吸引力。对旅游目的地实际投射形象进行优化主要包括对当地实际情况和旅游环境的改善。具体内容包括增强旅游目的地吸引物的多样性和特色性,使旅游设施多样化并提高其接待能力,提高旅游目的地景区(点)的可进入性,提高旅游服务的质量和水平。针对环境的优化内容主要包括对各方面旅游政策、制度(尤其是旅游投诉与监督制度)的加强,对旅游目的地良好的社会环境与文化氛围的营造,对先进技术的应用和普及,以及对旅游目的地各项保障措施的加强等。

### 三、优化路径

对旅游目的地形象优化路径的分析是为了明确旅游目的地形象优化的各主体如何在整个系统优化的过程中发挥作用,其本质就是通过作用于旅游目的地各具象因素来改变旅游者的抽象感知,是一个由具象要素回归到旅游目的地形象的抽象本质的过程。基于对旅游目的地形象优化各主体和旅游目的地形象优化的具体内容的分析,本研究构建的旅游目的地形象优化路径示意图如图5-2所示。

由图5-2可知,各主体主要针对影响旅游目的地向旅游市场投射形象的具体要素进行优化。其一,旅游经营者、旅游从业者与旅游组织参与了旅游目的地形象优化的具体要素改善、信息传播和环境因素改造等各个环节,这些主体对旅游目的地吸引物、旅游设施、旅游目的地可进入性、旅游服务进行改善与提升,对旅游目的地信息传播渠道与传播内容进行优化,对旅游目的地各项环境因素进行改造,这都极大地影响了旅游目的地形象优化的全过程。虽然旅游经营者、旅游从业者与旅游组织的具体作用在各个环节有所不

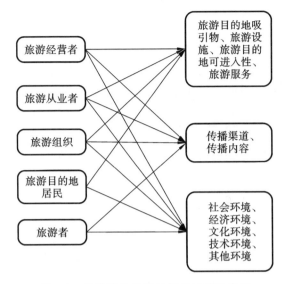

图 5-2　旅游目的地形象优化路径示意图

同,但这些主体共同协作,对旅游目的地向旅游市场进行投射的整个过程与结果产生重要影响。其二,旅游目的地居民的友好程度、好客程度及其表现出来的文明程度等都对旅游目的地环境因素发挥主观能动性,影响旅游环境与旅游氛围,从而主要在旅游目的地环境因素的优化中发挥作用,影响旅游目的地的实际投射形象。其三,旅游者在实地到访旅游目的地之后,对旅游目的地形象进行的评价反馈也是旅游目的地优化旅游投诉与旅游监督相关制度的重要环节之一;而其完成整个旅游活动之后对旅游目的地的整体评价、推荐、分享等行为都对旅游目的地信息传播产生重要影响。因此,旅游者主要参与旅游目的地信息传播相关因素与环境因素的优化环节。

## 四、优化模型

旅游目的地形象优化以旅游目的地利益相关者为主体,以与旅游目的地密切相关的各项具体要素为内容,以优化旅游目的地投射形象为目标,其实质是为了促使旅游者接受性形象的良性转变。

基于前文分析,对旅游目的地形象进行优化是旅游目的地形象优化主体通过共同作用于与旅游活动关系密切的各项要素,来提升旅游者对旅游目的地的看法和评价。其实质在于,通过对旅游目的地各具象要素进行改善来提升旅游者的抽象感知,是一个通过具象要素来影响抽象概念的过程。基于此,本研究构建的旅游目的地形象优化模型如图 5-3 所示。

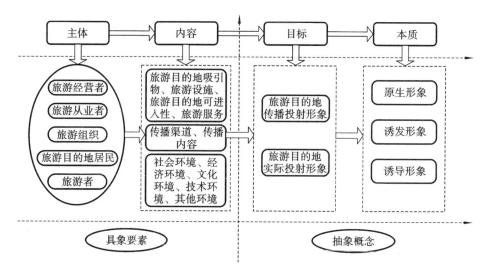

图 5-3 旅游目的地形象优化模型

旅游目的地形象优化的主要内容是根据旅游目的地形象的形成过程进行确立的,对每一个旅游者个体来说,旅游目的地形象的形成过程存在时间先后顺序,因此就这个层面而言,旅游目的地形象优化的各部分内容是存在先后顺序的。然而,就整个旅游目的地本身而言,所有的优化内容只因主体不同而存在差异,其本身并不存在时间先后顺序这一特点。因此,旅游经营者应当将整个旅游目的地形象系统的优化看成一个有机整体,从各个主要节点出发,针对具体的优化内容,与旅游目的地居民、旅游者等其他主体共同发挥作用,促进旅游目的地形象系统的有序运行。

对旅游目的地形象优化模型的构建,是对将"旅游目的地形象"这一抽象概念具象化的印证和回应,为后文进行实证分析奠定理论基础。

# 第二节 旅游目的地形象优化原则

## 一、目标性原则

制定一切管理决策的首要标准就是要坚持目标性原则,任何组织、系统的决策都必须首先明确其活动目标。旅游目的地形象优化是旅游目的地利益相关群体通过作用于旅游目的地各具象要素,以期实现旅游目的地形象的良好转变这一目标。旅游目的地形象系统的优化需要各主体分工协作、共同完成。在整个优化过程中，各主体必须始终以旅游目的地形象优化的共同目标为决策标准，坚持目标性原则，合理、高效地实现旅游目的地形象优化。

## 二、系统性原则

旅游目的地形象是一个系统性的有机整体，这一点在前文关于旅游目的地形象的本质分析的内容中已经予以明确，此处不再赘述。旅游目的地形象系统的主体、客体、本体、媒介及外围因素等各部分要素相互联系又互为条件，这些要素必须在旅游目的地形象的系统内部才能有效发挥其作用，从而实现其作为系统要素的各部分功能。在旅游目的地形象系统优化的过程中，需要始终将旅游目的地形象系统看成一个整体，因而旅游目的地形象优化的各环节也经由各优化路径紧密联系在一起，构成一个有机体系，共同发挥作用。坚持系统性原则是实现旅游目的地形象优化的必要标准之一。

## 三、层次性原则

旅游目的地形象是一个有机系统，层次分明。不论是从时间先后视角来看，或是从空间地域范畴来看，还是从旅游市场的供求关系来看，旅游目的地形象都具有鲜明的层次性，不同层次的旅游目的地形象系统的功能与特点也各不相同。因此，进行旅游目的地形象优化也必须坚持层次性原则，合理地利用旅游目的地各相关因素，对旅游目的地形象系统进行有序优化，从而层层发挥旅游目的地形象系统的功能，实现旅游目的地形象优化的目标。

## 四、开放性原则

旅游目的地形象系统以旅游资源、旅游区位、旅游市场等旅游要素为依托，与经济系统、社会系统紧密相连。旅游目的地形象系统内部的物质、人员和信息等要素都始终处于运动状态。旅游目的地形象系统通过媒介系统进行物质、人员和信息的流动。旅游市场需求及媒介系统不断地变化和发展，这使得旅游目的地所提供的旅游产品和服务也随之进行相应调整，进而引起旅游目的地形象主体、本体的变化。旅游目的地形象系统的开放性使其既受外部环境的影响和制约，又对周围环境发挥作用和产生影响，因此，在对旅游目的地形象进行优化的过程中，要注意坚持开放性原则，以保障旅游目的地形象系统的有序运行。

# 第三节 旅游目的地形象优化动力

对旅游目的地形象优化动力的分析涉及前人研究成果中的核心内容,同时又涵盖了一些相关研究成果中没有进行深入分析的隐性逻辑关系。例如,旅游目的地形象优化的行为主体之间的相互关系如何?市场导向与旅游目的地资源导向两种不同方式分别对旅游目的地形象优化产生何种作用?不同的经济环境、政治环境、文化环境、社会环境及法律环境等对旅游目的地形象优化产生怎样的影响?厘清这些隐性逻辑关系是进行旅游目的地形象优化模型运作研究的关键,本研究将在下文进行详细阐述。

## 一、旅游目的地形象优化的内在驱动力

旅游目的地形象优化模型形成与发展的内在驱动力主要是当地发展需求,旅游经济主体供给是旅游目的地形象优化的外部推动力,旅游目的地形象优化模型在这种推力和拉力的双重作用下实现发展。在这种作用力下,旅游目的地形象优化模型对周围环境的改变具有一定程度的适应性。

**1. 旅游目的地的发展需求**

旅游目的地的发展需求从本质上来看是要实现旅游目的地的可持续发展。可持续发展以社会、经济、人口、资源及环境的相互协调、共同发展为基础,其宗旨是既要能满足当代人的需求,又不能损害满足后代人需求的能力。

可持续发展的三个基本宗旨为:经济上有利可图,满足人类自身需求,以及尽量减少对环境的危害。要实现旅游目的地的可持续发展,首先表现在实现旅游目的地的旅游开发活动满足旅游目的地居民的短期利益和长期利益,提高旅游目的地居民的生活质量的目标;其次表现在实现第一个目标的同时,能够符合不断增长的越来越多元化的旅游市场的需求;然后表现为在实现第二个目标的同时,能够满足旅游目的地其他利益相关群体的利益诉求;最后表现为在满足以上利益需求的同时,能够兼顾对旅游目的地自然环境、生态环境的质量保护,实现经济效益、社会效益与生态效益的共赢发展。

**2. 旅游目的地形象优化的主体需求**

前文已经提到,旅游目的地形象优化的主体主要包括旅游者、旅游经营者、旅游从业人员、旅游组织及旅游目的地居民。这些主体的利益诉求是优

化旅游目的地形象的重要驱动力,以下将对各主体需求如何促进旅游目的地形象的优化进行详细阐述。

(1) 旅游经营者需求。

作为一个社会经济活动实体,生存、盈利与发展是旅游经营者(旅游企业)最重要的目标。组织、优化和运营资本,并使资本保值、增值,以实现企业效益的最大化是旅游经营者进行生产经营活动的表现形式和基本目标。为了实现这一目标,旅游经营者需要根据旅游需求的变化,结合旅游者个体的实际情况,凸显旅游资源特色,不断丰富、完善旅游产品,改进旅游服务,力求吸引更多的旅游者实地到访和逗留。显然,优化口碑良好、特色鲜明的旅游目的地形象是旅游经营者实现目标的有力手段,这就使得旅游目的地的经济发展和形象提升成为可能。

(2) 旅游从业人员需求。

旅游从业人员的工作门槛低、高水平专业人才匮乏、员工流失率居高不下等是当前旅游行业普遍存在的问题。满足员工的职业发展需求是每个企业吸引人才、培养人才、留住人才的基本手段。从基本层面来看,旅游从业人员的需求首先表现为对稳定、合理的收入和安全的工作环境的需求,只有在其基本生活及人身安全得到保障的前提下,旅游从业人员才有可能产生对其本职工作的深层次思考;从发展层面来看,旅游从业人员在满足了其基本需求之后,需要对旅游企业的发展目标产生共鸣,从而产生个人与企业共同成长的目标,这就要求旅游企业提供平台和空间以鼓励旅游从业人员发挥才能。整体看来,旅游从业人员的发展步调应当与旅游企业的发展步调一致,如此才能实现二者对彼此的诉求,从而获得满足感。基于此,满足旅游从业人员的需求成为构建符合旅游市场需求的旅游目的地形象、实现旅游目的地可持续发展的重要推动力之一。

(3) 旅游组织需求。

地方政府对旅游资源、旅游景区(点)的开发、改造和经营,将带动当地经济和区域其他产业的协调发展,实现当地经济效益、社会文化效益、环境效益同步协调发展,代表了广大人民群众共同的长远利益诉求。旅游目的地政府所关注的核心内容是经济增长和社会发展。为了实现这一目标,旅游目的地政府通常会制定一系列促进旅游目的地发展的政策、法规来进行旅游市场的宏观优化。旅游开发活动的有序进行和旅游经济的持续发展是构建良好的旅游目的地形象的重要推动力,因此,满足当地旅游组织的需求,提升其满足感是推动旅游目的地形象构建和优化的重要手段之一。

（4）旅游目的地居民需求。

旅游目的地居民的需求主要包括改善生活条件、增加受教育机会、得到文化尊重和维持社会稳定等内容。具体而言，改善生活条件首先依赖于对旅游目的地的相关资源、景区的开发，相关活动能够为旅游目的地居民带来更多提高经济收入和改善经济条件的机会；在改善生活条件的同时，更多的受教育机会和就业指导是旅游目的地居民争取更多就业机会和商业机会的重要保障；在旅游目的地的发展过程中，尊重当地风俗习惯、维护当地文化特色也是旅游目的地居民的重要诉求；此外，旅游目的地居民赖以生存和发展的生态环境、安全稳定的社会环境也是其在当地旅游发展过程中关注的重点。旅游目的地居民的需求在很大程度上推动了旅游目的地形象的构建与优化，有利于促进旅游目的地的可持续发展。

（5）旅游者需求。

旅游者是旅游市场的服务对象，既是旅游群体的主要消费者，又是旅游目的地发展的重要驱动力。旅游者需求是指在一定的时间和价格条件下，个体为了满足自身欲望或需要，具备一定支付能力并可能购买旅游产品的数量。旅游者需求的产生和发展，实质上是个体不断追求提高物质生活质量的结果，既是基于个体生理性需要的原动力，又是个体对自然环境和社会文化环境的一种反应和自我适应的过程。旅游者的出游目的多种多样，但总的来说，旅游者大都希望得到真实的、令人满意的旅游体验。这就促使旅游目的地为满足旅游者的需求不断完善旅游目的地产品结构，提高旅游目的地服务水平，提升旅游目的地形象。

由此可见，参与旅游目的地形象优化的各主体所追求的目标是不同的，因此，各主体可能会为了满足自己的利益，采取一些不当行为，使得旅游目的地的其他主体利益和整体利益受到损害。与此同时，部分主体（如旅游目的地居民）因处于弱势地位，其利益诉求可能会被忽视，从而难以实现。因此，在旅游目的地形象优化的实践过程中，应注重公平共享旅游发展所带来的实惠，实现当地旅游的可持续发展，进而促进旅游目的地形象的提升，形成一个良性循环。

## 二、旅游目的地形象优化的外部推动力

旅游目的地形象优化的外部推动力是指系统内部及系统本身所产生的

动力以外的促进旅游目的地形象优化的因素和动力。从旅游目的地发展的相关因素来看,对旅游目的地形象优化产生影响的因素主要包括区域整体经济发展水平、旅游产业发展要求和旅游目的地政策支持等。

**1. 区域整体经济发展水平**

经济条件是一切消费需求产生的基础,因此,国民经济发展水平、国民整体收入水平与可支配收入水平、旅游产品价格与汇率变动情况等因素都直接或间接地影响着旅游活动的规模,这些因素构成了优化旅游目的地形象的动力或阻碍。

(1) 国民经济发展水平。

国民经济发展水平通常是用国民生产总值(GNP)来衡量的。国民生产总值通常是指一个国家(或者地区)在一定时期内所生产的最终产品和提供的劳务总量的货币表现,它反映着一个国家(或者地区)在一定时期内整个社会物质财富的增加状况,是衡量经济发展水平的重要指标。

从旅游经济角度看,如果旅游目的地所在国家(或者地区)的国民生产总值高,则其旅游设施及其接待条件就相应较好,同时也就具有相对较强的吸引旅游者及刺激旅游需求和消费的能力;反之,如果旅游目的地所在国家(或者地区)的国民生产总值较低,则其旅游设施及其接待条件就相对较差,同时也在吸引旅游者及刺激旅游需求和消费的能力上表现较差。旅游目的地的国民生产总值对旅游需求的影响作用与如上所述的旅游目的地的作用原理基本一致。因此,旅游目的地所在国家(或者地区)的经济发展水平,往往会通过对旅游需求、旅游活动的直接影响而刺激旅游目的地形象的优化,这对旅游目的地形象的优化产生直接或间接的影响。

(2) 国民整体收入水平与可支配收入水平。

在现实社会经济中,国民整体收入水平与可支配收入水平对旅游需求和旅游活动产生直接影响。

一方面,旅游需求随着国民整体收入水平的变化呈现正相关变化。国民收入越多,就越能产生相对较多的旅游需求,实现更多旅游活动;当国民收入减少,则会引起旅游需求的相应下降,因此,国民整体收入水平是影响旅游需求的重要因素。

另一方面,在整体收入水平不变的情况下,国民可支配收入水平不但会对旅游需求的数量产生影响,同时也会对旅游需求的结构产生影响,即随着旅游者用于旅游活动消费支出的增多,其对某种或某些旅游产品的需求会相应增加或减少。因此,不管是旅游目的地还是旅游资源地,国民可支配收入水平的变化对旅游目的地形象的形成和优化均发挥着重要的作用。

(3) 旅游产品价格与汇率变动情况。

从价格和汇率方面来看,旅游需求与旅游产品价格存在负相关关系。通常在一定的旅游市场条件下,当旅游产品的价格上升时,旅游需求量就相应降低;当旅游产品的价格下跌时,旅游需求量就会相应增加。

此外,在国际旅游中,汇率的变化对旅游需求的影响作用主要表现在:当旅游目的地所在国家的货币升值时,前往该旅游目的地的旅游者或旅游停留时间就相应减少;反之,旅游目的地所在国家的货币贬值会促使前往该旅游目的地的旅游需求和旅游活动增加。汇率的变化不一定会引起整体旅游总量的增加或减少,但确实会对货币升值或贬值的国家或该国的旅游目的地产生重大影响。

**2. 旅游产业发展要求**

随着整个社会物质生产的发展和国民生活水平的不断提高,旅游产业已经在其长期的发展过程中形成了自身的主体部门和产业结构体系,成为一个相对独立的经济产业。旅游产业的发展直接影响旅游目的地在旅游市场上的投射形象。

(1) 旅游消费需求的集中化。

随着国民收入水平的不断提高和生活条件的改善,国民的旅游需求日益增长,旅游活动也成为国民生活中必不可少的内容。随着越来越多的国民参与旅游活动,国民的旅游需求不断多元化,但与此同时又呈现出向某一方面集中化的趋势,例如,从纯粹的游览观光转向休闲度假,从单纯地追求视觉新奇感受转向深入、细致地体验旅游目的地文化等。这些变化使得旅游目的地的建设有了一定的参考依据,也为旅游目的地形象的优化明确了一定的方向。

(2) 旅游供给的专业化。

随着旅游消费需求不断增长和集中,旅游产业逐渐从商业、餐饮业、服务业中分化出来,形成以旅游经济活动为中心,根据旅游者需求,集合多个企业和行业向旅游者提供食、住、行、游、购、娱等综合性服务的产业。旅游供给的专业化使得旅游目的地的建设有据可依,并有利于旅游目的地集中人力、物力、财力针对旅游市场需求进行专业化建设。旅游目的地面向旅游市场提供有针对性的特色鲜明的产品和服务,有利于旅游目的地优化旅游形象,并根据市场反馈不断进行调整和完善,提升旅游目的地形象。

(3)旅游经济运行的规范化。

在市场经济条件下,旅游经济的运行实质上就是旅游者和旅游经营者之间进行旅游产品交换的过程,该过程包括旅游产品的购买与销售这两个对立而统一的活动过程。一方面,旅游者通过支付一定的货币购买旅游产品,以获得旅游活动中的各种体验和享受;另一方面,旅游经营者将旅游产品销售给旅游者,以获取一定的经济收入。旅游产品是一种以服务为主的产品,因而旅游产品的构成要素可以重复使用,在旅游经济运行过程中,以旅行社为主的一系列经营活动,可以促进旅游经济产业在遵循客观经济规律的前提下有效地进行。这种规范化的旅游经济运行活动,有利于维持旅游目的地的市场经济秩序的稳定,从而进一步促进旅游目的地形象的稳定。

(4)旅游产业发展的规模化。

旅游产业是国民经济的重要组成部分。随着社会生产力的提高和社会经济的发展,旅游产业在国民经济中日益占据重要地位。国民的消费水平随着社会经济的发展而不断提高,用于满足精神和享乐需求方面的开支也相对增加,从而促进了以满足国民精神需求为主的旅游产业迅速发展,产业规模不断扩大。旅游产业发展的规模化,带动了旅游目的地的建设,使得旅游目的地的经济发展形成一定的规模效应,对加快优化和完善旅游目的地形象产生积极影响。

**3. 旅游目的地政策支持**

随着旅游产业的快速发展,越来越多的政府部门积极参与旅游产业相关政策的制定,这对确定旅游目的地发展的基本方向产生直接影响。

(1)政策类型。

按照政策制定的主体性质可将旅游目的地发展的相关政策划分为国家级相关政策和地方级相关政策。国家级相关政策主要是指由中央政府各相关部门制定的关于促进和支持旅游目的地发展的政策,主要表现为法规、条例、国务院令等不同形式。地方级相关政策主要是指由地方政府各相关部门根据国家相关方针政策所制定的关于促进和支持旅游目的地发展的政策,主要表现为条例、决定、意见、规定、办法、标准、规范和通知等不同形式。

按照政策的不同类型可以将旅游目的地发展的相关政策主要划分为法规、政策、条例和标准等。旅游法规是调整旅游活动领域中各种社会关系的法律规范的总称,主要包括全国人民代表大会及其常务委员会颁布的法律、国务院制定的行政法规、地方各级人民代表大会及其常务委员会制定的地方性法规等。目前我国涉及旅游目的地发展的相关法律主要有《中华人民共和国旅游法》《中华人民共和国出境入境管理法》《中华人民共和国公司法》《中华人民共和国消费者权益保护法》等。旅游政策是指政府旅游行政部门或其他相关政府部门为实现一定时期内的旅游目的地发展目标、提升旅游服务质量、规范旅游市场秩序、促进旅游就业、推动旅游产业与其他产业融合发展等,综合考虑旅游发展的现状、水平和社会经济条件,国家或地区的整体发展战略等多种因素而制定的行动准则。旅游条例是指立法机关为规范旅游产业发展,对旅游相关的组织、职权、行为、资源保护与开发、市场监管等诸多方面进行全面、系统的规定,并就旅游领域重大事项的办理作出原则性规范的法规性文件。旅游标准是以科学、技术和实践经验的综合成果为基础,经有关方面协商一致,由主管机构批准,以特定形式发布,作为共同遵守的准则和依据。

按照旅游行业的性质可将旅游目的地发展的相关政策主要划分为旅行社、旅游饭店、旅游景区(点)等相关政策。目前,促进和优化旅行社行业发展主要依据对旅行社设立、外商投资、经营、监察及法律与责任等各个方面进行规定的《旅行社条例》和《旅行社条例实施细则》。饭店行业的主要政策包括:一是1993年7月国家旅游局颁布的《饭店管理公司管理暂行办法》,文件对饭店管理公司的性质、实力条件及经营范围等各方面的权责作出了明确规定;二是对旅游饭店进行星级评定的《旅游饭店星级的划分与评定》(GB/T 14308—2023),主要通过评定饭店建筑、装潢、设备设施、服务项目、维修保养、清洁卫生、服务质量和优化水平等规范旅游饭店的经营行为。旅游景区(点)的相关政策主要是指由文化和旅游部牵头研制、全国旅游标准化技术委员会归口及执行的国家标准《旅游景区质量等级划分》(GB/T 17775—2024)。此外,随着旅游产业的持续发展,高尔夫、游艇、邮轮、户外及房车旅游等各种新业态不断涌现,各相关部门随之出台的一系列促进、规范新业态发展的政策措施,都对旅游目的地的发展产生重大影响。

(2)政策内容。

旅游产业发展政策包括相关政府部门制定的优化条例、行业规范、质量标准、监督保障制度等,还包括各类"规划""目录""纲要""决定""通知""复函"之类的文件。这类主要分布在两个层面:一是由党中央、国务院以及国家文化和旅游部制定的有关促进旅游产业发展的方针、政策、法规及规范性文件等;二是由地方政府根据中央政府文件精神发布的加快旅游产业发展的各类决定、若干意见及有关规定等。

旅游投融资政策主要是鼓励国际国内的国家资本、产业资本和个体资本通过不同的方式进入旅游产业领域,并在旅游基础设施、旅游服务接待设施等方面享受优惠政策。旅游投融资政策的重点内容主要包括:引导旅游投融资;建设多元化旅游投融资资金来源;设立旅游产业发展基金;制定贷款贴息政策;完善旅游发展资金的使用优化;等等。

旅游消费政策主要是制定各类刺激政策,鼓励旅游消费,创造旅游消费环境和优惠条件,提升旅游消费档次,提高旅游消费水平。旅游消费政策是旅游供给相对过剩的市场环境下的一个相对创新的产业政策领域,其重点内容主要包括:培育旅游市场需求;调整休假时间,创造旅游条件;改革休假制度,推动旅游消费;调整签证规定,简化入境手续;积极开发新型旅游项目;等等。

旅游产品与服务政策主要是依托优势资源,发展特色旅游产品,树立旅游品牌,进一步优化旅游产品结构。其重点内容主要包括:坚持市场导向,完善产品结构;科学规划、打造精品旅游景区(点);转变政府职能,加强旅游公共服务体系建设;等等。

旅游市场政策的重点内容主要包括:制定制度性旅游市场政策;制定运行性旅游市场政策;制定优化性旅游市场政策;进一步规范旅游市场秩序;等等。

其他相关政策主要包括旅游土地政策、旅游人才政策及财务税收政策等。

(3)政策功能。

旅游目的地发展的相关政策是中央政府或地方政府制定的主动干预旅游经济活动的各种政策的集合。制定相关政策、法律法规有助于明确旅游目的地建设和发展的基本方向,将旅游目的地的发展纳入整个社会发展和经济发展的总体布局,对旅游目的地的建设起到有效的宏观调控(尤其是旅游目的地资源开发、产品结构、产业布局等各个方面的宏观调控),在一定程度上促进了旅游目的地社会经济的有序发展。

旅游目的地发展的相关政策对旅游目的地形象优化各主体的权益、义务和责任作出了明确的规定。一方面,这些政策规定了各主体的应为、可为和勿为,为其提供了一个政策允许的活动范围;另一方面,这些政策作为一种衡量标准,可以判断各主体行为是否合法、有效。在旅游目的地形象优化的实践活动中,凡属于合法、合规、有效的行为,其主体都会在政策、法规的保护下顺利实现其利益和目标;反之,则会受到必要的制裁和惩罚。

  此外,相关政策明确了各主体的权益、义务和责任,协调了旅游者、旅游经营者、旅游目的地政府和旅游目的地居民之间的相互关系,使旅游目的地形象优化模型中的各要素有效运行、协调发展。各主体在政策允许的范围内从事自身活动,协作共事,各尽其责,利益共享,从而保证了旅游者的消费活动和旅游经营者的经营活动正常、有序地开展,为旅游目的地的发展和旅游目的地形象优化创造了一个良好的政策环境。

## 第四节 小 结

  旅游目的地形象优化的相关研究,指明了改善旅游目的地在旅游者脑海中的印象的主要方式,对旅游目的地形象优化的重要节点、优化内容、优化路径、优化原则及优化动力进行了深入讨论,明确旅游目的地形象优化模型中的各要素有效运行、协调发展的途径,为后文进行实证研究分析并提出云南省旅游目的地形象优化的具体建议提供了理论框架。

# 第六章　旅游目的地形象传播分析

## 第一节　旅游目的地形象传播研究概述

### 一、旅游目的地形象传播研究现状

自 1971 年 Hunt 首次提出"旅游目的地形象"的概念以来,旅游目的地形象传播作为该概念相关的重要研究领域得到长期关注,相关研究主要集中于以下三个主题。

其一,旅游目的地形象传播的影响因素。在旅游者方面,Stabler(1988)最早提出刺激因素和旅游动机、社会人口统计特征等个体因素的差异在旅游目的地形象的传播过程中产生重要影响。旅游者对视觉效果、行为形象的感知决定了旅游目的地整体形象(Dowling,1988)。在目的地方面,李蕾蕾(1999)提出"旅游形象识别系统"这一概念,成为国内学者研究旅游目的地形象传播的基础。旅游目的地特征不同,旅游目的地形象的传播结果会有所差异(Beerli & Martín,2004)。其中,旅游吸引物、舒适度、费用价值和异国氛围是影响旅游目的地形象传播的重要因素(Lee 等,2005)。在传播媒介方面,形象载体和推广工具选择是传播旅游目的地形象的前提条件(李想、黄震方,2002),是旅游目的地形象传播的重要环节(Dann,1996)。旅游媒介是传播旅游目的地形象的基础(姚长宏等,2009)。传播形象是旅游目的地形象的重要组成部分(吴晋峰,2014)。受众差异、传播者、传播内容等因素对旅游目的地形象有正向影响(邓恩、向志强,2016)。自媒体时代旅游目的地形象的传播风险主要源于过度依赖媒介的虚假宣传方式(王格,2023)。

其二,旅游目的地形象传播困境。在信息获取障碍方面,Sunstein(2008)率先提出了"信息茧房"(Information Cocoons)这一概念。个体认知的"信息茧房"会给获取信息的个体造成信息获取障碍(孙亮,2010)。数据与算法的应用可能通过信息茧房、算法歧视和无形操纵对受众进行围困(彭兰,2018)。

在个体差异方面,个体的认知、决策和社会地位受到算法禁锢(彭兰,2021),导致不同群体在互联网平台中表达的旅游目的地形象感知存在较大差异(Stepchenkova & Zhan,2013)。政府、旅游目的地居民和学者共同组成自媒体时代旅游目的地形象的传播信源(刘孝蓉、冯凌,2022),使得旅游目的地形象的传播路径更加复杂(李云鹏、王京,2012),加大了旅游目的地形象管理的难度(戴克清等,2019)。在传播危机方面,自媒体平台上的不实信息容易导致旅游危机产生(倪建伟等,2017),网络舆情危机使潜在游客对旅游目的地形象的认知变差,从而抑制潜在游客的出游意向(张薇等,2019)。社交媒体信息的内容收敛,使网络公共领域信息转向封闭,引致认知偏差,带来舆论危机(徐翔,2023)。

其三,旅游目的地形象的传播策略。在明确形象方面,旅游形象设计是旅游目的地形象传播的基本前提(江晓云,2004),其首要任务是明确资源差异、体验主题和形象定位(罗永常,2006)。文化认同是民族形象传播的基础(张航鹰,2022),提高形象的合理性和进行广泛宣传有助于争取居民旅游支持(李海娥、熊元斌,2016)。在多渠道传播方面,自媒体是宣传旅游目的地形象的重要力量(张翠丽,2009),可以通过时间传播、空间传播、整合传播三种策略实现有效传播(黄杰等,2017)。政府权力与社区代理的内在关系决定旅游目的地形象传播的具体路径(Choi等,2007)。在多重保障方面,法律环境和社区支持是旅游目的地形象传播的保障(Hunter,2012)。"讲好故事"是自媒体时代旅游目的地形象传播的重要手段(周永博、蔡元,2018)。信息传播技术有助于提升旅游目的地形象的传播速度(Lojo等,2020),改善游客对旅游目的地形象的感知与体验(Flores-Crespo等,2022)。

国内外的相关研究成果丰硕,但在现状、成因和对策方面仍有拓展空间。一是研究现状方面。已有研究侧重于运用旅游学的方法分析旅游目的地形象载体和传统推广工具,较少运用传播学的理论和方法对旅游目的地形象的传播困境进行剖析。二是关于旅游目的地形象传播困境的成因的探讨较为欠缺。已有研究侧重于从信息获取和个体差异剖析旅游目的地形象传播困境的成因,较少关注传播主体的相互关系和传播媒介差异等原因。三是对治理旅游目的地形象传播困境的对策的探讨较少。已有研究较少从旅游目的地形象传播的具体方式的角度提出策略,缺乏从宏观视角探索旅游目的地形象的可持续传播机制。

本章主要探讨旅游目的地形象传播系统的基本构成、主体间互动关系,以及相应的管理机制。以诠释旅游目的地形象传播的内涵为基础,重点讨论旅游目的地形象传播系统构成及各要素之间的互动关系,并对旅游目的地形象传播发展演化的基本过程和阶段进行理论分析,进一步提出旅游目的地形象传播困境治理的基本机制。

### 二、旅游目的地形象传播概述

信息技术的飞速发展加深了旅游业与互联网的不断融合,以微博、微信为代表的网络自媒体改变了旅游者旅游活动过程中的信息传播方式。互联网的崛起增强了人类与现实世界的连接性,重构了人类社会信息交互的基本规则,对各种产业组织结构及其治理模式带来了深刻影响。网络空间已经成为网民沟通交流、表达诉求,以及宣泄情绪的主阵地。网民成为各类信息的生产者、传播者和发布者。网络环境的复杂性和多变性对各个领域的实际管理机制提出了系统性的挑战。

受限于场景的区隔,旅游相关信息不对称的问题普遍存在。网民之间易形成非正式弱信任关系,而信息在弱信任关系的作用下更容易传递至各节点。因此,互联网的普及和网络自媒体的发展使得旅游目的地形象的网络传播更加容易,且波及范围更广,产生的负面影响更容易扩散。在互联网时代,网络传播对于旅游业而言,是机遇,更是挑战。如何在复杂多变的旅游目的地形象的网络传播中辨明真伪,抑制虚假传播的负面影响,制定有效的治理措施和应对方案,成为旅游目的地管理的重要课题,对当地旅游业产生显著影响,并且关系到旅游目的地的旅游形象、政府形象、企业形象、文化形象。

基于此,本研究集中探讨旅游目的地形象的网络传播。旅游目的地形象的网络传播是旅游现实在网络媒体环境下的映射,其系统运行依赖于传播主体、传播客体、传播本体、传播媒介和外围因素的共同作用。旅游目的地形象的网络传播系统的主体关系包括主客关系与外围互动,渐进关系和隐显关系等。旅游目的地形象网络传播存在三种典型的路径,路径过程包括酝酿、扩散、集聚、消散四个阶段,在具体应对时需要设计四种机制——主体联动机制、舆情管控机制、虚实协同机制,以及合理疏导机制。

## 第二节 旅游目的地形象网络传播系统构成

旅游目的地形象的网络传播是旅游业务范围内的公众性事件的网络化

延伸与扩散。网络舆情产生于来自不同背景的社会群体构成的公众,是公众在一定的社会空间内,对自身关心或与自身利益紧密相关的各种公共事务所持有的多种情绪、态度和意见的总和。在互联网时代,旅游目的地形象的网络舆情主要通过各种形式的网络社会化媒体进行传播,网络社会化媒体成为人类社会行为和社会关系向网络行为和网络关系转化与融合的纽带。旅游目的地形象的网络舆情可以通过互联网迅速传播、扩散,引起大范围关注,甚至引发突发事件,具有自由性、隐匿性、互动性、即时性、广泛性、多元性、情绪化和非理性等特点。旅游目的地形象的网络传播是旅游目的地形象的信息传播与扩散在网络自媒体环境下的具体表现。旅游目的地形象传播内容的偶然性、片面性和不可预知性,使得旅游目的地形象的网络传播除了具有一般的网络传播的基本特点,还具有突发性强、扩散速度快、危害效应大,以及控制难度高等特点。

一般来说,系统是指由若干要素依据一定的规律和形式而共同构成的具有一定的结构和功能的有机整体。旅游目的地形象的网络传播系统主要由五个部分构成,分别为传播主体(网络舆情发布者和传播者)、传播客体(热点事件)、传播本体(具体内容)、传播媒介(网络传播信源和传播渠道)、外围因素(网络环境与社会环境)。旅游目的地形象的网络舆情内容由事实性信息和意见性信息组成,网络传播媒介主要包括新闻网站、新闻跟帖、论坛社区、微博、视频平台、电商平台和网站指数等。旅游目的地形象网络传播系统的形成是多要素共同作用的结果,旅游目的地形象网络传播的治理和引导是一项涉及多个相关主体综合协调的系统工程。

其一,旅游目的地形象网络传播的主体由事件当事人或利益攸关方、新闻媒体、官方代表及其他网民等构成。事件当事人或利益攸关方通常是旅游目的地形象网络传播的发起者,也是旅游目的地形象网络传播重要的主体组成部分,新闻媒体、官方代表及其他网民等共同构成旅游目的地形象网络传播的发布者和传播者。

其二,旅游目的地形象本身是网络传播主体作用的客体。旅游目的地形象是旅游目的地形象网络传播的核心构成部分。旅游目的地形象的网络传播演进首先取决于旅游目的地形象本身的发展,因此旅游目的地形象是决定其网络传播的重要因素。

其三,网络空间中有关网民的情绪、态度和意见构成了旅游目的地形象的网络传播本体。旅游目的地形象本身是网络传播的触发点和刺激物,旅游目的地形象的网络传播则是针对事件本身而发布和传播的情绪、态度和意见的总和,通常包括事实性信息和意见性信息。

其四,旅游目的地形象的网络传播依赖于网络空间中各种形式的媒介。旅游目的地形象的网络传播和发布是通过各种形式的网络平台和移动客户端得以实现的。"媒介即信息"[①],在网络空间中,信息的传播依赖于网络媒体。在某种意义上,网络媒体既是网络传播的渠道,又构成网络传播的信息本身。

其五,旅游目的地形象的网络传播受到事件发生的具体环境因素的影响。各类外围因素如政治因素、经济因素、文化因素、制度因素及技术因素等对旅游目的地形象的网络传播的发酵发挥作用,从而使得旅游目的地形象的网络传播受到各类外围因素的影响。

综上所述,研究者应该将旅游目的地形象的网络传播视为一个系统工程来进行综合分析,这个系统包括传播主体(行为主体)、传播客体(行为对象)、传播本体(行为结果)、传播媒介(行为途径)和外围因素(行为环境)五大要素,及其相互间的互动关系,如图 6-1 所示。

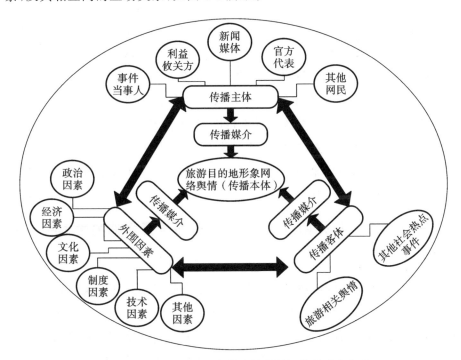

图 6-1　旅游目的地形象的网络传播系统的基本构成

---

① McLuhan,M. Understanding Media:The Extensions of Man[M]. New York:McGraw-Hill,1964.

由图 6-1 可知,旅游目的地形象的网络传播系统是一个具备多元性、复合型特征的有机整体,系统涵盖内容繁多、结构复杂,要素间存在多维度交互作用关系。除开传播主体、传播客体、传播本体、传播媒介及外围因素五个构成部分之间的相互联系,旅游目的地形象的网络传播系统各构成部分的内部元素之间也存在一定的互动关系,如旅游目的地形象传播主体之间的互动关系、旅游目的地形象与其他社会热点事件之间的相互影响、各类外围因素之间的互相关联等,这些关联都有可能推进或阻滞旅游目的地形象的网络传播走向。

## 第三节 旅游目的地形象网络传播系统的主体关系

系统理论的基本思想是把研究问题或研究对象看成一个整体,并在分析问题的过程中关注各部分要素之间的相互联系。对旅游目的地形象的网络传播系统的研究离不开系统理论核心观点所规定的内容——系统构成要素及其相互关系。旅游目的地形象的网络传播系统的形成是各要素相互作用的结果,这些因素是具有规律性和因果关联的机动链,彼此相互联系、相互作用。系统内部各环节和各部分,以及系统内部和外部的环境因素均相互联系、相互影响、相互制约。系统由要素构成,要素形成结构,结构产生功能,从而表明了系统内部的要素之间、要素与系统之间,以及系统与环境之间的相互联系。旅游目的地形象的网络传播系统的主体关系主要表现为主客关系与外围互动,渐进关系和隐显关系。

### 一、主客关系与外围互动:作用于网络传播本体的主要关系和次要关系

旅游目的地形象的网络传播系统包含多个要素及其相互关系,其中,以传播主体、传播客体、传播本体之间基于传播媒介而产生的互动关系最为显著,是推动旅游目的地形象的网络传播系统运行的基本关系。旅游目的地形象的网络传播系统的主客关系子系统是其最核心的组成部分。除了主客关系,旅游目的地形象的网络传播系统内部还包含外围的组成部分,以及一些次要的系统关系,如图 6-2 所示。旅游目的地形象网络传播系统的主客关系与外围互动将系统内部关系结构划分为主要关系和次要关系。

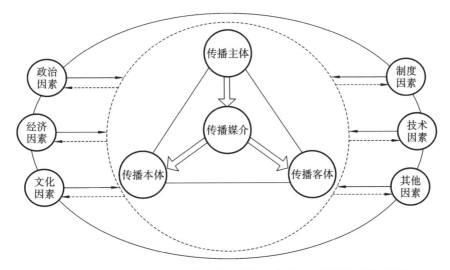

图 6-2　旅游目的地形象网络传播系统的主客关系与外围互动示意图

一是主客关系。主客关系对旅游目的地形象的网络传播本体产生直接影响,是旅游目的地形象网络传播系统的主要关系。在旅游目的地形象的网络传播系统中,传播主体对旅游目的地形象的态度与看法均经由传播媒介得以表达,而这一行为的结果就形成了旅游目的地形象的网络传播的信息内容。一方面,事件当事人或利益攸关方、新闻媒体、官方代表及其他网民与旅游目的地形象本身之间的主客关系,经由网络媒介的凸显效应,在网络空间中表现得直接而显著。另一方面,旅游目的地形象的网络传播系统中的主客关系相互作用的行为结果以网络传播信息为载体而得以呈现,因而网络传播又成为这一系统中主客关系的衍生物——传播本体。总之,旅游目的地形象网络传播主客体之间的相互作用是通过对网络传播本体产生直接影响而得以体现的,传播主体、传播客体对传播本体发挥的作用是由旅游目的地形象网络传播的具体内容而得以呈现的。

二是外围互动。旅游目的地形象网络传播系统中的主客关系与外围因素之间的互动形成了主客关系之外的次要关系。旅游目的地形象网络传播系统中的外围因素虽然没有显著作用于系统内的传播主体、传播客体以及传播媒介,但其起到了重要的环境变量的作用,从而形成了外围因素与主客系统之间的互动关系,构成了旅游目的地形象网络传播系统中的次要关系。由政治、经济、文化、制度及技术等方面的因素共同形成的环境从宏观层面影响着旅游目的地形象网络传播的发展与演化,因此,不能忽略外围环境因素在旅游目的地形象网络传播系统中发挥的作用。主要关系与次要关系都是客观存在的,且二者相辅相成,共同构成旅游目的地形象的网络传播系统。

## 二、渐进关系:线下事件在网络上的延伸和扩散

旅游目的地形象网络传播系统的形成本质上是线下旅游目的地形象的发展在网络上延伸和扩散的过程,因此该系统的形成是一个循序渐进的过程,如图 6-3 所示。

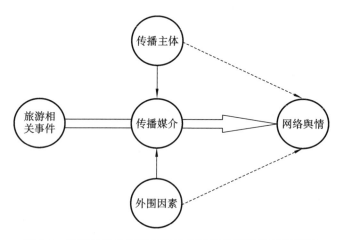

**图 6-3 旅游目的地形象网络传播系统的渐进关系示意图**

一方面,旅游目的地形象的网络传播系统以客观存在的行为主体、行为客体、行为结果、行为途径和行为环境为基础。旅游目的地形象的客观存在是产生网络传播的基本前提,事件当事人或利益攸关方、新闻媒体、官方代表及其他网民等传播主体、传播媒介及外围因素等是实现旅游目的地形象网络传播的现实条件。旅游事件的线下进展是决定线上网络传播走向的根本依据;传播主体、传播媒介和外围因素是旅游目的地形象网络传播不可或缺的作用要素。

另一方面,旅游目的地形象网络传播系统依赖于客观基础各要素之间的相互联系而得以形成。旅游相关事件的发生是一切相互关系产生的重要前提;针对旅游目的地形象,传播主体通过传播媒介参与旅游目的地形象的网络舆情发布和传播过程,而各类外围因素与系统内各要素产生联系,对旅游目的地形象网络传播产生影响。因此,旅游相关事件的发生是旅游目的地形象网络传播系统的第一层,在传播主体、外围因素和传播媒介加入之后,形成了旅游目的地形象网络传播系统的第二层,基于前两层关系形成的网络传播

本体构成了旅游目的地形象网络传播系统的第三层。

### 三、隐显关系：隐藏在要素之间的隐性互动关系

旅游目的地形象的网络传播系统依赖于传播主体、传播客体、传播本体、传播媒介及外围因素之间的错综复杂的关系而得以形成。整个旅游目的地形象的网络传播系统结构不仅涵盖了各要素间的显性互动关系，同时也包括了一些隐藏在各要素之间的隐性互动关系。

一方面，旅游目的地形象的网络传播系统的形成依赖于前文提到的系统内部的主客关系和外围互动，这部分关系构成了旅游目的地形象的网络传播系统的显性关系。显性关系主要表现为传播主体、传播客体及外围要素通过传播媒介产生的作用结果——网络传播本体等要素之间的相互关联。

另一方面，旅游目的地形象网络传播系统的形成同时还产生了一些相对隐蔽的要素间联系，这些要素间的互动构成了旅游目的地形象网络传播系统的隐性关系。隐性关系主要表现为：一是各系统构成部分的内部要素间的互动关系；二是线下旅游目的地形象的进展与线上网络传播演变的相互影响；三是网络传播本体对传播主体、传播客体及外围因素的反向作用；四是旅游目的地形象网络传播系统与外界环境的相互联系。

## 第四节　旅游目的地形象网络传播系统主体交互的过程要素

旅游目的地形象网络传播系统的主体交互过程是旅游目的地形象网络传播发展过程中的各个部分相互联系并协调运行的作用过程。旅游目的地形象网络传播是事件当事人或利益攸关方、新闻媒体、官方代表及其他网民等主体关于旅游目的地形象的情绪、态度和意见等内容随事件的发展而变化的过程，因此，旅游目的地形象网络传播系统的主体交互过程就是旅游目的地形象的网络传播过程。对旅游目的地形象网络传播过程的具体分析是对旅游目的地形象本身和事件相关的网络传播发展变化的规律性认识。以下从传播阶段及传播路径两个方面对旅游目的地形象网络传播系统主体交互的过程要素加以具体分析。

## 一、旅游目的地形象网络传播系统主体与传播阶段的对应关系

旅游事件发展与演进的过程存在从诞生、成长、成熟到消亡的不同阶段，各个阶段具备不同的传播特征与表现特征。旅游目的地形象的网络传播具备显著的突发性和易扩散等特点，容易在短时间内成为关注焦点。旅游目的地形象网络传播的相关信息能迅速吸引公众的注意力，在网络传播的场域中得到广泛扩散和传播。基于对旅游目的地形象网络传播过程相关内容的归纳与总结，本研究将旅游目的地形象的网络传播过程提炼为潜伏期、爆发期、成熟期及平息期四个阶段。旅游目的地形象网络传播系统的各主体在每个传播阶段均展现出不同的内容，体现出不同的特点，旅游目的地形象网络传播系统主体与各个传播阶段的对应关系见表6-1。

表6-1 旅游目的地形象网络传播系统主体与各个传播阶段的对应关系

| | 潜伏期 | 爆发期 | 成熟期 | 平息期 |
|---|---|---|---|---|
| 传播主体 | 以事件当事人或利益攸关方为主 | 以新闻媒体和其他网民为主 | 以新闻媒体和其他网民为主 | 以事件当事人或利益攸关方、官方代表和部分网民为主 |
| 传播客体 | 事件始末 | 事件始末、事件影响及相关管理部门应对措施 | 事件影响、相关管理部门应对措施 | 事件影响及事件结果 |
| 传播本体 | 信息酝酿 | 信息扩散 | 舆论集聚 | 传播消散 |
| 传播媒介 | 移动客户端、新闻网站、视频网站、论坛社区等 | | | |
| 外围因素 | 政治、经济、文化、制度及技术等方面的因素 | | | |

其一，旅游目的地形象网络传播的行为主体在各个阶段所发挥的作用各有不同。事件当事人或利益攸关方通常是旅游目的地形象网络传播的起点，在传播的潜伏期起到重要的推动作用；新闻媒体及其他网民活跃最显著的时期是在旅游目的地形象网络传播的爆发期和成熟期，成为旅游目的地形象网络传播的生力军，是旅游目的地形象社会效应扩大的表现；官方代表在旅游目的地形象网络传播的各个阶段均需发挥其推动或减缓甚至阻滞传播的作用，其所代表的政府公信力是引导其他传播主体理性参与传播的重要力量。

其二，旅游目的地形象网络传播的各个阶段对旅游目的地形象的关注点不尽相同。旅游相关事件本身是旅游目的地形象网络传播的信息来源。传

播的潜伏期通常以旅游相关事件始末为开端;在传播的爆发期,公众对旅游相关事件的关注扩大到旅游相关事件的影响和相关管理部门的应对措施;在传播的成熟期,旅游相关事件的影响和相关管理部门的应对措施成为公众关注的焦点;在传播的平息期,旅游相关事件的影响和结果成为公众关注的主要内容。

其三,旅游目的地形象本身在传播的各个阶段表现出不同的特点。旅游目的地形象的相关内容必须在不计其数的信息中"脱颖而出",方能获取公众的广泛关注。潜伏期的传播本体通常是对旅游相关事件的始末进行描述,这一阶段的传播本体主要体现出信息酝酿的特点;爆发期的旅游目的地形象网络传播已经成功进入舆论场,并迅速吸引了大量的公众关注,这一阶段的传播本体主要体现出信息扩散的特点;成熟期的旅游目的地形象相关信息已经大范围扩散,公众关注点开始转移,这一阶段的传播本体主要体现出舆论集聚的特点;进入平息期后,公众对事件的关注热度降低,参与各方逐步退出网络舆论场域,这一阶段的传播本体主要体现出传播消散的特点。

其四,传播媒介和外围因素的作用贯穿了旅游目的地形象网络传播的整个过程。一方面,随着现代信息技术的发展和互联网的普及,传播媒介趋于多元化,成为公众参与旅游相关事件网络传播的绝佳平台,但正是因为传播媒介的广泛介入,公众参与旅游目的地形象网络传播的成本低廉,由此也加大了相关部门进行旅游目的地形象网络传播管控的难度;另一方面,政治、经济、文化、制度及技术等方面的因素为旅游目的地形象的网络传播塑造了有利的大环境,而旅游目的地形象的网络传播也可能促进这部分因素的发展和进步。传播媒介和外围因素是旅游目的地形象网络传播的过程中不可或缺的重要组成部分。

## 二、系统主体在旅游目的地形象网络传播路径中的角色与作用

传播路径指信息的实际传递过程,由发送信息者一端经过物理媒介、网络媒介,传递到接收信息者一端所形成的单向、非闭合、不间断的序列或链条[①]。在信息的传递过程中,由发送信息者、传播信息者,以及接收信息者构成传播节点,这些是决定传播路径的关键性因素。总体而言,旅游目的地形象的网络传播存在三种不同的路径,具体内容如图6-4所示。

---

① 严俊,俞国斌.网络传播、政治沟通与社会治理:传播路径的分析视角[J].马克思主义与现实,2015(6).

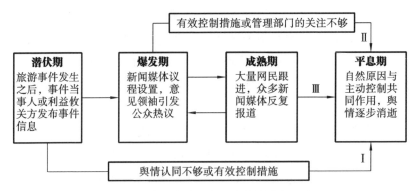

图 6-4 旅游目的地形象网络传播路径示意图

路径一：旅游目的地形象的网络传播过程由潜伏期直接进入平息期。路径一所示情况的发生通常是基于两种原因：其一，旅游目的地形象相关事件的公众认同力度不够，因而未能得到有效传播。当前互联网空间信息泛滥，受众注意力高度分散，旅游目的地形象相关事件必须深切触动利益攸关方才能获取足够的公众认同。其二，旅游目的地形象相关事件发生之后采取合理的危机管理或控制策略，使得事件的相关传播得到了迅速而有效的控制，从而使得旅游目的地形象的网络传播得以越过爆发期和成熟期，直接从潜伏期走向平息期。对旅游目的地形象的合理管控和对其网络传播的有效控制离不开旅游目的地形象网络传播系统各主体的共同作用。各主体在旅游目的地形象的网络传播路径中发挥的积极作用是不可忽视的。这种传播路径下的旅游目的地形象相关事件的传播周期最短，对事件利益相关方带来的负面影响也最小。

路径二：旅游目的地形象的网络传播过程由潜伏期进入爆发期后，直达平息期。路径二所示情况的发生通常是基于两种原因：其一，事件在旅游目的地形象相关舆论集中爆发之后才引起相关管理部门的关注，并得到有效的控制和合理的应对。其二，在旅游目的地形象相关舆论集中爆发之后，事件因没有引起相关管理部门的关注而自然消散。当旅游目的地形象的网络传播发展到爆发期，表明该旅游目的地形象相关事件已经获取足够高的公众关注度，旅游目的地形象相关舆论已经进入网络传播场域，并且得以迅速扩散和传播。一方面，相关管理部门对旅游目的地形象负面舆情的有效控制和针对该事件采取的科学应对措施，使得旅游目的地形象的网络传播在爆发后逐渐走向消散，从而使得旅游目的地形象的网络传播进入平息期。另一方面，也可能因为不够重视网络传播领域的扩散效应，旅游目的地形象的网络传播后劲不足,不能较好地起到推广和宣传旅游目的地的作用。在路径二中,主要突出了相关管理部门对旅游目的地形象网络传播进行积极管控和应对的重要性。这种传播路径下的旅游目的地形象的网络传播周期相对缩短。相关管理部门对旅游目的地消息的负面舆情处理及时,控制到位,能相应减少对事件利益相关方造成的负面影响。

路径三:旅游目的地形象的网络传播过程包括潜伏期、爆发期、成熟期和平息期四个阶段。路径三所示情况的发生通常基于三种原因:其一,旅游目的地形象相关事件的社会效应较大,事件引发的高度公众认同和公众关注无从避免;其二,旅游目的地形象的负面舆情没有得到有效的控制和合理的应对;其三,旅游目的地形象的正面舆情得到相关管理部门的高度重视和有力管控。从对路径一和路径二的分析中可知,处于路径三的旅游目的地形象深切触动了利益相关方。如果在传播过程中,旅游目的地形象的负面舆情没有得到有效的控制和合理的应对,或者相关管理部门有意推动旅游目的地形象正面舆情传播,均会使得旅游目的地形象相关事件在进入网络舆论场域后得以迅速扩散,并且通过新闻媒体议程设置、意见领袖引导舆论以及其他网民大量跟帖讨论等方式的互动形成关于事件的舆情传播集聚。路径三从客观上印证了旅游目的地形象的网络传播是一把"双刃剑"。一方面,网络时代的多元主体传播方式为旅游目的地形象传播提供了数字红利,相较传统媒介更为便捷,相关管理部门对旅游目的地形象网络传播高度重视,进行了有效管控,能够借助互联网技术有效提高对旅游目的地的宣传和推广效率。另一方面,这种多元主体传播方式也使得旅游目的地形象的传播管控更为复杂。一旦出现旅游危机事件,如果相关管理部门响应不及时,或是应对措施不合理,则无法有效缩短旅游目的地形象网络传播路径,直至事件经过较长发展历程而自然平息,或是出现新的公众事件分散网民和新闻媒体的注意力。这种传播路径下的旅游目的地形象的网络传播周期最长,对事件利益相关方带来的负面影响也相对较大。

## 第五节　旅游目的地形象网络传播的管理机制

旅游目的地形象的网络传播存在其特殊性,传播系统的相关主体之间存在密切的逻辑关系,各主体在旅游目的地形象的网络传播演进过程中扮演着重要的角色。旅游目的地形象网络传播的各个生命周期之间不仅仅是简单的推动与顺延,而是有着更深层次的交互关系和逻辑关系。对旅游目的地形象网络传播的这种特殊性的诠释是为了更好地解决现实管理问题。就旅游管理部门而言,除了着眼于旅游管理的现实场域,设计合理的旅游目的地形象网络传播的管理机制显得尤为必要。为了科学管理旅游目的地形象的网络传播,充分发挥传播系统各要素的作用,研究者设计了四种管理机制,即主体联动机制、舆情管控机制、虚实协同机制及合理疏导机制。

## 一、主体联动机制:联合各方力量共同控制传播扩散

旅游目的地形象相关事件当事人或利益攸关方、新闻媒体、官方代表及其他网民等传播主体的作用贯穿了旅游目的地形象网络传播的整个过程,传播主体对事件的网络传播起着至关重要的作用。然而,网络传播媒介往往容易将片面的情绪和失真的"噪音"混入传播之中。情绪和"噪音"的泛滥导致公众需要了解事实的真相,需要政府及时、公平、公正、公开地对事件做出合理的处置,对公众舆论给予正确的回应和解释。

旅游目的地形象相关事件的当事人或利益攸关方是网络传播的主要发布者和传播者。事件当事人或利益攸关方发布的信息从根源上决定了旅游目的地形象网络传播的内容,该传播主体发布的关于旅游目的地形象的网络舆论比其他任何传播主体发布的信息都更有说服力和煽动性,因而更能决定网络传播的走向。相关管理部门要迅速、合理地应对旅游目的地形象相关事件,尽量减小对事件当事人或利益攸关方带来的负面影响,从而达到控制传播扩散的目的。

新闻媒体和其他网民是旅游目的地形象网络传播的重要参与者,是网络传播主体的重要组成部分,该传播主体主要决定着旅游目的地形象网络传播的扩散范围和速度。相关管理部门要合理引导新闻媒体和其他网民以理性、客观的态度对待旅游目的地形象,并通过科学解决旅游目的地形象网络传播的管理问题来平息负面舆论,必要时通过合法手段抵制恶性舆论,从而引导新闻媒体和其他网民有序参与旅游目的地形象网络传播。

官方代表是相关管理部门的重要"发言人",是旅游目的地形象网络传播的中坚力量。对于相关管理部门而言,履行管理职能、保证执政执法过程中的公信力是管理合法性和正当性的重要精神资源,既体现了价值认同,又体现了责任期待。官方代表发布的网络舆论是其他传播主体重点关注的内容,

该传播主体的言论恰当与否直接决定了旅游目的地形象网络传播是集中爆发还是趋向平息。相关管理部门应安排专人负责官方代表这一消息发布渠道的管理,坦诚、有效地与大众进行沟通,积极引导旅游目的地形象网络传播的合理进行,有效发挥网络传播对旅游目的地形象的宣传和推广作用。

## 二、舆情管控机制:设立迅速反应的综合响应系统

旅游目的地形象网络传播舆情管控流程包括主题规划、信息收集、信息分析、信息预警和危机处理,而危机处理又涵盖了传播采集、监测、预控和发布等机制。旅游目的地形象网络传播舆情管控机制的建立是一项系统工程,需要通过树立舆情管控观念、建立舆情管控体系和构建舆情管控系统来保障旅游目的地形象网络传播舆情管控机制的有效运行。

加强舆情管控,迅速回应网络传播是缓解旅游目的地形象负面舆情传播的有效措施。旅游业是一个综合性特点显著的行业,要加强舆情管控,就必须联合多职能部门,通过政府、企业与媒体的协调合作来提高当地的旅游目的地形象网络传播预警能力。当地政府和旅游企业应加强对网络传播的动态监督,掌握网络传播动态,及时采取有效的防范措施,将旅游目的地形象危机事件的负面影响最小化。因此,相关部门和企业要提高网络自媒体时代的技术素养,熟练使用微博、微信等网络自媒体,从舆情管控上达到"预防为主"的目的,及时、迅速地对旅游目的地形象网络传播做出科学反应,将网络传播的负面影响控制在最小范围内。

## 三、虚实协同机制:线上线下协同联动响应有效治理

旅游目的地形象相关事件爆发于线下,相关信息经由网络媒介的传播形成传播危机。线下的治理有效与否主要取决于相关管理部门对事件的解决妥善与否,线上的协同治理则是对相关管理部门治理方式的网络化延伸。对于旅游目的地形象网络传播的治理而言,线上线下的协同联动式处理具有重要意义。

旅游目的地形象网络传播的平息归根结底是因为现实世界对事件本身进行了合理的处置,及时、有效的线下处置是产生正面网络传播的重要信息来源;同时,线上的正面回应是平息旅游目的地形象网络传播的有力手段。此外,信息技术的快速发展对旅游目的地来说是一把"双刃剑"。一方面,旅游目的地可以利用各类网络平台发布相关消息,宣传旅游目的地的正面形

象,以吸引更多游客前往;另一方面,一旦旅游目的地形象危机事件发生,网络传播的关注重心就有可能产生偏移。因此,要加强网络传播管理,就要注重网络传播回应的时间、频率、内容及表达技巧等因素,及时发布真实信息,赢得话语权。同时,政府部门在保护网民言论自由的前提下,应依法处理不实信息,准确把握网络舆情关注的核心内容才能有效回应网络舆情。

**四、合理疏导机制:危机事件的善后处理造成的长尾效应**

科学处理危机,合理引导网络传播是减小旅游目的地形象负面影响的重要措施。以开放、包容和坦诚的态度应对危机,主动融入舆论场,积极纠正错误、修复形象,有助于建立合理的传播疏导机制。旅游目的地形象危机事件对旅游目的地带来的影响深远,短时间内难以消除,因而旅游目的地形象的善后处理应注重对网络传播的长期正面引导。

如果相关管理部门处理事件的周期较长,就会加深旅游目的地形象网络传播的负面影响。利用微博、微信等网络新媒体,面向广大网民和旅游目标市场受众来进行旅游目的地形象网络传播引导,是恢复旅游目的地形象和修复旅游目的地品牌的重要手段。为了让游客和社会舆论逐渐消除对旅游目的地的不良印象,相关管理部门应通过技术手段积极宣传旅游目的地的正面形象,同时加强游客与旅游目的地之间的互动交流,通过网络渠道维系目标受众与旅游目的地之间的有效沟通,以便合理引导网络传播;还应使用正面的新闻报道占领舆论场,构建良好的旅游目的地形象。

# 第六节　小　结

有关旅游目的地形象传播的研究,指明了互联网时代下旅游目的地形象网络传播系统的重要性。本章对旅游目的地形象网络传播系统的构成、主体关系、过程要素、传播路径及管理机制进行了深入探讨,明确了旅游目的地形象网络传播系统中的各要素有效运行、协调发展的途径,为后文研究云南边境少数民族特色村寨旅游目的地形象传播机制提供了理论依据。

# 第七章　实证研究——云南边境少数民族特色村寨旅游目的地形象的传播机制分析

## 第一节　实证案例研究背景

云南省与越南、老挝、缅甸接壤,是我国对西南开放的前沿窗口。习近平总书记两次考察云南省,明确了云南省建设成为面向南亚东南亚辐射中心的发展方向。《云南文化和旅游强省建设三年行动(2023—2025年)》提出以习近平新时代中国特色社会主义思想为指导,全面贯彻落实党的二十大精神,深入学习贯彻习近平总书记关于文化和旅游工作重要论述和考察云南重要讲话精神,围绕"3815"战略发展目标,加快旅游产品、模式、业态创新和服务创优,推动全省旅游产业体系更完善、产品业态更丰富、市场秩序更规范、接待服务更优质、旅游形象更美好。通过塑造文旅品牌形象、创新文旅宣传机制、加大文旅宣传力度、深化文旅交流合作、构建文旅正面宣传和舆情处置一体化机制等措施实现旅游高质量转型升级,让"有一种叫云南的生活"叫响社会,在新的起点上推动文化繁荣,更好满足人民群众日益增长的精神文化需求,建设文化和旅游强省。

根据国家民族事务委员会(以下简称国家民委)发布的三批有关命名中国少数民族特色村寨的通知,截至2019年末,云南省共有247个少数民族特色村寨,其中31.58%地处边境。这些少数民族特色村寨特色突出、文化浓郁,是各民族繁荣发展的示范窗口,是云南省建设面向南亚东南亚辐射中心的前沿阵地,具有传播旅游目的地形象的天然优势。2021年12月发布的《"十四五"旅游业发展规划》中强调发挥少数民族地区资源优势,将旅游目的地形象纳入国家对外宣传。2023年,抖音、新浪微博(以下简称微博)和喜马拉雅等自媒体平台被文化和旅游部选用于"旅游中国·美好生活"宣传推广活动,成为旅游目的地的重要传播渠道。当前,旅游目的地形象传播面临内容同质化、信息碎片化、形象浅表化、官方媒体权威弱化等问题,不利于边境少数民族地区经济发展和民族文化传播。以云南边境少数民族特色村寨为特定研究对象,探索具有针对性的旅游目的地形象可持续传播机制,对于分析旅游目的地形象传播现状及其存在的问题,提出针对性措施以传播旅游目的地形象,进而提高旅游目的地竞争力,实现旅游目的地可持续发展具有现实参考价值。

## 第二节 云南边境少数民族特色村寨旅游目的地形象调查分析

自我国实施民族村寨振兴战略以来,发展民族村寨特色旅游产业一直是国家社会经济发展的重点之一。2022年1月发布的《关于做好2022年全面推进乡村振兴重点工作的意见》(以下简称《意见》)中明确提出实施乡村休闲旅游提升计划和实施"数商兴农"工程。运用自媒体和数字技术发展民族村寨旅游产业是实施《意见》指导政策的重要途径。在竞争日益激烈的旅游市场中,旅游目的地形象成为影响民族村寨旅游产业发展的关键,引起国内外理论研究和实践领域的广泛关注。

### 一、云南省旅游目的地形象分析

#### 1. 云南省旅游目的地形象发展历程

从20世纪80年代开始,在国内外旅游业快速发展的推动下,云南省旅游业依托自身先天的资源优势得以迅速崛起。在发展初期,由于长期处于经济欠发达的状态,加之地处我国内陆,云南省旅游在国内外的知名度还很小,影响力也相应较弱。因此,构建和推出云南边境少数民族特色村寨旅游目的地形象,吸引更多的海内外旅游者,成为云南边境少数民族特色村寨旅游产业发展的重中之重。自20世纪80年代以来,以深入分析旅游资源优势与旅游资源特色,并精心策划相应旅游产品为基础,云南省陆续推出了"神奇迷人彩云南""永远的香格里拉""七彩云南,旅游天堂"等旅游目的地形象。通过云南省旅游目的地形象的"三部曲"式的发展和推广,云南省作为旅游目的地在国内外的知名度得到大幅度提升,加快了云南省旅游产业的飞速发展。

(1) 初期形象:"神奇迷人彩云南"。

20世纪80年代至90年代中期,围绕国内外观光旅游的迅速发展,尤其是国内旅游的快速增长,依托自身丰富多彩的旅游资源优势,突出云南省神秘的边陲之地、神奇的自然景观、独具神韵的民族风情以及深远的历史文化,云南省旅游局推出了"神奇迷人彩云南"的主题形象,大力发展以观光游览为主的,包括边境风光、民族风情在内的观光旅游,打造特色鲜明的旅游产品,迅速吸引了众多海内外旅游者。

(2) 中期形象:"永远的香格里拉"。

20世纪90年代以后,随着工业化和城市化进程的加快给人们带来的快节奏生活与工作压力,再加上人口迅速增长、资源急剧减少及环境不断恶化等因素的影响,人们追求风景优美、环境舒适、出行安全和体验愉悦的旅游产品的需求越来越强烈。基于此,结合20世纪30年代美国好莱坞以同名小说为题材拍摄的电影《消失的地平线》,云南省政府、省旅游局推出"永远的香格里拉"的主题形象,并于1997年对外宣布:美丽的香格里拉就在中国西南地区,就在美丽的彩云之南。这一主题形象的推出,迎合了半个多世纪以来人们对美丽的香格里拉的探寻,突出了云南省旅游资源的特色。1999年,云南省旅游业抓住世界园艺博览会在昆明举办的契机,加大对"永远的香格里拉"这一主题形象的宣传和推广,使其迅速享誉全球,吸引了众多的海内外旅游者。2002年,云南省全年接待海外游客130.36万人次,旅游外汇收入4.19亿美元,分别比上年增长15.2%和14.3%。接待国内游客5110.1万人次,国内旅游收入255亿元,分别比上年增长11.6%和12.7%。全省旅游业总收入289.9亿元,比上年增长12.8%[①]。

(3) 近期形象:"七彩云南,旅游天堂"。

进入21世纪以来,随着休闲度假和健康旅游的迅速崛起,云南省提出依托社会经济和旅游发展的基础,充分发挥独特的气候优势、民族优势、文化优势和区位优势,推出以满足休闲度假和健康旅游需求为核心的旅游目的地形象——"七彩云南,旅游天堂"。随着"七彩云南,旅游天堂"这一主题形象的推出,云南省加强旅游开发建设和环境改善,提高旅游服务质量,极大地吸引了海内外旅游者。云南省不仅实现了"十三五"期间旅游产业发展的规划目标,同时也为"十四五"期间旅游产业持续健康发展奠定了良好的基础。2022

---

① 参考:《云南省2002年国民经济和社会发展统计公报》,https://stats.yn.gov.cn/pages_21_6329.aspx。

年,全省接待游客8.4亿人次,恢复到2019年的104.2%,实现旅游总收入9449亿元,恢复到2019年的85.6%,恢复程度远高于全国平均水平,名列前茅[①]。2023年1月至10月,全省接待游客9.17亿人次,实现旅游收入11274亿元,同比分别增长25.7%、37.4%[②]。

**2. 云南省旅游目的地形象发展基础**

云南省是我国旅游大省,同时正在向旅游强省的道路迈进。云南省丰富多样的自然资源、风情各异的文化资源、持续稳定的产业发展和雄厚坚实的经济基础,都为云南边境少数民族特色村寨旅游目的地形象的发展营造了良好的基础条件。以下主要从资源基础和产业基础两方面内容对云南边境少数民族特色村寨旅游目的地形象传播基础进行详细阐述。

(1) 资源基础。

①自然景观。云南省拥有众多的石林溶洞、高原湖泊、江河峡谷、雪山冰川、沙林土林、热带雨林及草甸牧场等,省内自然景观类型齐全、规模庞大、风格迥异且质量极高。云南省东部地区以天下奇观石林为代表的喀斯特山水田园景观极具特色;西部地区秀美的亚热带自然风光和边寨风情别具韵味;北部地区雪山冰川、大江峡谷及三江并流等景色壮美秀丽;南部地区的原始热带雨林及异域风情充满魅力;中部地区众多的高原湖泊风光旖旎。云南省堪称世界旅游资源"宝库",自然景观是云南省成为享誉海内外的旅游"王国"的重要原因之一。

②气候条件。云南省特殊的地理条件使得其形成了类型多样、分布立体的气候特征,几乎囊括了中国从南到北的所有气候类型。云南省气候分布与地形大致相对应。西北部的高山深谷区为山地立体气候区,随海拔的不同呈现出"十里不同天"的气候特点;北回归线以南的西双版纳傣族自治州及普洱市南部等属于热带季风气候;全省其他大部分地域属于低纬高原气候;以昆明市为代表的海拔处于1800—2000米的广大地区气候温和,冬暖夏凉,与众多秀美的自然风光相映成趣,使得云南省成为极具吸引力的旅游目的地。

③地理位置。云南省地处中国西南边陲,与南亚、东南亚许多国家的地缘联系成为中国通往南亚、东南亚国家的窗口和门户。与云南陆地接壤的部

---

① 参考:《2022年云南省接待游客8.4亿人次,实现旅游总收入9449亿元》,https://whhlyj.km.gov.cn/c/2023-03-01/4686657.shtml。

② 参考:《云南旅游强劲复苏》,https://www.yn.gov.cn/yngk/lyyn/lydt/202312/t20231210_291480.html。

分国家边境形成了"一个坝子、两个国家、多个城市""一寨两国",乃至"一家两国"的独特边寨风光;澜沧江—湄公河流经神秘的"金三角",并通往泰国和柬埔寨等国家和地区,形成了景色优美、风情独特的沿江旅游风光。随着云南省公路、铁路和航空的发展,以及水运网络的日趋完善,云南省已经初步形成了通往南亚、东南亚的较为集中的对外通道,为云南省旅游业连接了广阔的海内外客源市场。

④民族风情。云南省是我国拥有民族种类最多的省份,其中人口聚居在6000人以上的世居少数民族有25种。2020年第七次全国人口普查数据显示,全省少数民族人口约1560万人,占全省总人口的33%左右。在长期的历史发展过程中,云南省各民族形成了独特的生活方式、语言文字、民俗民情以及绚烂的民族文化,如傣族的贝叶文化、彝族的毕摩文化及纳西族的东巴文化等。众多民族在云南省漫长的历史发展进程中,相互融合、共同发展,形成了各具特色、多姿多彩的民族文化和风俗习惯,其中以各民族的民居建筑、民族服饰、婚俗礼仪、歌舞餐饮及宗教文化等尤为突出,为云南省旅游发展吸引众多的海内外旅游者,同时也为云南省打造丰富而神秘的民族风情旅游目的地形象奠定了坚实的基础。

⑤历史文化。云南省是人类的发祥地之一,是生物的繁衍地,也是多元文化的聚集之地。人类历史因为在云南省发现的元谋人化石遗址向前追溯到了170万年前;禄丰的恐龙化石群向世界昭示了远古生物的繁荣发展;新石器时代文化、古滇文化及南诏大理文化等多种民族文化和宗教文化在云南省漫长的历史发展进程中得以兼收并蓄,形成了众多独具特色的地方文化和名胜古迹,极大地丰富了云南省的旅游文化内涵。云南省成为海内外各界人士考古、探险、寻根及创作的绝佳胜地。树立以历史文化名城为主题的旅游目的地形象是推动云南省旅游发展的有力举措。

⑥宗教文化。云南省的宗教文化因省内民族的多样化具有较强的丰富性,本土化、民族化等特性比较突出,具有较强的旅游吸引力。以佛教为例,云南省集佛教三个主要流派于一地,其中,滇南、滇西傣族聚居地区主要流传南传上座部佛教,滇西北是藏传佛教的重要流传区。崇圣寺三塔、鸡足山金顶寺、玉峰寺及松赞林寺等旅游景点的兴起,初步明确了云南省在国内外旅游市场上作为宗教文化旅游胜地的地位。云南省宗教文化中透出浓厚的民族文化色彩,体现了宗教各流派之间的文化包容性。塑造以滇南、滇西及滇西北等地区为核心的宗教文化旅游目的地形象,将对云南省旅游客源市场产

生持久的影响力。

(2) 产业基础。

①旅游产业。云南省是我国的旅游大省,其旅游产业发展较成熟,形成了相对完整的旅游体系,为云南省旅游目的地形象的构建提供了强有力的支撑。云南省旅游业发展时间较早,1988年,云南省政府提出把旅游业作为云南六大优势产业之一,1995年,云南省第六次党代会决定将旅游业作为支柱产业加以发展。云南省在多年的旅游产业发展过程中积累了深厚的经验,造就了一批具有实力的旅游企业。另外,多年的发展也使云南省旅游产业具有一定的知名度,形成了一定的品牌优势。目前,云南省已经形成了诸如大理、丽江、西双版纳、香格里拉等知名的旅游品牌,这些旅游品牌所产生的吸引力、所带来的旅游者基础以及为云南省旅游业带来的品牌效应均是构建云南省旅游目的地形象的优势。这些年,尤其在"十二五"期间,云南省旅游经济实现平稳快速增长,旅游产业体系得到不断完善。旅游景区(点)、旅行社、旅游饭店等一系列旅游基础设施建设得以加快,其他旅游要素设施和公共服务设施的建设也得到加速推进;旅游产业的综合带动效应进一步凸显,旅游收入显著提高,就业人数大幅增加;以"七彩云南,旅游天堂"为主题的旅游目的地形象的知名度和影响力得到了进一步的提升。

②客源市场。一方面,旅游者数量实现连年增长。2023年1月至10月,全省接待游客9.17亿人次,同比增长25.7%[①]。其中,我国内地(大陆)旅游者人数持续增长,我国港澳台地区和外国旅游者的数量也在逐年增加,其中,外国旅游者的增长相对缓慢。拥有边境口岸的州市口岸入境一日游的旅游者数量也不断增长。另一方面,旅游者的停留时间进一步延长,散客的规模也进一步扩大。不断丰富和完善的旅游产品,以及不断完善的旅游设施和不断提高的服务水平延长了旅游者在云南省旅游目的地的平均逗留时间。随着居民生活水平的提高,加之新出台法规、政策等的实施,自驾游渐渐成为旅游者的首选出游方式,省外旅游者是云南省最主要的旅游者资源。其他亚洲国家和地区是云南省的重要海外客源市场,邻近客源国和地区相似的文化背景是云南省旅游目的地吸引旅游者的阻力,因此需要深入挖掘云南省旅游资源和产品特色,明确云南省旅游目的地形象;欧美市场是世界上最大的旅游客源市场,但由于地理位置限制和旅游目的地形象的影响力较弱,云南省

---

① 参考:《云南旅游强劲复苏》,https://www.yn.gov.cn/yngk/lyyn/lydt/202312/t20231210_291480.html。

目前对欧美市场的吸引力还相对较小,需要进一步加强。基于云南省广阔的旅游客源市场,云南省旅游目的地形象传播的实践工作有了针对不同客源市场进行精准传播和推广的基础。

③国民经济基础。近年来,云南省以推进供给侧结构性改革为主线,及早出台稳增长政策措施,积极实施促进投资、工业、消费、外贸增长等针对性措施,全省经济运行保持了总体平稳、稳中有进的良好态势。云南省于2020年圆满完成了"十三五"规划的目标,从2021年全省的经济发展情况来看,也顺利拉开了"十四五"规划的序幕。从经济生产总值来看,2021年,云南省生产总值完成27146.76亿元,比上年增长7.3%,两年平均增长5.6%。其中,第一产业增加值3870.17亿元,比上年增长8.4%;第二产业增加值9589.37亿元,比上年增长6.1%;第三产业增加值13687.22亿元,比上年增长7.7%。三次产业结构为14.3∶35.3∶50.4。全省人均地区生产总值57686元,比上年增长7.5%。非公经济增加值12759.39亿元,比上年增长7.8%,占全省地区生产总值比重为47.0%,比上年提高0.4个百分点[①]。

**3. 云南省旅游目的地形象系统媒介**

(1)传播媒介。

云南省十分重视本省旅游目的地形象的塑造和传播的实践工作。多年来,通过文化交流、会展、重大节会及赛事等活动的成功举办,云南省以不同的传播方式向外界展示本省旅游目的地的良好形象。云南省传统媒体通过扩大对外发行、合作办报、版权贸易及节目交换等方式,加强了与境外媒体的合作,提高了云南省旅游目的地的知名度和影响力,为塑造和传播云南省旅游目的地的良好形象奠定了坚实的基础。与此同时,互联网的大规模发展和运用,给云南省提供了一种成本相对较低、效率较高的旅游目的地形象的传播途径。云南省网络媒体的建设起步于20世纪90年代,随着信息技术的不断成熟和发展,网络媒体已经逐渐成为面向海内外旅游市场传播和推荐云南省旅游目的地形象的重要载体。

云南日报、春城晚报、昆明日报及云南信息报等媒体是云南省发行量极大、读者群极广的报纸媒体。云南电视台拥有十个频道,理论上来看有近四亿人口的收视群体。此外,中共云南省委宣传部主管、云南日报报业集团主办的云南网是云南省的重点新闻网站,拥有十余家平面媒体资源。云南省四

---

① 参考:《云南省2021年国民经济和社会发展统计公报》,https://www.yn.gov.cn/sjfb/tjgb/202203/t20220328_239732.html。

大主流媒体格局结合了传统媒体与新兴媒体，诸多传统媒体资讯均经由网络渠道面向全国受众，进一步加大了云南省对外传播和推广旅游目的地形象的力度。

（2）交通媒介。

交通条件的便捷程度对旅游目的地的可进入性及旅游目的地在旅游市场形成的形象产生重大影响。云南省地处我国西南边陲，地形地貌复杂，相对平缓的山区约占总面积的10%，大面积土地高低参差，纵横起伏，在很大程度上制约着云南省交通网络的建设，进一步制约着云南省经济的发展，对云南省旅游目的地形象在旅游市场上的传播和推广造成了极大的阻碍。近年来，云南省高度重视对交通网络枢纽的建设工作，在航空、铁路、公路及水运等各个方面均取得了显著的进步。云南省民用机场布局已经初具规模。截至2024年末，云南省已建成运营15个民航运输机场，数量位居全国第4位，机场密度远高于全国平均水平。全省各机场开通航线数量高峰时达666条，基本实现南亚东南亚国家首都和重要旅游城市航线全覆盖[①]。

（3）管理媒介。

从前文分析可知，旅游目的地形象传播所依赖的媒介主要包括行为主体、企业、制度、文化及政策等内容。其中，行为主体主要包括旅游经营者、旅游从业人员、旅游组织、旅游目的地居民及旅游者等群体，该部分内容已在前文进行过较为详细的阐述，此处不再赘述。其他相关内容主要包括旅行社、旅游餐饮、住宿、交通、其他相关企业及其传播制度与文化、旅游产业制度与市场运行制度、旅游目的地的传统文化与民族文化，以及当地政府为支持和鼓励旅游产业发展而制定的相关政策等。

近年来，云南省旅游目的地接待质量和接待水平在市场和相关制度规定的重重检验下，出现了一些影响云南省旅游目的地形象的负面事件。针对相关情况，云南省充分发挥旅游目的地形象管理媒介的作用，出台了一系列规定和制度，以此来对旅游市场上相关群体及企业的行为进行规范和约束，取得了一定的成效。一方面，云南省成立了省、州、市等各级旅游发展委员会、各级相关行业传播部门和行业协会，以此为基础贯彻执行相关法规、方针和政策，制定全行业发展战略、法规和政策并监督执行，同时负责组织实施相关行业培训与教育，开展国际交流与合作。另一方面，云南省出台了一系列促

---

① 参考：《云岭大道通四方连未来》，https://jtyst.yn.gov.cn/html/2025/xingyexinwen_0206/3133686.html。

进旅游行业健康发展的条例和规定,进一步完善云南省旅游执法体系。2014年5月1日起开始实行的《云南省旅游条例》是继《中华人民共和国旅游法》出台之后,首个修订并颁布施行的地方性旅游法规,不仅对旅游经营进行规范和监管、对旅游者的相关权益作出明确规定,还严格执行《国务院关于支持云南省加快建设面向西南开放重要桥头堡的意见》和《中共云南省委 云南省人民政府关于建设旅游强省的意见》等相关支持政策,对规范云南省旅游市场秩序、加强旅游行业传播起到重要的推动作用。此外,云南省加强对相关规定和政策的贯彻落实,明确责权,加大对旅游市场的统一监管力度,通过采取推动旅游企业改革、取消旅游定点购物、成立旅游警察队伍、设立旅游者黑名单等一系列具体措施进行落实和整改。

**4. 云南省旅游目的地形象系统外围因素**

以下将云南省旅游目的地形象传播外围因素与前文理论分析一一对应,分析云南省旅游目的地形象传播保障系统的构建现状。

(1)旅游信息化服务。

旅游网络服务的内容主要包括旅游电子政务和旅游信息服务两个方面。其中,旅游电子政务指的是各级旅游传播部门搭建旅游信息传达渠道和旅游业务传播的网络平台,其主要功能包括行业统计、行业传播、行业监控及相关信息传播等,以此来实现旅游传播相关业务的自动化;旅游信息服务的相关网站主要由旅游相关行业协会、企业及个人等进行搭建,旨在向公众提供旅游信息服务,主要涉及旅游信息网、旅游信息中心、旅游网络营销网站及相关旅游服务网站等。近年来,云南省旅游业加快建设旅游信息化服务平台,稳步推进旅游电子政务建设,在旅游公共信息服务方面也取得了较大进展,旅游在线服务市场逐步扩大,初步建立起旅游信息化建设机制。

云南省旅游电子政务相关网站主要包括云南省文化和旅游厅官方网站(https://dct.yn.gov.cn)和云南省人民政府门户网站(https://www.yn.gov.cn)两大主要网站。云南省文化和旅游厅官方网站以服务公众和行业为核心,整合了省、市两级旅游管理资源,集中展示了云南省旅游发展委员会等管理机构的职能及工作动态,实时更新省内旅游产业发展动态、区域合作进展及境内外市场推广活动资讯,助力行业信息互通。该平台支持旅游相关行政审批、业务咨询等政务服务;发布国家级、省级及地方旅游行业政策文件,涵盖市场监管、产业扶持等内容;公开旅游统计报表及科研报告,为行业分析、学术研究提供数据支持;提供从业人员培训信息及资源链接,强化行业人才建设。同时,平台还接入昆明、昭通、曲靖等14个州市的子站入口,各子站聚焦本地旅游监管动态、产业政策解读、特色项目推介及游客服务指南,形成全省旅游信息"一站式"覆盖网络。该平台通过多层级、多维度的信息整合,兼具政务管理与公共服务功能,是了解云南省旅游发展情况、获取地方特色资源的重要官方渠道。云南省人民政府门户网站下设"旅游云南"版块,从云南省旅游动态、旅游推荐、文旅地图等方面内容进行宣传和推广。云南省其他各州市人民政府门户网站也分别对当地旅游动态、旅游法规、旅游线路、景点、酒店及特色旅游产品等内容进行了介绍。

云南省旅游信息服务的相关网站和系统主要包括云南宣传网、云南旅游网络营销网站云游视频网和云游摄影网,并建立了12301云南旅游呼叫中心、云南旅游资源与服务信息数据库、云南旅游信息网络报送系统及云南旅游投资项目传播系统等。

旅游信息化服务相关网站和系统推动了云南省旅游信息的公开和运用,提升了云南省旅游电子政务水平和旅游服务水平,提升了云南省旅游行业的信息化应用水平,有助于云南省的旅游营销和推广,提高了云南省的旅游市场竞争力。

(2) 旅游厕所建设。

旅游厕所是旅游活动过程中必不可少的基本要素之一,直接反映了旅游目的地的文明程度以及旅游接待能力。旅游厕所数量少、设施简陋等问题,加之部分旅游者的不文明行为,使得旅游厕所环境脏、乱,这些是众多旅游者反映最为激烈的问题。云南省旅游厕所也存在着同样的问题。云南省优美的自然风光和多样的民族文化得到众多海内外旅游者的大加赞赏,但如果在旅途中或景区内的厕所这一公共服务设施方面无法满足旅游者的需求,会对云南省旅游目的地形象和旅游业的发展带来显著的消极影响。

2015年1月,全国旅游工作会议上首次提出了"旅游厕所革命",随后成为社会各界关注的热点话题之一。2016年4月,云南省召开了全省旅游产业发展推进会,提出将"旅游厕所革命"进行到底,加大建设旅游厕所的力度,明确指出完善旅游厕所等公共服务设施,提高旅游厕所的接待能力和清洁水平的工作要求。2019年,云南省人民政府印发《云南省扎实推进"厕所革命"工作实施方案》,进一步探索"厕所革命"绿色科技创新,建立完善市场化、多元化建设运营模式[①]。

---

[①] 参考:《云南省人民政府办公厅关于印发云南省扎实推进"厕所革命"工作实施方案的通知》,https://www.yn.gov.cn/zwgk/zcwj/yzfb/201909/t20190918_182573.html。

(3) 危机应对机制。

建立危机预警机制是应对旅游危机的第一步,也是应对旅游危机的关键所在。旅游危机通常以突发事件的形式出现,发生的概率相对较低,但又无法避免。若是应对危机的相关准备工作做得不到位,往往会带来巨大的损失,因此,除了从思想上重视,还要建立相应预警机制,以便在危机发生前及时捕捉信号,并加以科学分析和及时处理,从而尽可能地降低危机发生所带来的对旅游目的地形象的消极影响,甚至避免危机产生。

旅游业是一个敏感度很高的行业。旅游活动各个环节间的高度依赖性极易带来连锁反应,社会危机对旅游业产生的影响是必然的。旅游行业的敏感性使旅游行业面临的危机更加广泛,这也使得旅游目的地形象的传播更加困难。旅游危机是指扰乱旅游活动的正常开展、打击旅游者实地到访旅游目的地的积极性、危害旅游目的地形象的各类事件,通常很难预见。

针对云南省旅游目的地乱象频发的问题,除了增强旅游危机意识,加强旅游市场监督、传播,云南省文化和旅游厅还要强化自身责任意识,并与其他政府部门相互协调配合,建立起科学、合理的旅游危机预警机制,力图解决云南省旅游目的地形象存在的问题。

(4) 旅游安全保障。

旅游安全指的是旅游活动过程中所发生的安全现象,包括在旅游活动各环节中发生的与安全相关的各种现象,以及旅游活动中所发生的涉及人员、设备及环境等的安全现象。

解决旅游安全问题是进行旅游目的地形象传播的基本前提。旅游目的地发展的实践证明,旅游安全问题的出现通常会造成巨额的经济损失,甚至会危及旅游者的生命和财产安全,直接影响旅游目的地形象,阻碍旅游目的地形象的传播和发展,因此,加强旅游目的地安全保障具有重要意义。

加强旅游目的地安全保障首先要树立安全观念和安全意识、学习安全理论知识,同时也要在旅游目的地形象传播的实践过程中落实安全防控与旅游安全传播。云南省是我国旅游大省,海内外旅游者在云南省旅游目的地的安全保障问题不容忽视。2013年,一项关于云南省旅游安全问题的研究表明,云南省在旅游安全立法、行业安全意识、旅游安全传播及从业人员安全素质等方面还有较大的提升空间,其中传播不善被认为是造成旅游安全问题最主要的原因。目前,云南省为了加强旅游目的地安全保障开展了一系列的工作,不仅从旅游市场运营的角度降低出现旅游安全问题的风险,还通过建立旅游警察队伍来保障旅游者的安全,取得了较好的效果。

(5) 其他外围因素。

旅游目的地形象传播的其他相关外围因素包括医疗保险、邮政通信、金融服务等。这些功能和服务虽然不是专门服务于旅游活动的,但是在旅游目的地形象传播的实践活动中发挥着重要作用,保障了旅游目的地的顺利发展。

这些年,云南省采取了一系列措施来促进相关外围因素的发展,对云南省旅游目的地形象的塑造和推广产生了积极的影响。自2013年起,云南省针对多个城市推行异地就医即时结算的试点,为有相关需要的旅游者提供了极大的便利;云南省于1999年8月5日和2006年9月7日先后成立云南省邮政公司和云南省邮政管理局,负责全省邮政行业传播工作,贯彻执行邮政行业传播的相关法律法规、方针政策及邮政服务标准,并对整个行业进行监管,其邮件、通信及快递等方面的功能为实地到访云南省旅游目的地的旅游者提供了较为便捷的服务,从而促进了旅游目的地旅游收入和经济收入;此外,云南省人民政府还专门设立了金融办公室,并设立了官方网站。

以上一系列的外围因素虽然不是专门服务于旅游活动的,但这些因素的确在旅游产业外围提供着不可或缺的服务和支持,为云南省旅游目的地形象的树立和推广创造了良好的机会。

**5. 云南省旅游目的地形象发展面临的挑战**

(1) 旅游目的地形象市场认知不够清晰。

云南省是我国典型的旅游大省,旅游产业已经成为全省的战略性支柱产业,为国民经济收入和人民生活水平的提高做出了巨大的贡献,旅游产业基础和经济基础都得到了一定的夯实。云南省拥有得天独厚的资源优势条件,经过长期的发展,初步显现出云南省旅游目的地形象的品牌效应,香格里拉、大理、丽江及西双版纳等旅游品牌享誉全国乃至全世界,提高了云南省旅游目的地形象的知名度和吸引力,极大地增强了云南省旅游目的地的市场竞争力。

然而,从整体上来看,云南省的旅游发展还是以依托旅游资源为主,缺少对旅游资源内涵的深入挖掘,旅游产品和旅游线路的特色没有得到充分展现,全省的旅游目的地形象品牌还没有得以明确建立。虽然香格里拉、丽江、大理、西双版纳等旅游品牌一直是云南省重点开发的对象,但是在开发过程中由于传播不善、产品的创新能力不强,这些旅游品牌的有效供给不足,难以满足旅游市场日益多元化的需求,从而成为影响云南省旅游目的地整体形象的主要问题。总体来说,云南省旅游目的地形象的主题还不够明确,旅游者对云南省旅游目的地形象品牌的认知还不够清晰。

(2)旅游目的地形象邻近市场竞争力不足。

云南省与四川、贵州、广西及西藏等毗邻,这些省份和自治区常年以来在旅游市场上处于互相竞争的状态。相对而言,云南省旅游业发展起步较早,资源优势相对明显,产业基础相对牢固,与相邻省份(自治区)相比,占据了更多的旅游市场份额,但近年来,随着周边省份越来越重视旅游产业的发展,这些省份在增加旅游投入后,与云南省的旅游收入之间的差距正在逐步减小。这一方面说明了各省份的旅游总收入都在随着经济条件的改善和人均可支配收入的增多而不断提高,另一方面也说明了各省份旅游业发展总体上保持稳步、持续增长的趋势。

(3)旅游目的地市场秩序不够规范。

随着云南省大力开发旅游资源,全省相关行业因恶性竞争而出现一些不良问题。以丽江为例,旅游发展带动饭店行业急剧扩张,市场恶性低价竞争导致行业整体服务质量下降,且出现虚假宣传、诱导消费等现象。2013年,丽江市旅游协会旅行社分会因牵头组织达成价格垄断协议被云南省发改委依法处以50万元的罚款。

近年来,各种"零负团费"旅游路线乱象带来强制消费、消费陷阱等问题。2016年11月,国家旅游局会同国务院五部委针对云南省"不合理低价游"的问题展开专项督查;2017年,云南就曾禁止"不合理低价游",规定违规者将上"黑名单"。但从实际情况看,过往的几番整治并未能解决根本问题。一系列因恶性竞争带来的问题影响着云南省旅游市场的正常秩序,引起外界对云南省旅游目的地形象的负面评价。

(4)旅游目的地形象维护不足。

随着旅游市场的国际化、专业化进程的日益推进,旅游市场对旅游从业人员综合素质的要求也越来越高。云南省旅游从业人员虽然拥有丰富的旅游从业经验,但缺少与旅游目的地形象传播相关的专业理论与实践指导。声誉是每个组织最重要的资产,旅游目的地应该从战略高度去维护其公众形象。就近年来旅游市场上关于云南省旅游目的地形象的评价及云南省的应对措施来看,云南省在形象修复和危机公关方面做得还远远不够。

总的来说,当前云南省旅游目的地形象面临的挑战主要来自三个方面:

一是来自旅游目的地本身各项要素的问题;二是来自旅游行业规范和旅游市场秩序的问题;三是来自旅游目的地形象传播主体的问题。对云南省旅游目的地形象发展现状进行分析是为了整体把握云南省旅游目的地形象发展的基础条件和主要问题。后文将针对赴云南省旅游的旅游者进行实地调研,以期掌握云南省旅游目的地形象发展的现状、特点及主要问题等具体内容,为提出优化云南省旅游目的地形象传播的具体对策打下基础。

**6. 云南省旅游目的地形象发展趋势**

目前,云南省已形成部分知名旅游品牌,"七彩云南,旅游天堂"主题形象是对云南省整体旅游目的地形象的高度概括。为了更有针对性地塑造和推广云南省旅游目的地形象,可以遵循云南省"一个中心、五大片区"的旅游分布规律,以六大旅游片区来分别塑造云南省旅游目的地形象,充分利用和发挥云南省多年来发展旅游业的资源、技术、资金、人才及产业基础等方面的优势。

旅游目的地形象本身涉及内容众多,加之云南省旅游资源种类繁杂、差异较大,使得云南省旅游目的地形象难以得到精炼和统一。因此,云南省旅游目的地形象呈现出整体形象不明确、旅游片区形象鲜明及旅游目的地形象重叠与屏蔽等特点。

其一,云南省旅游目的地整体形象不明确。云南省旅游资源丰富、种类繁多、差异较大。丰富的旅游资源是云南省进行旅游目的地形象塑造的优势,同时也是进行旅游目的地形象宣传和推广的阻碍。旅游目的地形象一旦确定并在旅游市场进行推广后,在很长一段时间内难以更改,由此加大了云南省旅游目的地形象传播的难度。其二,云南省六大旅游片区形象基本鲜明。从2011年国务院下发的《关于支持云南省加快建设面向西南开放重要桥头堡的意见》中明确提出形成滇中昆明国际旅游休闲区、滇西北香格里拉生态旅游区、滇西南大湄公河旅游区、滇西火山热海文化旅游区、滇东南喀斯特、哈尼梯田、少数民族特色村寨等山水文化旅游区和滇东北生态及历史文化旅游区共六大旅游片区开始,云南省六大旅游片区的旅游目的地形象已经经过了十余年的宣传与推广,各旅游片区均有彰显自身风格的特色旅游产品。其三,尽管云南省已经树立各旅游片区的整体旅游目的地形象,但旅游资源的种类重复和旅游产品体系的趋同,使得云南省各旅游片区的旅游目的地形象在一定程度上产生了重叠,进而导致部分旅游目的地形象不可避免地受到同类屏蔽。例如,涉及生态旅游、温泉度假及边境旅游等内容的旅游目的地形象,如果不能明确突出旅游目的地的文化特色,则会使旅游者产生混淆和困惑,无法清晰辨别云南省的旅游目的地形象。

经过四十多年的蓬勃发展,云南省旅游目的地在海内外旅游市场上的影响力和重要性不言自明。与此同时,在云南省旅游目的地的快速发展过程中,云南省旅游目的地形象也呈现出一定的发展趋势。

其一,云南省旅游目的地形象得到旅游市场的基本认可。云南省旅游目的地以其丰富多样的自然景观和人文景观、神秘绚烂的民族文化风情和日渐完善的旅游产品体系及基础设施受到海内外旅游市场的关注,吸引着众多的海内外旅游者前往。自云南省推出"七彩云南,旅游天堂"的整体旅游目的地形象以来,云南省旅游业一直保持高速发展的态势,海内外旅游者接待人数、逗留天数、旅游收入及人均消费等都在不断创造新高,这也是对云南省旅游目的地形象得到旅游市场认可的反映。

其二,云南省旅游目的地形象受到危机事件的不良影响。尽管云南省旅游目的地一直保持着高速发展,各项基础设施建设也在逐步跟进,开展旅游活动的硬性条件得到了较大的改善,但是由于旅游行业规范和传播体制的不够健全,云南省旅游目的地形象危机事件的发生不可避免。这些旅游危机事件的发生,给云南省旅游目的地形象造成较大的损害。

其三,云南省旅游目的地形象迎来旅游新政的治理压力。针对云南省旅游目的地的因行业规范和传播体制不健全带来的旅游目的地形象危机事件频发的问题,云南省近年来采取了一系列的措施进行市场整顿。2022年,云南省在接待旅游者总数和旅游总收入两方面均实现了增长,散客成为云南省旅游市场增长的主力军。相关旅游新政的出台和实施斩断了旅游行业的"灰色"利益链条,使得旅游市场秩序得到整治,这对云南省旅游目的地形象产生积极的影响。

近年来,云南省旅游业保持快速增长的势头。目前,云南省已经围绕构建和推广旅游目的地形象开展了一系列工作,取得了较为可观的进展,云南省旅游目的地形象也随着时间推移和市场推广深入人心。与此同时,云南省旅游发展也面临着国内外经济形势复杂多变,旅游市场竞争日益激烈,旅游创新驱动发展不足,以及要素资源尤其是土地、资金及人才等资源短缺的挑战。

## 二、云南边境少数民族特色村寨概况

云南省地处中国西南边陲,与越南、老挝、缅甸接壤,是我国对西南开放的前沿窗口,也是国内外闻名遐迩的旅游胜地。近年来,随着经济的飞速发展和旅游需求的日益多样化,旅游产业已经成为云南省的支柱产业,云南省也成为全国旅游大省。根据相关命名中国少数民族特色村寨的通知,2014年、2017年、2020年国家民委分批次命名的少数民族特色村寨中,云南省的247个少数民族特色村寨中有78个分布在边境县,占比约31.58%。本研究结合云南边境少数民族特色村寨实际案例,对云南边境少数民族特色村寨旅游目的地形象的构建与推广进行深入分析,具有一定的实践意义和推广价值。国家命名的云南边境少数民族特色村寨见表7-1。

表7-1 国家命名的云南边境少数民族特色村寨①

| 边境州市 | 边境县 | 边境少数民族特色村寨 |
| --- | --- | --- |
| 保山 | 龙陵 | 保山市龙陵县龙新乡黄草坝小米地村 |
| | | 保山市龙陵县勐糯镇大寨村大寨 |
| | | 保山市龙陵县平达乡安乐村委会空竹洼村 |
| | 腾冲 | 保山市腾冲市荷花镇民团村坝派 |
| | | 保山市腾冲市猴桥镇猴桥村委会黑泥塘村 |
| | | 保山市腾冲市芒棒镇大水塘村委会下寨 |
| | | 保山市腾冲市清水乡三家村中寨 |
| | | 保山市腾冲市滇滩镇联族村委会水城村 |
| | | 保山市腾冲市芒棒镇蔓乃村委会马家寨 |
| 德宏 | 陇川 | 德宏傣族景颇族自治州陇川县户撒乡芒炳村委会芒旦村 |
| | | 德宏傣族景颇族自治州陇川县章凤镇芒弄村委会广山村 |
| | | 德宏傣族景颇族自治州陇川县户撒乡户早村委会芒海自然村 |
| | 瑞丽 | 德宏傣族景颇族自治州瑞丽市勐卯镇姐东村委会喊沙村 |
| | | 德宏傣族景颇族自治州瑞丽市弄岛镇等嘎村委会等噶二组 |
| | | 德宏傣族景颇族自治州瑞丽市畹町镇芒棒村委会回环村 |
| | 盈江 | 德宏傣族景颇族自治州盈江县勐弄乡勐弄村委会龙门寨 |
| | | 德宏傣族景颇族自治州盈江县苏典乡下勐撒村 |
| | | 德宏傣族景颇族自治州盈江县铜壁关乡三合村松克村民小组 |

---

① 参考:《国家民委命名首批"中国少数民族特色村寨"》,https://www.neac.gov.cn/seac/xwzx/201409/1002845.shtml;《国家民委关于命名第二批中国少数民族特色村寨的通知》,https://www.neac.gov.cn/seac/xxgk/201703/1072709.shtml;《国家民委关于做好第三批中国少数民族特色村寨命名相关工作的通知》,https://www.neac.gov.cn/seac/xxgk/202001/1139478.shtml。

续表

| 边境州市 | 边境县 | 边境少数民族特色村寨 |
|---|---|---|
| 红河 | 河口 | 红河哈尼族彝族自治州河口县桥头乡中寨村委会芭蕉田小组 |
| | 金平 | 红河哈尼族彝族自治州金平县马鞍底乡中寨村委会标水岩村 |
| 临沧 | 沧源 | 临沧市沧源佤族自治县班老乡帕浪村委会芒黑村 |
| | | 临沧市沧源佤族自治县翁丁村翁丁大寨村 |
| | | 临沧市沧源佤族自治县班洪乡班洪村大寨一组自然村 |
| | | 临沧市沧源佤族自治县单甲乡安也村护俄自然村 |
| | 耿马 | 临沧市耿马傣族佤族自治县勐撒镇箐门口村委会芒见组 |
| | | 临沧市耿马傣族佤族自治县孟定镇河西村委会那永组 |
| | | 临沧市耿马傣族佤族自治县孟定镇景信村委会四方井组 |
| | | 临沧市耿马傣族佤族自治县孟定镇下坝村委会芒汀组 |
| | | 临沧市耿马傣族佤族自治县孟定镇遮哈村芒团村 |
| | | 临沧市耿马傣族佤族自治县孟定镇遮哈村委会弄棒组 |
| | 镇康 | 临沧市镇康县凤尾镇芦子园村委会小落水村 |
| | | 临沧市镇康县军赛佤族拉祜族傈僳族德昂族乡南榨村委会酒房坡村 |
| | | 临沧市镇康县军赛佤族拉祜族傈僳族德昂族乡岔路村红岩自然村 |
| 怒江 | 福贡 | 怒江傈僳族自治州福贡县匹河怒族乡老姆登村委会红卫村 |
| | | 怒江傈僳族自治州福贡县鹿马登乡赤恒底村委会娃底自然村 |
| | 贡山 | 怒江傈僳族自治州贡山独龙族怒族自治县丙中洛镇秋那桶村委会秋那桶村 |
| | | 怒江傈僳族自治州贡山独龙族怒族自治县独龙江乡孔当村委会腊配村 |
| | | 怒江傈僳族自治州贡山独龙族怒族自治县丙中洛镇甲生村委会甲生自然村 |
| | | 怒江傈僳族自治州贡山独龙族怒族自治县丙中洛镇甲生村委会重丁自然村 |
| | | 怒江傈僳族自治州贡山独龙族怒族自治县独龙江乡巴坡村委会巴坡自然村 |
| | | 怒江傈僳族自治州贡山独龙族怒族自治县独龙江乡马库村委会钦兰当自然村 |
| | 泸水 | 怒江傈僳族自治州泸水市上江镇新建村委会大南茂村 |
| | | 怒江傈僳族自治州泸水市鲁掌镇三河村委会滴水河自然村 |
| | | 怒江傈僳族自治州泸水市洛本卓乡托拖村委会新村自然村 |

续表

| 边境州市 | 边境县 | 边境少数民族特色村寨 |
|---|---|---|
| 普洱 | 江城 | 普洱市江城哈尼族彝族自治县整董镇整董村民委员会曼贺村 |
| | | 普洱市江城哈尼族彝族自治县整董镇曼滩村委员会曼滩村 |
| | | 普洱市江城哈尼族彝族自治县整董镇整董村委会曼乱宰村 |
| | 澜沧 | 普洱市澜沧拉祜族自治县惠民乡芒景村翁基寨 |
| | | 普洱市澜沧拉祜族自治县惠民镇芒景村委会翁哇村 |
| | | 普洱市澜沧拉祜族自治县酒井乡乡勐根村委会老达保村 |
| | | 普洱市澜沧拉祜族自治县糯福乡南段村委会龙竹棚老寨村 |
| | | 普洱市澜沧拉祜族自治县惠民镇景迈村委会笼蚌村 |
| | | 普洱市澜沧拉祜族自治县糯福乡阿里村委会老迈村 |
| | | 普洱市澜沧拉祜族自治县竹塘乡东主村委会老缅村 |
| | 孟连 | 普洱市孟连傣族拉祜族佤族自治县景信乡回俄村委会景信一二组 |
| | | 普洱市孟连傣族拉祜族佤族自治县景信乡朗勒村委会朗岛村 |
| | | 普洱市孟连傣族拉祜族佤族自治县芒信乡岔河村委会广伞村 |
| | | 普洱市孟连傣族拉祜族佤族自治县勐马镇芒海村委会芒沙村 |
| | | 普洱市孟连傣族拉祜族佤族自治县娜允镇娜允村委会贺雅一组 |
| | | 普洱市孟连傣族拉祜族佤族自治县娜允镇娜允村委会娜允四组 |
| | 西盟 | 普洱市西盟佤族自治县勐卡镇大马散村委会永俄寨 |
| | | 普洱市西盟佤族自治县勐梭镇秧落村博航十组 |
| | | 普洱市西盟佤族自治县中课乡窝笼村委会六组 |
| 文山 | 富宁 | 文山壮族苗族自治州富宁县剥隘镇甲村村委员会坡芽村 |
| | | 文山壮族苗族自治州富宁县归朝镇归朝村委会老街三寨村 |
| | 马关 | 文山壮族苗族自治州马关县金厂镇金厂委会罗家坪 |
| | | 文山壮族苗族自治州马关县南捞乡小麻栗坡村委会坡角村 |
| | | 文山壮族苗族自治州马关县仁和镇阿峨村委会新寨村 |
| | | 文山壮族苗族自治州马关县马白镇马洒村委会马洒村 |
| | | 文山壮族苗族自治州马关县坡脚镇小马固村委会新寨村 |
| 西双版纳 | 景洪 | 西双版纳傣族自治州景洪市嘎洒镇曼景罕村委会曼景罕村 |
| | | 西双版纳傣族自治州景洪市基诺山乡巴亚村委会巴坡村 |
| | | 西双版纳傣族自治州景洪市勐罕镇曼景村委会曼景村 |
| | | 西双版纳傣族自治州景洪市勐龙镇曼别村委会曼迷村 |

续表

| 边境州市 | 边境县 | 边境少数民族特色村寨 |
|---|---|---|
| 西双版纳 | 景洪 | 西双版纳傣族自治州景洪市嘎洒镇曼占宰村委会曼丢村 |
| | | 西双版纳傣族自治州景洪市基诺山巴卡村委会巴卡老寨 |
| | | 西双版纳傣族自治州景洪市勐罕镇曼嘎俭村委会曼恋嘎村 |
| | | 西双版纳傣族自治州景洪市勐罕镇曼听村委会曼春满村 |
| | | 西双版纳傣族自治州景洪市勐罕镇曼听村委会曼乍村 |
| | | 西双版纳傣族自治州景洪市勐龙镇坝卡村委会坝卡村 |
| | 勐海 | 西双版纳傣族自治州勐海县打洛镇打洛村委会勐景来村 |
| | | 西双版纳傣族自治州勐海县勐海镇曼袄村委会曼板村 |
| | | 西双版纳傣族自治州勐海县勐满镇城子村委会城子村 |
| | 勐腊 | 西双版纳傣族自治州勐腊县勐腊镇曼龙代村委会曼龙代村 |
| | | 西双版纳傣族自治州勐腊县勐捧镇勐哈村委会曼掌村 |

如表 7-1 所示，云南边境少数民族特色村寨共 85 个，主要分布在保山、德宏、红河、临沧、怒江、普洱、文山、西双版纳 8 个州市的 22 个边境县。其中，分布较为集中的州市主要是保山、临沧、怒江、普洱、文山和西双版纳 6 个州市。本研究主要选取腾冲、耿马、贡山、澜沧、马关、景洪 6 个边境县进行深入调查研究。

### 三、腾冲旅游目的地形象分析

**1. 腾冲旅游目的地形象发展历程**

云南是旅游大省，丽江、大理、西双版纳在国内早已打响了名声。近几年，腾冲的知名度逐渐提高，成为云南旅游的新名片、新亮点。旅游业极大地推动了腾冲社会和经济的发展，是全市生产总值中最富活力的组成部分。

(1) 初期形象：优秀旅游名县。

2002 年 3 月，火山热海旅游区被评为国家地质公园。2005 年，和顺古镇获得中央电视台评选的"中国十大魅力名镇"称号；2006 年，被评定为国家 4A 级旅游景区。腾冲的旅游景区获得诸多荣誉称号，包括"中国翡翠第一城""中国优秀旅游名县"等。

(2) 中期形象：全域旅游示范区。

党的十八大以来，腾冲加快文化旅游产业建设，向全世界展示其良好的旅游目的地形象。2016年,火山热海旅游区顺利通过国家5A级旅游景区评定。2017年,国家旅游局公布的第二批国家级旅游业改革创新先行区名单中,云南腾冲和大理入选[①];同年,腾冲被中国轻工业联合会、中国轻工珠宝首饰中心联合授予"中国琥珀之城"荣誉称号。2019年,"中国琥珀之城"升级"中国琥珀之都"。2019年9月,腾冲入选首批国家全域旅游示范区。2020年,腾冲被评为全省特色旅游城市和旅游强县,全市5个乡(镇)被评为全省旅游名镇,4个村(社区)被评为旅游名村。2021年,玉雕(腾冲玉雕)作为扩展项目被列入国家级非物质文化遗产代表性项目名录。

(3)近期形象:"世界腾冲·天下和顺"。

2022年,腾冲稳步推进传统村落创建A级旅游景区步伐,成功创建绮罗古镇、江苴古镇等6个3A级旅游景区。高黎贡文化创意产业园区成功入选第二批国家级夜间文化和旅游消费集聚区;腾冲热海温泉、玛御谷悦榕庄温泉顺利通过"国家五星温泉"复核;腾冲桫椤庄园入选国家甲级旅游民宿,和顺青岩温泉收藏酒店、仙云别院客栈等10家民宿入选国家丙级旅游民宿。立足"世界腾冲·天下和顺"的品牌定位,腾冲成功举办2023年"5·19中国旅游日"主会场系列活动,并借助主会场活动的热度,持续掀起腾冲旅游的高潮,全力推进腾冲文旅行业提档升级。2024年2月,和顺古镇被文化和旅游部评定为国家5A级旅游景区。

**2. 腾冲旅游目的地形象发展基础**

腾冲虽地处极边,但却是历史悠久的边关重镇、声名远播的翡翠商城和休闲宝地,被徐霞客称为"极边第一城",是全国文明城市、国家卫生城市。2018年,腾冲入选全国第二批"绿水青山就是金山银山"实践创新基地。2019年,腾冲入选首批国家全域旅游示范区。2020年,腾冲入选首批国家森林康养基地。

依托丰富的自然资源、文化资源,腾冲树立了良好的旅游目的地形象,主要包括以下几个方面。

(1)生态环境优越。

腾冲生态环境优越,属印度洋季风气候,有干湿季之分。根据腾冲市人民政府官网在2024年3月发布的数据,腾冲年平均气温15.1 ℃,降雨量1531毫米,森林覆盖率74%。腾冲气候温和,冬可避寒,夏可避暑,高黎贡山

---

①黄晓娜.腾冲市旅游品牌创建的研究[D].昆明:云南大学,2018.

横贯全境,动植物种类繁多,被联合国教科文组织列为"生物多样性保护圈",被世界野生动物基金会列为 A 级保护区,被评价为"最适宜人类居住的地方之一"。

(2) 地质资源丰富。

腾冲地处亚欧板块与印度板块相撞交接的地方,两个大陆的漂移碰撞使腾冲成为世界上罕见且极为典型的火山地热并存区,99 座火山雄峙苍穹,88 处温泉喷珠溅玉。腾冲拥有火山奇观——神柱谷(柱状节理)、火山堰塞湖湿地——北海湿地,全国唯一的城市瀑布——叠水河瀑布、低温温泉暗河——坝派巨泉,以及热海高温温泉、黑鱼河等地质奇观。

(3) 丝路文化悠久。

2400 年前中国先民开辟的西南丝绸之路,从腾冲出境经缅甸密支那,再到印度雷多,至伊朗、阿富汗,是中国通往南亚国家的条件较为优越、路程较短的国际商路。依托这条通道,腾冲得以较早开放。1899 年英国在腾冲设立领事馆,1902 年设立腾冲海关。二战期间,腾冲开辟了著名的"史迪威"公路(中印公路)。截至 2016 年末,腾冲至昆明已全程高速化,有腾密公路和保板线两条二级国际公路通往缅甸;腾冲驼峰机场于 2009 年通航,现已成为国内极为繁忙的支线机场之一。这条古丝路跨越时空,见证了腾冲的发展历程,是腾冲走向世界的希望之路。

(4) 翡翠文化厚重。

翡翠主要产于缅甸克钦邦帕敢地区,腾冲人发现了翡翠的商业价值,首开翡翠加工贸易先河,至今已有 600 多年历史。古往今来,腾冲一直是重要的翡翠加工贸易集散地,创造了不计其数的财富传奇。腾冲先辈们总结出一系列的翡翠鉴赏标准,涉及种水、色泽和工艺等方面,并逐渐发展成为行业标准。作为腾冲旅游文化产品核心品牌,腾冲始终坚守"腾越翡翠无假货"的原则。2005 年,腾冲被亚洲珠宝联合会授予"中国翡翠第一城"称号。

(5) 抗战历史光荣。

1942 年 5 月,日军侵入缅甸,切断滇缅公路,并占领了我国怒江以西包括腾冲在内的大片国土。此后,腾冲成为滇西抗战的主战场。1944 年 9 月 14 日,中国远征军在经过 127 天的血战后收复腾冲,腾冲成为全国沦陷区中第一个被光复的县城。此役共歼敌 6000 多人,远征军官兵阵亡 9168 人,盟军官兵阵亡 19 人。这段可歌可泣的抗战史,让世人记住了与腾冲相关联的一串历史闪光点——中印公路与远征军、驼峰航线与飞虎队、抗日县长张问德等,至今完好保存在为纪念远征军阵亡将士而修建的国殇墓园。

（6）和顺文化悠远。

和顺是云南省著名的侨乡,2025 年的相关统计数据显示,至今有 3 万多人侨居海外,形成了"海外和顺"。在云南 25 个边境县中,腾冲是唯一一个汉文化为主且始终处于主导地位的地区。长期以来,汉文化与边地少数民族文化、异域文化相互融合,形成了以和谐、和顺为核心内涵,以开放性、包容性为基本特征的地域文化。腾冲涌现出了腾越起义领袖张文光、民国元老李根源、著名马克思主义哲学家艾思奇等知名人士。"和顺和谐"的思想成为腾冲人的精神烙印。

**3. 腾冲旅游目的地形象系统构成**

（1）腾冲旅游目的地形象主体。

2022 年,腾冲共接待游客 1635.43 万人次,同比增长 47.82%,实现旅游业总收入 178.12 亿元,同比增长 38.30%①。2023 年全年共接待游客 1960.3 万人次,实现旅游总收入 259.1 亿元,分别比上年增长 19.9%、45.5%②。旅游者和旅游收入增长态势良好。

（2）腾冲旅游目的地形象客体。

腾冲火山地热分布位居全国之首③,高黎贡山被联合国教科文组织批准为"生物多样性保护圈"。腾冲火山热海、和顺古镇和高黎贡山旅游度假区是我国著名的旅游度假区。经过多年的发展和培育,腾冲逐渐形成了独具特色的旅游目的地形象,不断巩固了"世界腾冲·天下和顺"的旅游品牌定位。截至 2023 年 5 月底,腾冲共有 47 个 A 级旅游景区,其中 5A 级旅游景区 1 个,4A 级旅游景区 8 个,3A 级旅游景区 27 个,2A 级旅游景区 11 个④。

依托当地少数民族文化,腾冲打造了 6 个国家少数民族特色村寨,分别是荷花镇民团村坝派、猴桥镇猴桥村委会黑泥塘村、芒棒镇大水塘村委会下寨、清水乡三家村中寨、滇滩镇联族村委会水城村、芒棒镇蔓乃村委会马家寨,充分体现了当地的少数民族特色文化。

---

① 参考:《腾冲市文化和旅游局 2022 年工作总结及 2023 年工作计划》,https://www.tengchong.gov.cn/info/9130/5055453.htm。
② 参考:《腾冲市 2023 年 1—12 月主要经济指标完成情况》,https://www.tengchong.gov.cn/info/16571/5359153.htm。
③ 参考:《一生所爱在腾冲,流传千年,不只千年》,https://baijiahao.baidu.com/s?id=1703535122395173988&wfr=spider&for=pc。
④ 参考:《腾冲市 A 级旅游景区名单》,https://www.tengchong.gov.cn/info/16031/5029153.htm。

(3) 腾冲旅游目的地形象本体。

目前,腾冲"世界腾冲·天下和顺"的旅游品牌定位逐渐巩固。随着2023年"5·19中国旅游日"主会场系列活动的成功举办和腾冲科学家论坛的顺利召开,腾冲的旅游品牌国际化打造也取得了一定成绩。2024年2月,和顺古镇景区被文化和旅游部评定为国家5A级旅游景区。近年来腾冲旅游相关产业收入逐年增长,接待游客数量和旅游业收入也快速回暖。

在各大平台上,腾冲作为旅游热门城市,其相关话题热度始终维持在较高水平。2022年,腾冲市文化和旅游局利用微信公众号平台发布宣传资讯360余篇,阅读量超过54万;利用微博平台发布图文近7000条次,阅读量超过7200万;利用今日头条、网易新闻、百度百家等平台发布腾冲宣传图文近7500条次,阅读量超过3800万;利用抖音、快手等平台发布短视频170余条,阅读量超过1000万,全平台累计阅读量突破12000万[①]。

此外,为了迎合现代青年群体的旅游消费理念,腾冲文旅围绕"印象腾冲"(阅读量达2050万以上)、"SHOW一个腾冲给世界"(阅读量达2462万以上)、"文明旅游在腾冲"(阅读量达101万以上)、"幸福腾冲花开和睦"(阅读量达1795万以上)、"腾冲五一去哪儿"(阅读量达116万以上)、"腾冲人游腾冲"(阅读量达269万以上)、"留在腾冲过大年"(阅读量达1187万以上)、"腾冲旅游·美食说"(阅读量达1843万以上)、"腾冲清明去哪儿"(阅读量达115万以上)等多个话题[②],利用自媒体矩阵宣发,创造了可观的话题热度。

(4) 腾冲旅游目的地形象媒介系统。

①传播媒介。2021年,《腾冲市国民经济和社会发展第十四个五年规划和二〇三五年远景目标纲要》中提出坚持"品牌树形象,品牌拓市场"的思路,以"走出去、重营销、塑品牌"为重点,充分利用民族传统节庆、会展、赛事等活动,扩大腾冲旅游在全国的知名度和影响力。借助大数据,利用立体化、多元化的营销手段,推进与携程、同程、途牛等知名旅游企业及网络媒体、电视媒体等的战略合作,促进旅游市场消费。加快旅游智慧化建设,拓展5G+旅游应用场景,提升"一部手机游腾冲"功能,打造智慧旅游服务体系[③]。充分发

---

① 参考:《腾冲市文化和旅游局2022年政府信息公开工作年度报告》,https://www.tengchong.gov.cn/info/9124/3186843.htm。
② 参考:《腾冲市文化和旅游局2022年政府信息公开工作年度报告》,https://www.tengchong.gov.cn/info/9124/3186843.htm。
③ 参考:《腾冲市人民政府关于印发腾冲市国民经济和社会发展第十四个五年规划和二〇三五年远景目标纲要的通知》,https://www.tengchong.gov.cn/info/10553/4406743.htm。

挥传统媒介和新媒介的作用,多渠道宣传推介腾冲旅游,提升旅游认知度和美誉度,巩固腾冲旅游目的地品牌形象。

②交通媒介。目前腾冲交通基础设施建设情况良好,获得了旅游者的广泛好评。在云南省129个县(区)级自驾旅游目的地自驾友好度评价调查中,腾冲自驾友好度、信息友好度、环境友好度均排名第1位,交通友好度排名第10位,设施友好度和市场友好度均排名第12位,整体评价较好[①]。目前腾冲正在加快完善旅游公路、旅游慢道、风景道、自行车道等旅游基础设施及公共服务设施建设;搭建跨区域旅游自驾服务平台,建设一批功能配套、设施齐全、特色突出的自驾车营地,完善汽车租赁、共享交通、自驾定制等房车自驾旅游及产品管理服务体系;推进腾冲清水乡旅游环线公路、龙川江旅游公路改扩建,新建大青山户外运动小镇连接线工程、十里荷花公园连接线工程。

③管理媒介。为了保障旅游消费者的权益,腾冲深入推进整治乱象、智慧旅游、无理由退货"旅游革命"三部曲,确保游客安心舒心畅游腾冲。为了建立良好的旅游城市形象,腾冲持续推进整治乱象,加大旅游市场监管力度,加强旅游市场综合行政执法,严厉打击违法违规经营,健全完善法治化、规范化旅游市场秩序,积极开展旅游消费维权教育,旨在引导消费者理性消费,增强消费者的法律意识和自我保护能力,切实维护好旅游市场秩序和广大游客的合法权益。此外,腾冲还切实做好旅游投诉工作,大力推进"12315"进景区工作,以提高游客满意度。

(5)腾冲旅游目的地形象外围因素。

①旅游信息化建设。腾冲逐步推进实施4G网络覆盖深度和扩容提速工程,推进5G基站、智慧城市服务中心、5G Wi-Fi及数字化工程,建设数字化城市、数字化特色小镇、数字化农业综合运用大数据平台、数字化城管系统、社会治理综合服务信息系统、应急广播系统、无线电监测站维护系统等项目。数字化建设为旅游者提供了更好的旅游体验,也为腾冲旅游品牌形象的宣传提供了丰富的渠道。

②公共设施建设。腾冲持续推进游客集散中心建设、旅游厕所建设项目;实施龙川江漂流基础设施改造提升、热海景区基础设施改造提升、黑鱼河景区配套基础设施建设、杜鹃王珍奇古木博览园景区基础设施建设等项目。深入开展"城市体检",补齐城市基础设施短板,加强各类生活服务设施建设,

---

[①] 朱德锐.自驾旅游目的地管理评价及优化对策研究——以云南省县(区)级自驾旅游目的地为例[D].昆明:云南师范大学,2022.

增加公共活动空间,优化公共服务供给,逐步实现职住平衡,提高城市宜居程度。实施智能化市政基础设施建设和改造,提高运行效率和安全性能。

**4. 腾冲旅游目的地形象发展面临的挑战**

(1) 产业链构建不完善。

目前,腾冲在旅游资源开发、保护上成绩斐然,也创建了一部分知名度较高的景区,但是剩余的大量景区仍处于较为初级的开发阶段,相应附加产业、配套设施建设还不够完善,融合效果不佳,未能在区域内形成集群效应。此外,与旅游相关的产业业态相对陈旧,传统项目较多,新业态较少,产业链条偏短,娱乐、休闲、购物等方面的项目开发力度不足。

(2) 文化元素融合效果欠佳。

目前在腾冲旅游品牌形象创建过程中,文化元素与旅游资源的融合效果欠佳,应该在开发多功能和多主题的旅游资源上下功夫,并且积极与地方人文景观、民俗文化融合,体现出腾冲的人文特色和内涵,从而提高腾冲旅游品牌的吸引力和竞争力。

(3) 目标客群多元化、针对性不足。

腾冲在旅游品牌创建过程中虽然已经取得了瞩目成绩,但是随着新生代青年人逐渐成为旅游消费的主力军,品牌创建过程中目标客群的多元化、产业链条布局的针对性、直戳新生代年轻消费群体需求"痛点"的旅游模式开发等都需要进一步强化,腾冲旅游品牌在创建老少咸宜的布局和转型方面仍然有较大的上升空间。

(4) 管理规范性欠佳。

一方面,云南旅游市场规范性是近年来比较热门的讨论话题,广大网友对云南旅游消费市场的乱象也心存顾虑,这对腾冲旅游业的发展形成了一定冲击。另一方面,腾冲在旅游市场管理方面也确实存在一些不规范的情况,这不仅导致旅游团队数量下降、酒店入住率下降、景区(点)门票收入下降,还对旅游品牌的形象产生了一定影响。

## 四、耿马旅游目的地形象分析

**1. 耿马旅游目的地形象发展历程**

(1) 初期形象:贫困边境县域。

耿马傣族佤族自治县成立于1955年10月,是云南省截至2024年底相关统计数据显示的29个少数民族自治县和25个边境县之一。2023年底的相关统计数据显示,耿马傣族佤族自治县总面积3837平方千米,常住人口28.33万人,县辖9个乡(镇)、2个农场社区、1个华侨管理区,80个村民委员会和12个社区。耿马与缅甸山水相连,是昆明直达印度洋缅甸海岸皎漂港和仰光极为便捷的陆上通道。由于地处边境,耿马发展初期没有得到很好的要素倾斜和资源配置,经济发展滞后。

(2)中期形象:蔬菜产业强县。

耿马境内居住着24个民族,少数民族人口占总人口的55.3%,傣族文化、佤族文化交相辉映,独具特色。耿马土地广袤,90%以上的土地分布在热带和亚热带,年均气温19.2℃,森林面积343.28万亩,森林覆盖率61.41%,有南汀河、南碧河等77条河流流经,适宜种植农业经济作物,是国家粮食和蔗糖生产基地,云南民营橡胶主产区,铁力木之乡、蒸酶茶之乡和云南省蔬菜产业强县①。

(3)近期形象:非物质文化遗产旅游胜地。

近年来,耿马充分挖掘特色民族文化和非遗技艺等资源,实现了文旅融合的跨越式发展。"十三五"期间,以"百村示范,千村整治"和乡村振兴工作为抓手,打造了12个特色旅游村;弄棒村乡土民情体验、芒团村传统手工造纸体验、者卖村人文自然体验、芒见村农业产业综合体验4条旅游精品线路已具雏形。创建了国家3A级旅游景区2个(孟定芒团、班幸独树成林)、国家2A级旅游景区1个(孟定洞景佛寺)、非A级旅游景区2个(南汀画院、大兴滇重楼庄园)。全县旅游相关基础设施逐步完善,截至2022年7月底,全县有宾馆酒店366家,房间6553间,床位10320个,其中星级酒店4家,普通宾馆酒店258家,民宿客栈105家。国内旅行社2家,旅游服务网点6处,旅游汽车分公司1家,旅游团队餐饮点2处。截至"十三五"末,耿马共有非物质文化遗产代表性项目103项,有非物质文化遗产代表性传承人41人②。

**2. 耿马旅游目的地形象发展基础**

耿马具有特色鲜明的民族文化,种类丰富的非遗技艺,令人震撼的自然景观等资源,在旅游目的地形象打造和文旅融合方面有良好的基础。

(1)文化与旅游融合。

耿马拥有芒团造纸、马鹿舞、白象舞、傣族土陶等优秀的传统民族文化资

---

① 参考:《耿马自治县基本县情》,https://www.yngm.gov.cn/info/1008/101418.htm。
② 参考:《耿马傣族佤族自治县人民政府办公室关于印发耿马自治县"十四五"文化和旅游发展规划(2021—2025年)的通知》,https://www.yngm.gov.cn/info/1161/10283.htm。

源,文旅融合将加速推进优秀文化融入旅游发展,以文塑旅,以旅彰文,增强耿马旅游竞争力。

(2)"一带一路"促进沿边开放。

"一带一路"倡议的持续推进将加速耿马沿边开放,促进边境旅游发展和人文交流合作,耿马在跨境旅游项目建设和跨境游览线路策划等方面有机会实现突破。

(3)大滇西旅游环线带来机遇。

云南大滇西旅游环线的建设为耿马文旅发展带来了人才、资金和项目等方面的支持。2020年3月,大滇西旅游环线进一步扩容,在原有1600千米西北环线的基础上,新增1600千米西南环线,形成"8"字形大环线。大滇西旅游环线的全面升级,进一步改善了耿马文旅发展基础设施与宏观环境,为文旅发展提供了更多的要素支持。

(4)三大文旅聚集区特色鲜明。

耿马依托当地文旅资源特色,聚焦"蔗海、茶园、边境"三大资源载体,融入多彩民族文化核心要素,形成中部"甜蜜蔗海"、东部"清香茶园"、西部"边境风情"三大文旅聚集区,特色鲜明的旅游目的地形象具备较强吸引力。

(5)差异化打造十二个行政区域品牌化旅游目的地。

根据《耿马自治县"十四五"文化和旅游发展规划(2021—2025年)》,耿马要差异化打造十二个行政区域品牌化旅游目的地,包括耿马"甜蜜勐相"主题目的地、华侨农场"侨乡果林"主题目的地、贺派"恒春之境"主题目的地、四排山"青苗之源"主题目的地、勐撒"茶旅稻作"主题目的地、勐撒农场"田野人家"主题目的地、芒洪"高山秘境"主题目的地、勐永"吉象之地"主题目的地、大兴"高山林药"主题目的地、孟定"边境傣乡"主题目的地、孟定农场"知青岁月"主题目的地和勐简"隐逸部落"主题目的地。

**3. 耿马旅游目的地形象系统构成**

(1)耿马旅游目的地形象主体。

对比近年来耿马旅游业发展数据可发现,耿马旅游目的地形象系统主体的发展潜力十分可观。

2021年,耿马旅游业实现接待国内旅游者142.04万人次,同比减少7.28%;旅游业总收入达到17.59亿元,同比减少7.71%[①]。2022年,耿马

---

① 参考:《耿马傣族佤族自治县2021年国民经济和社会发展统计公报》,https://www.yngm.gov.cn/info/1077/9367.htm。

旅游业实现接待国内旅游者388.31万人次,同比增长47.68%;旅游业总收入达到30.95亿元,同比增长61.05%①。2023年1—10月,耿马旅游业总收入达到36.17亿元,同比增长40.60%②。随着疫情影响逐渐弱化,耿马旅游者和旅游收入增长态势良好。

(2)耿马旅游目的地形象客体。

2022年,耿马实现生产总值148.07亿元,同比增长3.4%②。截至2023年10月底,耿马共有3家星级酒店:三星级酒店金孔雀大酒店,二星级酒店孟定华庭商务酒店和耿马宾馆;4家A级旅游景区:勐相湿地公园景区(3A级),孟定芒团景区(3A级),孟定镇班幸村大湾塘独树成林景区(3A级),洞景佛寺景区(2A级)③。2023年,耿马勐相湿地公园被评选为国家4A级旅游景区④。此外,耿马依托当地特色人文风貌,打造了6个边境少数民族特色村寨,包括勐撒镇箐门口村委会芒见组、孟定镇河西村委会那永组、孟定镇景信村委会四方井组、孟定镇下坝村委会芒汀组、孟定镇遮哈村芒团村、孟定镇遮哈村委会弄棒组,较好地体现了当地的少数民族风土人情。

(3)耿马旅游目的地形象本体。

目前,耿马按照"山魂水韵、边关枢纽、风情耿马"的旅游发展定位,以创建"特色旅游名县"为目标,逐渐树立耿马"边地文化旅游"的旅游目的地形象。根据《耿马自治县"十四五"文化和旅游发展规划(2021—2025年)》,耿马要打造特色鲜明的三大文旅聚集区和风格各异的十二个行政区域品牌化旅游目的地。依托于各个区域的差异化文化、旅游资源,耿马的旅游目的地形象塑造具备较大发展空间。

(4)耿马旅游目的地形象媒介系统。

①传播媒介。"十三五"期间,耿马依托"一部手机游云南"平台大力发展智慧旅游,有效促进旅游市场秩序优化、旅游产业迅速发展。自2018年"一部手机游云南"App正式上线运行以来,耿马深入城市名片工作、景区名片工作、直播工作、诚信评价工作、厕所定位信息工作、A级旅游景区基础地理信

---

① 参考:《耿马傣族佤族自治县2022年国民经济和社会发展统计公报》,https://www.yngm.gov.cn/info/1077/64558.htm。
② 参考:《2023年耿马自治县1—10月国民经济主要指标》,https://www.yngm.gov.cn/info/1077/95948.htm。
③ 参考:《耿马自治县星级酒店及A级景区》,https://www.yngm.gov.cn/info/1069/94098.htm。
④ 参考:《喜讯!临沧2家景区拟确定为国家4A级旅游景区,耿马勐相湿地公园榜上有名!》,https://mp.weixin.qq.com/s/9dlsvGALSrn8AfONLCTrlA。

息测绘等工作。完成城市名片、景区名片、城市攻略、城市玩法查看、城市游记、四季语音导览制作上线工作,一分钟视频及短视频查看10个;完成18个市政厕所信息上线和3家星级酒店、2家旅行社服务质量评价评定上线工作;完成芒团特色旅游村(5路)、班幸独树成林风景区(4路)、洞景佛寺景区(5路)、大兴滇重楼庄园(4路)、南汀画院(1路),共计19路慢直播设施安装上线工作;完成孟定芒团特色旅游村、孟定班幸大湾塘村、孟定洞景佛寺、南汀画院、耿马幸福新城、耿马甘东公园、耿马白马广场、耿马景戈路与导航路交叉口、贺派者卖村、勐永龙洞公园10个智慧厕所,以及孟定芒团特色旅游村、孟定班幸独树成林风景区、孟定洞景佛寺、南汀画院4个智慧停车场建设;完成1次景区事件直播(临沧市2018年第八届国际澳洲坚果大会耿马现场文艺表演及泼水狂欢直播);完成3A级旅游景区手绘地图,AI识物、扫码识景制作工作[①]。

②交通媒介。耿马按"1+8+4"进行旅游交通布局:1条连接耿马与孟定的美丽公路,8个自驾车营地(勐永老寨营地、芒来草山营地、勐撒茶海营地、者卖竹林营地、南帕山边境营地、天圆星空营地、大寨茶山营地、四方井温泉营地),4条外部连接通道(北向:铁路+水路+公路;东向:航空+公路;南向:航空+公路;西向:公路)[①],整体提升旅游目的地的交通便捷性。在云南省129个县(区)级自驾旅游目的地自驾友好度评价调查中,耿马交通友好度、设施友好度排名分别为第65位和第75位[②]。此外,计划打造"耿马—孟定美丽公路"重点项目,综合考虑交通通达性、旅游资源独特性、特色产业支撑性等因素,充分发挥文旅资源多元组合价值,布局"一廊、四带、六节点",为耿马文旅交通设施建设添砖加瓦,也为耿马旅游目的地形象交通媒介的进一步完善奠定了基础。

③管理媒介。耿马与缅甸山水相连,在发展文旅产业的同时,完善当地治安管理水平和文旅产业规范化水平是确保良好旅游目的地形象的基础。此外,耿马具有丰富的非物质文化遗产资源和自然环境资源,强化环境保护力度,重点推进森林植被环境保护、河流湖泊水质治理、土壤污染防治工作是推进文旅绿色发展的关键。为进一步规范耿马文旅产业,市政府按照要求依

---

①参考:《耿马傣族佤族自治县人民政府办公室关于印发耿马自治县"十四五"文化和旅游发展规划(2021—2025年)的通知》,https://www.yngm.gov.cn/info/1161/10283.htm。
②朱德锐.自驾旅游目的地管理评价及优化对策研究——以云南省县(区)级自驾旅游目的地为例[D].昆明:云南师范大学,2022.

法公开了《中华人民共和国旅游法》《旅行社条例》《旅游行政处罚办法》《导游人员管理条例》,旅游安全提示信息、旅游消费警示信息、旅游应急保障工作预案,以及旅游领域的地方性法规等管理办法,为创造良好的文旅环境提供了依据①。

(5)耿马旅游目的地形象外围因素。

①旅游信息化服务。耿马数字旅游建设按照"1+3"的基本思路实施:1项旅游信息基础设施建设工程,3项旅游信息应用系统建设工程(智慧旅游景区、智慧旅游平台、智慧旅游终端)。实施旅游信息基础设施建设工程,全面推广5G、互联网、物联网在耿马全覆盖;实施3项旅游信息应用系统建设工程,创建2个3A级以上智慧景区,建立1个全县数字旅游平台,为全县主要旅游景区、旅游村寨、旅游小镇配备智慧旅游终端。以大数据、5G等数字技术为手段,推进耿马公共文化资源数字化,全面提升公共文化服务质量。

②公共设施建设。一是完善旅游住宿基础设施。耿马旅游住宿设施建设思路为三层次住宿体系。第一层次,在耿马、孟定建设2家高星级饭店,解决耿马高端商务接待、会展举办等的活动场所缺乏的问题,提升耿马住宿品质;第二层次,在勐撒、贺派建设2家半山酒店,为中高端旅居度假游客提供便利;第三层次,重点推进特色民居、特色客栈、特色庄园三大特色住宿设施建设,在特色住宿建设中融入耿马民族文化、茶糖产业等方面的独特资源,打造体现浓郁地方特色的精品住宿,形成耿马特色住宿产品体系。二是丰富旅游厕所设施建设。耿马旅游厕所建设按照"5+10+15"的基本思路进行布局:5所星级厕所、10所智慧厕所、15所生态厕所。"十四五"期间,继续深入开展"厕所革命",按照星级厕所、智慧厕所、生态厕所的标准进行改建、新建,不断扩大耿马旅游厕所的规模和品质,在旅游厕所建设中融入耿马地域文化,打造出有着不同主题的美丽厕所,使耿马旅游厕所成为耿马文旅发展中的一张名片②。

**4. 耿马旅游目的地形象发展面临的挑战**

(1)文旅产业集群尚未形成。

"十三五"期间,耿马的文化和旅游产业发展较为迅速,非遗名录不断扩

---

① 参考:《耿马镇旅游领域基层政务公开标准目录》,https://www.yngm.gov.cn/info/1478/78098.htm。

② 参考:《耿马傣族佤族自治县人民政府办公室关于印发耿马自治县"十四五"文化和旅游发展规划(2021—2025年)的通知》,https://www.yngm.gov.cn/info/1161/10283.htm。

大,文物保护更加有效,乡村旅游逐渐兴起。但总体来看,各乡镇、景区仍处于独立发展的态势之中,未能形成具有优势的文旅产业集群,缺乏统一的品牌形象与功能定位,导致各乡镇、景区发展定位不清、发展方向不明。

(2) 缺乏特色重点项目。

"十三五"期间,耿马已经打造了12个特色旅游村和4条乡村旅游精品线路,文化和旅游融合发展已经开始起步。但从目前的发展情况来看,耿马现有的旅游景区普遍存在体量较小、业态不全、品质不高等现实问题,缺乏一批特色鲜明、专业化程度高、竞争优势强的重点项目,导致文旅发展速度不快、档次不高。

(3) 数字化发展水平不高。

耿马依托"一部手机游云南"平台大力发展智慧旅游,已经建成一批智慧旅游设施和景区,但仍然存在网络基础设施不够健全、智慧旅游水平不高、数字文旅业态缺失等问题,网络通信设施尚未实现全域覆盖,制约了全域旅游的建设推进;互联网与文化和旅游的融合发展明显不足,云展览、云演艺、VR、AR等产品业态处于缺失状态,影响文化和旅游发展水平的提升。

(4) 文化产业体系仍未构建。

耿马拥有众多具有特色的民族文化,芒团造纸历史悠久、傣族土陶技艺精湛、手工竹编精致巧妙、马鹿舞与白象舞生动绝伦等,这类特色民族文化已经具备走向市场的基础和条件,但是相应的文化产业体系尚未构建,民族文化的经济效应难以有效发挥,文旅融合发展未能形成组合拳。

## 五、贡山旅游目的地形象分析

### 1. 贡山旅游目的地形象发展历程

贡山独龙族怒族自治县隶属于怒江傈僳族自治州,位于云南西北部。在云南省旅游产业蓬勃发展的背景下,贡山凭借其独特的生态环境、深厚的民族文化底蕴以及丰富多彩的民俗风情,致力于开拓旅游产业领域,为游客呈现独具特色的旅游体验,表现突出。

(1) 初期形象:"三江明珠"。

在"十一五"期间,贡山旅游事业的发展遵循以高端生态旅游为主导方向,致力于打造"三江明珠"的世界级旅游品牌,目的在于将贡山打造成人类亲近自然、体验文化、享受生活、关爱生命的最佳场所,成为国内乃至世界知名的旅游核心目的地。该期间,重点开发丙中洛景区、独龙江景区、迪麻洛景区、最后的马帮景区、野牛谷景区和丹珠六大景区。重点打造丙中洛、最后的马帮（县城—独龙江孔目）、迪麻洛原始牧场、野牛谷险峰秀水、德拉姆（进藏茶马古道）、丹珠绿色跨国（丹珠—缅甸北部）六大旅游精品。此外，通过改善必要的基础性公共设施，完成全县旅游开发规划，启动独龙江景区建设，基本建成"三江明珠"品牌。

（2）中期形象：农文旅产业融合强县。

党的十八大以来，贡山加快推动农文旅产业发展。2019年6月，云南省正式启动"德钦—香格里拉—丽江—大理—保山—瑞丽—腾冲—泸水—贡山—德钦"大滇西旅游环线建设。贡山积极融入大滇西旅游环线建设，紧扣"农文旅融合发展"要求，加速推进旅游业态的创新发展。2022年，中交伊拉米拉云居酒店正式投入运营，全面建设独龙文化生态旅游区、丙中洛旅游景区、茶腊浦东小院、松赞等文旅项目。同时，既下山等半山酒店的前期工作有序展开。东风、雾里等8个自然村成功申报农文旅融合示范村，为乡村旅游的发展注入了新的活力。在旅游产业发展的过程中，涌现出一批精品民宿客栈，如丘仓、那一朵、空谷幽兰等，为游客提供了更加优质的住宿体验，进一步提升了旅游产业的品质和竞争力。

2019年底，"美丽公路"全线正式通车试运行。怒江美丽公路是G219的重要组成路段，也是滇西旅游重要干线，项目起于贡山县丙中洛镇，经贡山县、福贡县，止于泸水市城西。贡山段全长80千米，贯穿丙中洛镇、捧当乡、茨开镇、普拉底乡4个乡（镇）。美丽公路的开通，大大助力了贡山旅游产业的发展。

（3）近期形象：国际化"养心秘境"。

2021年，贡山独龙江景区成功创建为怒江州首个4A级旅游景区，曾经人迹罕至的偏僻之所，成了旅客心向往之的"养心秘境"。2022年，贡山被授予"中国天然氧吧"称号，茨开镇荣获"云南省绿美乡镇"称号，丙中洛镇秋那桶村荣获"云南省省级绿美村庄"称号，龙元、丹珠等5个行政村入选省级第三批森林乡村。

贡山积极推进旅游景区标准化建设，加快建设独龙文化生态旅游区项目，全面夯实独龙江旅游区发展基础；加快丙中洛景区项目建设，全面推进丙中洛省级旅游度假区创建，打造高品质度假旅游目的地。推动跨区域旅游线路品牌推广，与察隅、德钦、维西等周边县市深度合作，共同推动G219丙察察段和大滇西旅游环线德贡公路的重点旅游线路品牌推广，打造路景一体的旅游胜地。扎实做好8个农文旅融合示范村建设。推进松赞、既下山等半山酒店和民宿建设,高品质打造丙中洛民宿集群,大力发展民宿经济。持续推进旅游与文化、农业等的融合,通过"旅游+"做好全域旅游文章①。

**2. 贡山旅游目的地形象发展基础**

贡山境内有独龙族、怒族、傈僳族、藏族等20多个民族,是一个多民族聚居的地方。依托当地丰富的自然资源、文化资源等,贡山树立了良好的旅游目的地形象,主要包括以下几个方面。

(1) 生态环境优越。

贡山的旅游产业发展始终贯彻落实生态保护的核心理念。2025年1月贡山县人民政府官网的最新数据显示,贡山全县森林覆盖率高达83.39%,其国土面积的94.26%纳入各类保护区进行保护,成为各种动植物繁衍生息基地。这里有长蕊木兰、光叶珙桐、南方红豆杉、喜马拉雅红豆杉等多种国家重点保护植物,以及戴帽叶猴、高黎贡羚牛、赤斑羚、白尾梢虹雉、熊猴等多种国家重点保护动物。独龙江景区是我国原始生态保存极为完整的区域之一,被誉为"具有国际意义的陆地生物多样性关键地区""重要标本模式产地"和"野生植物天然博物馆"。贡山生态环境优越,生物资源的丰富多样,已然成为极具生物多样性的重要地区之一。

(2) 峡谷地貌独特。

贡山为峡谷地貌,呈现出山高谷深的特点,地处"三江并流"世界自然遗产核心区、怒江大峡谷北端纵深地段,是大滇西旅游环线和滇藏新通道的重要节点。在贡山地区,碧罗雪山、高黎贡山、担当力卡山三山耸立,怒江、独龙江两江环绕其间。地貌呈现"三山夹两江"的特征,截至2023年底,境内最高海拔5128米,最低海拔1170米,海拔差高达3958米。重峦叠嶂、沟壑纵横、森林密布,多姿的瀑布、神秘的高山湖为贡山神奇峻秀的自然景观创造了良好的条件。

(3) 自然风光奇特。

贡山景观景点众多。截至2019年8月底,贡山的主要景点有49个。其中国家特级风景点3个,一级风景点8个,二级风景点18个,三级风景点20个。丙中洛是怒江大峡谷中极为美丽的地方之一;雾里村是茶马古道深处的世外桃源;秋那桶是怒江大峡谷北端的最后一个村子,村内原始森林茂密,瀑

---

① 参考:《2023年贡山县政府工作报告》,https://www.gongshan.gov.cn/2023/0223/1475.html。

布众多；贡山还有马库"江中小岛"、终年积雪的"嘎娃嘎普雪山""石门摩崖石刻"和被誉为"野生植物天然博物馆"的独龙江峡谷。

(4) 民族风情文化浓郁。

贡山境内有独龙族、怒族、傈僳族、藏族等20多个民族，其中以独龙族和怒族为主。截至2018年末，少数民族人口占总人口的96.4%。独龙族是我国人口较少的一个民族。以棉麻为原料，用五彩线手工织成的独龙毯是独龙人特有的民族工艺品，独龙族独特的渡河工具叫"溜索"，还有一种独特的风俗，叫"纹面"。另外，怒族以其独特的酿酒工艺酿成的咕嘟酒也是当地的一大特产。贡山民族众多，和而不同，独特多元的民族文化构成了"一山不同族，十里不同音"以及"多民族聚居，多文化并存"的靓丽风景线，独龙族卡雀哇节、怒族仙女节为国家级非物质文化遗产。

(5) 高品质旅游品牌创建成效显著。

贡山积极响应怒江州秉承的"小众、特色、高端"的发展理念，并主动参与大滇西旅游环线的建设工作，将文化旅游产业作为全县的龙头产业，并通过一系列有效的措施，取得了显著的成效。例如，独龙江的"太古秘境"探秘之旅和丙中洛的"田园风光"寻梦之旅等经典旅游线路持续受到热捧，并不断得到拓展。此外，独龙江4A级旅游景区品牌也在持续优化升级。同时，高端酒店和精品民宿客栈的建设在推进景区市场化运营方面发挥了积极作用。

**3. 贡山旅游目的地形象系统构成**

(1) 贡山旅游目的地形象主体。

2022年5月，云南省人民政府发布《云南省"十四五"文化和旅游发展规划》，提出建设大滇西旅游环线。怒江州主动融入大滇西旅游环线建设，2022年，全州累计接待游客726.1万人次，实现旅游业收入60.83亿元，分别完成年度目标任务，恢复到2019年同期水平[①]。

怒江美丽公路于2019年12月30日建成通车，全程穿行于怒江大峡谷谷底，受益人口众多，涉及泸水、福贡、贡山独龙族怒族自治县三个县(市)30多万人，是怒江州南北交通大动脉和云南省"滇西旅游环线"重要路段，已成为云南省重点精品旅游路线之一。

与此同时，贡山紧扣"农文旅融合发展"的要求，正加快推进旅游业态的

---

① 参考：《秘境怒江，打造世界级高山峡谷旅游胜地》，https://news.qq.com/rain/a/20231114A06TDK00。

发展。2022年,全县共接待游客104.24万人,实现了旅游收入87325.75万元①。国内游客数量已恢复至2019年同期水平并保持稳定增长,国外游客的数量逐年增加,呈现良好的发展态势。

(2)贡山旅游目的地形象客体。

在贡山地区,碧罗雪山、高黎贡山、担当力卡山三山耸立,怒江、独龙江两江环绕其间,兼具气象景观、生物类景观、水体类景观、地质地貌景观。主要景区包括"人神共居·和谐家园"——丙中洛景区、"最后的秘境"——国家4A级旅游景区独龙江景区、高山牧场风光——迪麻洛景区,怒江第一湾、贡当神山、雾里村、普化寺、重丁教堂、独龙江河谷风光、神田、月亮瀑布等景点远近闻名。

在贡山地区,特有民族(如独龙族和怒族)与傈僳族、藏族等少数民族共同居住。这里少数民族特色村寨数量众多,各具风格。有世外桃源丙中洛辖内的秋那桶村、甲生自然村、重丁自然村,还有独龙族群聚村寨腊配村、巴坡自然村、钦兰当自然村等。贡山根据国家政策导向,坚定推进美丽乡村建设,有效激发了各少数民族特色村寨的生机与活力。

贡山地区节庆活动独具特色,如独龙族的卡雀哇节和怒族的仙女节等。贡山拥有丰富的历史文化遗产,如怒江峡谷中的古人类文化遗址和遗迹。这里还有清代白汉洛教堂、普化喇嘛寺以及明代香巴拉宫等古代建筑。在桥梁建筑方面,有溜索桥、藤网桥以及人马吊桥等代表性建筑。当地还有石门摩崖石刻、丙中洛石门关摩崖石刻和嘎山达摩崖石刻等传世刻碑,这些刻碑是当地历史文化的珍贵见证。此外,贡山还拥有居住文化、服饰文化、饮食文化、礼仪风俗、音乐舞蹈等多种类型的民俗文化资源。

贡山全县森林覆盖率高达83.39%,荣获2021年"中国天然氧吧"称号,成功创建全国"绿水青山就是金山银山"实践创新基地,荣获"中国最美风景县""最美中国·生态旅游""文化旅游目的地城市"等荣誉称号。秋那桶村入选"中国最美村镇",迪政当、闪当等23个行政村荣获"省级森林乡村"②。

---

①参考:《贡山县2022年国民经济和社会发展统计公报》,https://www.gongshan.gov.cn/xxgk/015283461/info/2023-221251.html。
②参考:《牢记嘱托 感恩奋进|贡山县近五年来经济社会发展情况》,https://mp.weixin.qq.com/s?__biz=MzI0ODg4NjI4Mw==&mid=2247509868&idx=4&sn=a67a65e03a2e7048a551a441e39a847c&chksm=e8615d86b1567cfb8406a89c01ba505e7e62024df10a6dec3b3a7a45ead62fdf38c1bd842e7e&scene=27。

（3）贡山旅游目的地形象本体。

贡山依托其独特的自然风光和人文景观，强调其作为生物多样性重要地区的特色，同时结合当地的少数民族风情与地理区位特点，将贡山旅游目的地形象定位为"三江明珠，秘境天堂"。

目前，贡山旅游目的地形象要素包括自然风光、人文景观、民俗文化、美食特产等方面。贡山的自然风光以其峡谷地貌、高山湖泊、瀑布等为代表，人文景观则以怒族的传统村落、民居、服饰等为代表。同时，当地的民俗文化也是重要的形象要素之一，包括传统节日、民俗活动等。此外，贡山的美食特产也是吸引游客的重要因素之一，如怒族的特色美食等。另外，为应对消费者需求的变化，贡山不断开发新的徒步旅行线路、探险线路、研学线路等。

综合目前的情况，贡山正积极主动地融入大滇西旅游环线建设，全力推进全域旅游发展。在怒江州旅游遵循"小众、特色、高端"发展理念的大环境下，贡山致力于推动农业、文化和旅游的深度融合，并大力发展生态旅游，以实现经济和社会的可持续发展。

（4）贡山旅游目的地形象媒介系统。

①传播媒介。贡山以县级融媒体中心为核心，整合县级广播电视、报刊、自媒体等资源，开展媒体服务，进行贡山旅游目的地形象的塑造和传播。通过报道"AA百公里·走进怒江大峡谷""贡山黑松露文化周"等体育赛事或节庆活动，向外界展示贡山旅游目的地的良好形象。在贡山旅游目的地形象的传播过程中，以"贡山县文化和旅游局"微信公众号为核心构建的自媒体矩阵发挥了至关重要的效能。传播平台涵盖微信、抖音、微博等。通过官方自媒体平台发起了"味道贡山""怒族仙女节"等话题，旨在吸引新用户、提高用户活跃度并促进交流。同时，还发起了"走吧！去贡山"短视频作品征集活动，成功引发了网络热潮。

②交通媒介。贡山位于怒江大峡谷北端的纵深地带，其早期的旅游发展受到交通基础设施的严重制约。在德贡公路提升改造工程全面完成、孔雀山隧道顺利贯通、怒江美丽公路建成通车以及独龙江公路纳入国家公路网规划等项目的有序推进与顺利完成的大背景下，贡山的旅游目的地可进入性得到了显著提升。这些项目的顺利实施为贡山加快推进旅游发展提供了坚实的基石，有力推动了当地旅游业的持续发展。在贡山当前的任务与未来规划中还包括：加大贡山通用机场前期工作推进力度，争取尽快开工建设，全力争取实现滇藏铁路经贡山方案，谋划马库至缅甸葡萄通道建设，同时，深入推进

"四好农村路"建设,实现全域旅游的战略目标。

③管理媒介。贡山的管理媒介是一个多元化的体系,通过政府、企业、行业协会和志愿者等各方面的协作和管理,推动旅游业的发展,提升游客的满意度。怒江州文化和旅游局高度重视贡山旅游产业发展,在贡山创建了全州第一个3A级旅游景区和第一个4A级旅游景区,积极推进丙中洛省级度假区建设。贡山县文化和旅游局正式发布了《贡山县文化振兴实施方案》。该方案旨在全面推进全域旅游示范区的创建工作,并致力于将贡山打造成为怒江文化旅游的核心区域、大滇西旅游环线的核心节点,以及云南旅游的新亮点。实施《贡山县促进旅游业发展扶持奖励办法(试行)》,激励各旅游(涉旅)企业及旅游从业人员积极开拓旅游市场,推动贡山社会经济繁荣发展。为有效遏制市场上的不良现象,进一步规范旅游市场秩序,维护贡山旅游目的地的良好形象,贡山县文化和旅游局启动针对"黑导""黑社""黑车"的专项整治工作,旨在共同营造一个诚信、规范的旅游环境。另外,在政府的有力引导和政策激励下,中交伊拉米拉云居酒店已正式投入运营。一批优质的精品民宿客栈,如屲佥、那一朵、空谷幽兰等,也应运而生。这些新兴的住宿业态为贡山旅游服务的提档升级提供了有力支持。

(5)贡山旅游目的地形象外围因素。

贡山旅游目的地形象系统外围因素是复杂多样的,本研究主要从旅游信息化服务、危机预警及旅游安全保障三个方面来分析。

①旅游信息化服务。贡山在推动智慧旅游的过程中,重点强调要深入推进"一部手机游云南"App在贡山地区的使用,推动独龙江和丙中洛景区的信息化管理。为了保障全县智慧旅游建设,《2023年贡山县政府工作报告》中指出要加快4G网络深度覆盖和5G商用进程。强调逐步推进游客预约系统、游客信息反馈系统、旅游信息推送系统等建立,以及旅游临时停车场、票务中心、公共厕所等基础设施的规划建设,保证贡山智慧旅游建设质量。独龙江旅游区已建立官网,提供景点信息查询、行程攻略查询、投诉建议等多样化功能,为游客提供便捷服务。同时,为了更好地与游客互动,2020年底,独龙江旅游区还创建了微信公众号,提供旅游信息查询、景区预约、意见建议反馈等功能,以满足游客的不同需求。

②危机应对机制。随着自媒体时代的来临,各类事件引发的旅游危机更容易被放大和扩散,因此,及时、准确的危机预警显得尤为重要。2022年,贡山丙中洛地区发生了一起关于"280元4条稻花鱼"的事件,引发网络热议。

事件多次反转,对当地旅游目的地形象造成不可逆的伤害。为应对旅游目的地形象危机,旅游部门应联合政府其他部门,采取以下预警措施:建立危机预警机制、监测舆情动态、设立快速反应机制、加强与权威媒体合作、建立危机恢复机制。

③旅游安全保障。解决旅游安全问题是优化旅游目的地形象的基本前提。独龙江景区因其地形复杂、气候多变,景区内严格执行实名预约、限流、错峰制。2022年7月,贡山县人民政府正式印发《贡山独龙族怒族自治县旅游景区管理办法》,该办法对景区内旅游安全保障事项等进行了明确规定,以维护游客的安全与权益。

**4．贡山旅游目的地形象发展面临的挑战**

(1) 地方文化发掘不足。

从整体上来看,贡山旅游目前仍处于以依托优越的自然资源为主的初步发展阶段。在旅游目的地形象塑造中,发掘地方文化是非常必要的一步。除了自然资源,贡山还有民族文化、居住文化、服饰文化、饮食文化、礼仪风俗、音乐舞蹈、节庆文化等多种类型的民俗文化资源。贡山可以通过挖掘这些文化要素,并将其深入地运用到旅游发展中,从而拥有独特的、区别于云南省其他旅游目的地特别是怒江州的文化形象。

(2) 危机事件多发。

贡山位于横断山脉南延的"屋脊"地带,地形崎岖,气候变幻莫测。雨季时,山洪、泥石流、滑坡等自然灾害频发;到了冬季,独龙江区域常因大雪而封山。此外,野生动物出没、高原反应、路况复杂以及与少数民族沟通的语言障碍等均为贡山发展旅游的重要考虑因素,这些因素共同构成了贡山旅游目的地形象的高频关键信息。此类标签是一把"双刃剑"。一方面,它可以提升贡山生态境地的形象,为贡山增添神秘色彩;另一方面,如果不加节制地使用这些旅游资源,也可能增加危险要素,对贡山旅游目的地的吸引力造成负面影响。

(3) 自媒体运营效果欠佳。

随着自媒体时代的到来,自媒体的运营成为提升城市旅游目的地形象的重要手段。贡山县文化和旅游局的官方自媒体矩阵包括微信公众号、抖音号、微博号等,通过对相关自媒体平台的数据分析,可以发现平台存在一些问题,如内容质量不高、浏览量较低、话题热度不足等。总的来说,官方自媒体矩阵在提升贡山旅游目的地形象方面,效果欠佳,存在较大提升空间。

(4)管理规范欠佳。

旅游业的发展离不开地方民众的支持和协作。尽管贡山在全域旅游方面做出了积极的努力,但仍然存在一些问题。例如,"黑导""黑社""黑车"等不法现象在当地时有发生,这给旅游市场带来了一定的负面影响。同时,部分旅游景区的酒店、饭店和购物场所也存在未明码标价,标价信息不全,随意涨价以及欺客、宰客等不良经营行为。这些问题不仅损害了游客的合法权益,也影响了旅游目的地的形象和声誉。

### 六、澜沧旅游目的地形象分析

**1. 澜沧旅游目的地形象发展历程**

澜沧拉祜族自治县是云南省普洱市的重要组成部分,坐落于云南省的西南部,因东临澜沧江而得名,彰显出一定的地域特色。澜沧的旅游产业发展历程可以追溯到改革开放初期。在改革开放的深入推动下,澜沧地区的经济社会发展呈现出显著的变化。随着文化旅游产业的不断发展,该地区的旅游目的地形象也在逐步发生改变。

(1)初期形象:"生态秘境"。

澜沧拥有丰富的生态旅游资源,其中包括景迈山、哀牢山等自然景观以及丰富的动植物资源。景迈山是澜沧极为著名的生态旅游景区之一,这里保存着全世界发现面积极大、保存极为完好、年代极为久远的人工栽培型古茶林,是"世界茶文化历史自然博物馆"。哀牢山是澜沧另一个重要的生态旅游景区,这里保留着大片的原始森林和珍稀的野生动物。此外,哀牢山也是布朗族和彝族的聚居地,游客可以在此深入了解丰富的民族文化和独特的民俗风情。拉祜族山寨、佤族村寨等地保留了原始的民族文化和独特的自然环境,为游客提供了独特的旅游体验。丰富的资源为澜沧生态旅游发展提供了有力的支持,为澜沧早期树立"生态秘境"的旅游目的地形象发挥了重要作用。

(2)中期形象:"文旅茶咖"旅游目的地。

澜沧文旅融合发展七十载,"文化+旅游"是永恒不变的主题,为澜沧带来了无限生机[1]。近年来,澜沧结合实际、因地制宜,深度挖掘茶文化、咖啡文化等地方特色文化,大力延伸以茶文化及咖啡文化为核心的产业链条,将

---

[1] 参考:《壮丽70年 奋进新澜沧 | 文化旅游融合70载 呈现欣欣向荣》,https://www.pelcxxw.cn/contents/91/3095.html。

地域特色文化与旅游相结合,打造区域旅游文化公共品牌,吸引外地游客驻足、前往消费。景迈山、老达保、大歇场、班利等文旅、茶旅、咖旅融合发展初现成果。经过长期的探索与实践,澜沧已成功将"文化+旅游"模式打造成熟,并发挥出极致的作用。特别是针对澜沧旅游目的地形象塑造,深入融合了茶文化、咖啡文化以及民族文化等元素,使其成为该旅游目的地的重要标志。

(3)近期形象:世界遗产旅游胜地。

2023年9月,中国"普洱景迈山古茶林文化景观"申遗项目在联合国教科文组织第45届世界遗产委员会会议上通过审议,列入《世界遗产名录》,成为中国第57项世界遗产。景迈山的成功申遗,将澜沧旅游事业推向了新的高度,为澜沧旅游目的地形象注入了新的元素和活力。在"普洱景迈山古茶林文化景观"成功申遗的有利条件下,澜沧积极落实"山上做减法、山下做加法"的指导方针,精心打造"茶林恬静有序、城市热闹沸腾"的两种截然不同的场景,充分利用"全球首个茶主题世界文化遗产景迈山古茶林"的独特地位,大力推广"世界的普洱,中国的茶"这一文化品牌,以推动澜沧全域旅游业的全面发展。

**2. 澜沧旅游目的地形象发展基础**

澜沧拥有得天独厚的生态环境、丰富的自然资源、历史悠久的古茶文化以及品质卓越的咖啡产业,这些独特鲜明的特点为塑造该地区成为独具特色的旅游目的地形象奠定了坚实的基础。

(1)生态环境优越。

澜沧东临澜沧江,地理特点主要是山区,占总面积的98.8%。这使得该县拥有广袤的森林覆盖,2022年,澜沧的林地覆盖率在70%以上,空气质量优良天数比率在100%[①]。同时,澜沧地处北热带向南亚热带过渡区域,是国内季风区首先影响的区域之一。由于深受西南季风影响,该地区降水和热量条件充沛,形成了大量森林结构完整的常绿阔叶林和丰富的生物多样性。这一独特的生态环境为众多野生动植物提供了庇护所,进一步彰显了澜沧地区的生态价值。2023年,澜沧景迈山被命名为"绿水青山就是金山银山"实践创新基地,同时实现成功申遗。

---

① 参考:《澜沧县扎实推进生态文明建设 走绿色发展之路》,https://www.pelcxxw.cn/contents/110/2690.html。

（2）自然资源丰富。

澜沧有着世界发现种植年代极为久远、连片面积极大、保存极为完好的人工栽培型古茶林——景迈山千年万亩古茶林，还有着深藏原始美丽的哀牢山。景迈山和哀牢山拥有丰富的动植物资源，保留着大片的原始森林和珍稀的野生动物。根据相关数据统计，澜沧地区拥有共计195种国家重点保护陆生野生动物，其中30种为国家一级重点保护陆生野生动物，165种为国家二级重点保护陆生野生动物①。同时，该地区还拥有100余种国家重点保护野生植物②。此外，澜沧国家级森林公园由大岔河片区、景迈山片区和佛房山片区三部分构成，各具特色，相互呼应，汇聚了全县优质的森林风景资源。截至2022年末，凭借其得天独厚的自然资源，澜沧成功创建2个国家4A级旅游景区和4个国家3A级旅游景区。

（3）民族村寨独特。

2006年，民族特色村寨老达保被列入第一批国家级非物质文化遗产传承基地；2012年被列入第一批国家级传统村落名录；2015年被评为"省级文明村"；2019年12月被评定为国家3A级旅游景区；2020年7月被认定为云南省旅游名村，入选第二批全国乡村旅游重点村；2022年10月被评定为国家4A级旅游景区，同时入选全国"非遗旅游村寨"。另外，在国家乡村振兴战略和绿美澜沧建设的指导下，澜沧地区取得了显著的成绩，截至2022年末，共打造了1个省级精品村、11个美丽村庄和1个绿美村庄，同时还有193个市县区级绿美村庄的建设成果③。

（4）少数民族特色鲜明。

澜沧是全国唯一的拉祜族自治县，境内居住着拉祜族、佤族、哈尼族、彝族、傣族、布朗族、回族、景颇族8种世居少数民族。截至2024年11月底，少数民族人口占全县户籍总人口的比例高达79%，其中拉祜族人口占全县户籍总人口的43.5%。澜沧的拉祜族人口占全国拉祜族人口的一半，占全球拉祜族人口的三分之一。在澜沧地区，每个少数民族都有着独特且丰富的民俗风情，如2006年被列入第一批国家级非物质文化遗产名录的拉祜族创世史诗《牡帕密帕》、佤族木鼓舞，同年被收录在云南省第一批非物质文化遗产

---

① 参考：《澜沧拉祜族自治县林业和草原局关于〈澜沧县分布的国家重点保护陆生野生动物名录〉的公告（2022年第2号）》，https://www.lancang.gov.cn/info/5847/412972.htm。
② 参考：《澜沧拉祜族自治县林业和草原局 农业农村和科学技术局关于〈澜沧县分布的国家重点保护野生植物名录〉的公告（2022年第1号）》，https://www.lancang.gov.cn/info/5847/412962.htm。
③ 参考：《澜沧县2023年政府工作报告》，https://www.lancang.gov.cn/info/61037/531592.htm。

保护名录的拉祜族葫芦节，以及2008年被批准为第二批国家级非物质文化遗产保护项目的拉祜族芦笙舞，这使得该地区的每个村寨都散发出与众不同的魅力。这些节日和庆典通常与当地的农耕、狩猎、祭祀等活动密切相关，是当地人民生活的重要组成部分。此外，澜沧少数民族手工艺发达，如拉祜族刺绣、编织、银饰制作和佤族木雕、竹编等。当地饮食文化丰富，特色美食有拉祜族烤全猪和佤族鸡肉烂饭等。

（5）茶文化源远流长。

景迈山是布朗族和傣族的聚居地。2022年的相关统计数据显示，当地土著民族在原始森林中开创了"林下茶"种植技术，繁育了2.8万亩古茶林。这里形成了"村寨住在茶林中，茶林隐在森林中"的独特人居环境，是世界茶文化的历史自然博物馆。澜沧长期坚持"山上保护、山下发展、茶旅融合"的发展策略，致力于深度挖掘文旅融合的元素。除了在景迈山茶林文化景区打造出集茶文化展示、体验、传播、研究及交流于一体的综合性茶文化旅游景区，澜沧在推进全域旅游的过程中，也不断探索和创新"旅游＋茶"的新模式。

（6）咖啡文化备受推崇。

作为云南主要咖啡产区，澜沧利用生态和区位优势，采用"公司＋合作社＋基地＋农户"模式发展咖啡产业。截至2022年底，全县咖啡面积6.7万亩，鲜果产量5.2万吨，实现综合产值5.3亿元，咖啡产业覆盖农户8711户32926人。澜沧咖啡产业已步入高质量发展轨道。澜沧在咖啡产业发展中，积极探索"咖啡＋旅游"的新模式。在乡村振兴的大背景下，澜沧致力于在乡镇、村寨内部打造体现文化与旅游深度融合的特色产品，如佐佐咖啡屋等。同时，也培育了一批高品质的咖啡庄园，进一步丰富了乡村业态。在此基础上，精心策划了精品咖啡旅游、咖啡研学线路等一系列特色旅游产品。

**3. 澜沧旅游目的地形象系统构成**

（1）澜沧旅游目的地形象主体。

为推动旅游业繁荣发展，澜沧地区精心打造了多个国家级旅游景区，其中包括2个国家4A级旅游景区和4个国家3A级旅游景区。这些景区的建成，极大地吸引了国内外游客，促使澜沧地区接待旅游总人数从2013年的125万人次增加到2022年的640.14万人次。同时，旅游总收入也取得显著增长，从2013年的5.76亿元跃升至2022年的67.34亿元[①]。

---

[①] 参考：《澜沧拉祜族自治县：短短几十年 跨越上千年》，https://www.kunming.cn/news/c/2023-03-31/13686390.shtml。

随着景迈山成功列入《世界遗产名录》,旅游热潮再度涌现。据初步统计,2023 年 9 月 29 日至 10 月 6 日,澜沧地区在"双节"假期共接待游客 23.40 万人次,这一数字是 2019 年国庆假期 8.70 万人次的近 3 倍;同时,实现旅游收入 2.10 亿元,较 2019 年的 0.52 亿元约增长了 4 倍。与 2023 年春节假期相比,接待游客数量增加了 7 万人次,旅游收入增长了 1.32 亿元①。

(2)澜沧旅游目的地形象客体。

澜沧位于云南省西南部和普洱市东南部,西与西双版纳州、北与景洪市、东北与勐海县、东与江城县接壤。三面环山,是普洱市的重要门户。澜沧主要旅游景点有哀牢山、千年万亩古茶园、糯福乡基督教堂等。截至 2022 年末,澜沧拥有 2 个国家 4A 级旅游景区和 4 个国家 3A 级旅游景区,这些景区是该县旅游的重要组成部分,也是展示自然风光、文化遗产和民族风情的重要窗口。其中包括《牡帕密帕》的保护传承基地之一的老达保景区和世界遗产景迈山茶林文化景区;还包括 3A 级旅游景区茶马古道澜沧线路的第一个驿站——大歇场景区、佤山秘境——左都古寨景区、民俗大观园——澜沧拉祜风情园,以及典型拉祜族村寨——澜沧龙竹棚老寨。

澜沧地区森林茂密,生态优越,是野生动植物的理想栖息地。该地区受西南季风影响,降水和热量资源丰富,为野生动植物提供了良好的生存环境。截至 2022 年 11 月底,这里有 30 种国家一级重点保护陆生野生动物,165 种国家二级重点保护陆生野生动物,以及多种国家一级、二级重点保护野生植物。

澜沧是全国唯一的拉祜族自治县,境内居住着拉祜族、佤族、哈尼族、彝族、傣族、布朗族、回族、景颇族 8 种世居少数民族,有多个特色鲜明的"村村寨寨",如"非遗旅游村寨"——老达保、古老茶农布朗族村寨——翁基寨、边境村寨——龙竹棚老寨村、哈尼族村落——笼蚌村、典型边境少数民族村寨——老迈村、中国少数民族特色村寨——老缅村,以及位于景迈千年万亩古茶园内的芒景村翁哇自然村等。这些村寨充分发挥自身优势,积极推进乡村旅游产业的发展。各个村落因其独特的文化背景,形成了丰富多彩的少数民族民俗文化、历史遗产、建筑风格、传统服饰以及特色美食等,这些元素共同构成了澜沧旅游的重要资源基础。这些内容充分展现了少数民族的独特魅力和深厚的文化底蕴,进一步丰富了澜沧旅游资源的内涵。

---

① 参考:《什么是景迈山效应?澜沧旅游人数收入双创历史新高!》,https://www.lancang.gov.cn/info/5857/697312.htm。

可可、茶和咖啡并称"全球三大饮料",深受广大消费者的喜爱和追捧。2022年7月《云南日报》的统计数据显示,景迈山的古茶林是目前发现面积最大、年代最久远的人工栽培型古茶园。古茶林的茶叶种植历史迄今已有近2000年。古茶林占地面积多达2.8万亩,拥有超过320万株古老的茶树。得天独厚的自然环境孕育了陈香普洱茶与浓郁醇厚的小粒咖啡,澜沧的咖啡产业也已步入高质量发展的轨道。"茶+旅游""咖啡+旅游"成为澜沧深度挖掘"文旅+"的重要元素,并持续焕发出新的生机与活力。

(3)澜沧旅游目的地形象本体。

近年来,澜沧以实际情况为基础,通过融合传统民居、民间歌舞文化与乡村旅游、文创艺术,充分利用拉祜族独特的芦笙舞、摆舞以及《牡帕密帕》等文化资源,以"文化下沉+乡村旅游"为核心策略,不断为乡村旅游注入新活力,从而为乡村振兴提供有力支持。在乡村旅游的发展过程中,澜沧通过培养乡村文艺人才、发展特色村寨产业、推动原生态歌曲走出去三个步骤,丰富乡村旅游文化内涵。

同时,随着普洱景迈山古茶林文化景观成功列入《世界遗产名录》,澜沧在确保生态环境不受影响的前提下,努力提升景迈山茶林文化景区相关设施的建设质量,致力于打响"景迈山"这张世界名片。另外,澜沧积极响应消费者需求,重点打造一系列小众咖啡店、精品咖啡庄园、茶园、茶庄等设施,以促进消费和提升经济活力。

综上所述,澜沧秉承"山上保护、山下发展、茶旅融合"的理念,在确保生态旅游稳定发展的前提下,不断探索和推进"文旅+"的多元化发展。

(4)澜沧旅游目的地形象媒介系统。

①传播媒介。2019年,澜沧拉祜族自治县融媒体中心成立,整合县级传统媒体、自媒体等资源,开展媒体服务,以此实现澜沧旅游目的地形象的塑造和传播。融媒体中心采用传统媒体、自媒体等多种渠道,全方位、多角度地报道澜沧的时事新闻,特别是与文旅相关的报道,为外界提供了官方的视角和准确的信息。在澜沧旅游目的地形象的传播过程中,自媒体领域目前的表现尚未达到预期效果。主要的自媒体平台包括由澜沧拉祜族自治县文化和旅游局运营的"澜沧文旅"微信公众号以及由县级融媒体中心管理的"澜沧发布"抖音号。

②交通媒介。澜沧积极推进绿美交通建设,截至2023年末,已完成绿美普通国省道建设超过50千米,完成绿美农村公路建设457千米,为乡村旅游

产业的壮大奠定了坚实的基础。除了农村公路路况的全面改善,高速公路的全面建设也是澜沧交通建设的一大亮点。2021年1月,思茅至澜沧高速公路正式通车,为当地交通带来了极大的便利。目前,瑞丽至孟连高速公路是建设重点,该公路途经澜沧县拉巴、雪林、木戛、竹塘、东回五个乡镇。除了正在建设的瑞丽至孟连、澜沧至孟连、孟连至勐海三条高速公路,澜沧境内规划建设的高速公路还有双江至澜沧、景谷至澜沧两条高速公路。这些高速公路的建设将为自驾游创造良好的先决条件,提供更加便捷的交通环境。在澜沧的当前任务与未来规划中,还包括实施自然村通硬化路和乡村道安全防护工程,加速推进澜沧江航道、高速公路、国道改建及澜沧景迈机场改扩建等项目。

③管理媒介。在推动景迈山成功申遗的过程中,普洱市人民检察院发挥了至关重要的作用。普洱景迈山古茶林保护管理局、澜沧县住房和城乡建设局、澜沧县自然资源局、澜沧县林业和草原局、澜沧县农业农村和科学技术局、澜沧县文化和旅游局以及澜沧县惠民镇人民政府等部门也给予了积极的协助和配合,共同为成功申遗做出了贡献。这一成果的取得,充分体现了各方共同协作和管理的重要性。另外,2022年,一龄集团和上海九泽集团携手景迈山区域,打造栖云国际生命养护中心、景迈古树茶小镇等项目,依托景迈山自然环境、民族茶文化以及高端旅居业态等资源,构建起具有地域特色的多维度康养场景。2023年,一龄医院管理集团与澜沧拉祜族自治县人民政府进一步签订合作协议,就景迈安缦系列酒店、栖云国际生命养护中心、景迈古树茶小镇等项目的建设情况进行深入交流探讨,加速推进项目的实施建设,期待通过地方政府和九泽集团、一龄集团三方共同努力,打响"景迈山"这张世界名片。

(5)澜沧旅游目的地形象外围因素。

①旅游信息化服务。根据澜沧县2023年的政府工作报告,2022年澜沧成功新建并投入运营5G基站293座,确保了重点区域5G网络的全覆盖。这一网络覆盖的拓展与便捷性,为旅游信息化提供了重要的前提条件。此外,2021年末,澜沧县智慧城市信息技术产业园建设项目正式启动。该项目涵盖智慧旅游等多个领域,旨在加快推进澜沧城改造提升,全面提高澜沧新型城镇化的建设速度,以满足不断增长的市场需求。"澜沧文旅"微信公众号具备信息查询与建议留言等功能,而"景迈山茶林文化景区"微信公众号则提供自助自驾预约、车辆备案以及信息查询等服务。

②危机应对机制。景迈山申遗成功后,2023年中秋国庆假期期间,澜沧地区游客激增,导致"一票难求""人满为患"。随之出现哄抬物价、坐地起价等现象。在新闻报道中出现的负面内容,无疑是对澜沧旅游目的地形象的一次严重打击。为应对旅游目的地形象危机,旅游部门及政府相关部门需采取以下预警措施:建立危机预警机制、监测舆情动态、设立快速反应机制、加强与权威媒体合作、建立危机恢复机制。

③旅游安全保障。为确保道路交通的有序、安全、畅通以及环保,普洱市人民政府已制定并发布了《普洱景迈山茶林文化景区道路交通管理规定(试行)》。这一规定旨在保护景迈山景区的生态环境以及旅游目的地居民的正常生产经营和生活,充分考虑到了游客的生命安全。同时,所有自驾车辆需在官方公众号上进行车辆备案,以确保景区道路交通的规范管理。

**4. 澜沧旅游目的地形象发展面临的挑战**

(1)旅游目的地形象模糊。

澜沧地处普洱市,其地名取自其东侧的澜沧江。相较于普洱茶、澜沧江、景迈山等知名品牌或景点,澜沧的知名度并不显著。综上所述,澜沧的旅游目的地形象比较模糊,缺乏认知度。在未来的澜沧旅游产业发展中,明确澜沧旅游目的地形象、提取澜沧旅游形象关键特征,并提升澜沧旅游认知度是至关重要的一环。

(2)元素多且复杂。

澜沧地方文化要素包含但不限于"茶""历史文化""自然风光""休闲""民俗风情""民族村寨""咖啡""生态"。在推进"文旅+"的过程中,多元化元素的提取无疑为故事叙述增添了丰富的素材。每个元素背后都蕴含着深厚的历史背景。恰当地解读和呈现这一庞大的地方文化要素体系,对于澜沧旅游未来的发展而言,无疑是一项重大挑战。

(3)危机事件多发。

澜沧地区的大部分村落位于中缅边界,因此,澜沧地区独特的神秘魅力吸引着众多游客。然而,地理位置的特殊性使得游客在探访过程中可能会发生安全事故,因此相关部门需要对此高度重视。如果不加以重视,相关负面新闻的无限扩散与游客的理解偏差可能会对澜沧的旅游目的地形象造成不良影响。

(4)自媒体平台官方主导不足。

相关资料显示,2022年,"普洱文旅"微信公众号在全省范围内的传播力指数排名第四,表现出色。然而,"澜沧文旅"微信公众号在内容质量、浏览量以及热度等方面存在明显不足,并且尚未建立起完善的自媒体矩阵。目前仅依靠微信公众号这个单一平台进行传播,其传播能力有限,未能充分发挥自媒体平台上官方媒体的主导作用。

(5) 管理规范欠佳。

茶旅、咖旅深度融合后,精致咖啡庄园、茶庄及与之相关的研学旅游产品相继出现。然而,当前这类旅游活动的相关政策法规尚不健全,市场上应运而生的各类套餐繁杂,质量参差不齐,且价格普遍偏高。这些问题严重损害了游客的合法权益,并对旅游目的地的形象和声誉产生了负面影响。

### 七、马关旅游目的地形象分析

#### 1. 马关旅游目的地形象发展历程

马关位于云南省东南部、文山州南部,境内居住着汉族、壮族、苗族、彝族、瑶族等民族。2024年的相关统计数据显示,马关少数民族人口占全县户籍人口的52.02%。马关的民族文化多姿多彩,有独具特色的民族服饰、别具一格的民族风俗、神奇的民间传说、风姿绰约的民间传统舞蹈、激情狂欢的花山节、歌声流淌的"三月三"、弦子飞舞的火把节等,尽显马关无限魅力。

(1) 初期形象:中国民间艺术之乡。

马关非物质文化遗产资源集中、内容丰富。仁和镇阿峨新寨村壮族农民版画享有盛名,曾被作为国礼赠送给外国领导人,2011年,马关也因此被国家文化部命名为"中国民间艺术之乡"。截至2024年4月底,马关列入省级非物质文化遗产保护名录5项、州级非物质文化遗产保护名录9项、县级非物质文化遗产保护名录37项;共有省级非物质文化遗产代表性传承人5人、州级非物质文化遗产代表性传承人22人、县级非物质文化遗产代表性传承人78人。

(2) 近期形象:山水田园乡村旅游示范县。

马关以深厚的文化底蕴和富集的资源禀赋为依托,紧抓民族文化资源,以文促旅,以市场需求为导向,紧紧围绕把旅游业培育成为综合性战略支柱产业的工作目标,积极推动全县旅游产业从单一景点式向整体融合式发展。以非物质文化遗产整体保护为重点,把非物质文化遗产代表性项目和民族民间优秀传统文化融入文化旅游活动。根据非物质文化遗产的布局和特色,探索"文化+旅游"的非物质文化遗产传承发展路径。以苗族、壮族、彝族传统文化为主题文化元素和主要卖点,2018—2019年,苗族花山节和兜阳节、壮族"三月三"、彝族火把节等少数民族传统节日活动的开展极大提高了农民创业增收的积极性,农户也由原先的观望心理转变为积极主动加入旅游产业发展。2019年9月,苗族"闹兜阳"被云南省文化和旅游厅列入第五批国家级非物质文化遗产代表性项目名录申报名单。2022年,马关紧扣"山水田园乡村旅游示范县"建设目标,加强文艺创作和"非遗"保护力度,深入推进旅游"十百千万"工程。雾缦云山获评3A级旅游景区并入选国家级森林康养试点建设基地,腊科、杨茂松入选"中国传统村落"。同年,马白镇入列国家级全域森林康养试点建设乡(镇)名单,云山草场入列国家级森林康养试点建设基地名单,马洒村入列中国森林康养人家名单。2023年,马洒村"春水浅"民宿、"愿景·砚山曼城"慢生活书咖被评为"最美公共文化空间"。马关的旅游产品业态不断丰富。

**2. 马关旅游目的地形象发展基础**

马关有着悠久的建城历史。其境内喀斯特地貌奇险雄峻,朴拙精美的阿峨版画享誉海内外,苗族花山节和兜阳节、壮族"三月三"、彝族火把节等少数民族节庆各具特色,独特的苗族服饰远销国内外,罗家坪大山、茅坪国门等红色资源成为马关"红色印记"亮丽的名片。多彩的旅游资源丰富着"有一种叫云南的生活"。

(1)自然资源丰富。

马关气候条件优越。根据2024年县情介绍,马关的年平均日照时间为1804小时,常年无霜期平均为327天,冬无严寒,夏无酷暑,四季如春,宜居宜业。水利资源充足,鞍马湖、马固湖、达号湖景色优美,形成独特的湖景旅游资源。林业资源丰富,森林覆盖率达56.7%,有古林箐、老君山两个省级自然保护区,是名副其实的"天然大氧吧"。

(2)文化底蕴浓厚。

马关历史悠久,早在旧石器时代就有古人类在此繁衍生息。自西汉开始,历代王朝在此设置管辖。境内居住着汉族、壮族、苗族、彝族等11个民族。2024年的相关统计数据显示,少数民族人口占全县户籍人口的52.02%。多民族长期和睦共处,孕育了丰富多彩的民族民间文化。朴拙精美的阿峨版画享誉海内外,苗族花山节和兜阳节、壮族"三月三"、彝族火把节等少数民族节庆各具特色,独特的苗族服饰远销国内外,马关因此被国家文化部命名为"中国民间艺术之乡"。

(3) 产业基础扎实。

马关深入推进旅游"十百千万"工程,紧扣"山水田园乡村旅游示范县"建设目标。2022 年,雾缦云山获评 3A 级旅游景区并入选国家级森林康养试点建设基地,马白镇、马洒村分别被确定为国家级全域森林康养试点建设镇、中国森林康养人家,腊科、杨茂松入选"中国传统村落"。截至 2023 年底,马关建成绿道 617 千米,花带 973 千米。

(4) 经济实力突出。

2021 年,全县实现地区生产总值 127.53 亿元。围绕建设成为"兴边富民示范县""山水田园乡村旅游示范县""民族团结进步示范县"的目标,马关聚力打造五个百亿级主导产业:一是着力打造"世界锢都",全力推进云锡文山片区两公司"倍增翻番"计划;二是积极创建"云药之乡",将中药材资源优势转化为市场优势,打造"产、加、销"一体化中药材产业链;三是整合县内外木材资源,改进传统工艺技术,提高产品附加值,发展以木材精深加工为主的林产业;四是加快基地建设,推进精深加工,发展以蔬菜水果为主的现代农业;五是开发打造一批特色景点和特色旅游线路,发展以边境游、山水田园游为主的文化旅游业,力争五年后实现综合产值 100 亿元以上。五个百亿级主导产业相辅相成,共同推动马关向"山水田园乡村旅游示范县"的目标迈进。

**3. 马关旅游目的地形象系统构成**

(1) 马关旅游目的地形象主体。

2022 年,马关全年旅游接待人数 322.74 万人次,同比增长 35.06%;实现旅游总收入 30.78 亿元,同比增长 16.48%[①]。截至 2023 年 5 月底,全县共接待游客 214.61 万人次,实现综合旅游收入 16.75 亿元[②]。

2023 年以来,马关成功举办"礼赞二十大·欢乐迎新春""鞍马湖山水田园音乐会""魅力马关·民族服饰文化节""边境文化旅游节·姤妆宙男""畅游文山·玩转马关——文山州首届乡村文化旅游节"等文旅促消费活动。活动期间,游"十条线路"、品"百味美食"、跳"千人纸马舞"、甩"万人汤锅"、服饰展演、马白迪激情晚会、音乐会等活动体验持续引发旅游消费"热度",让马关旅游成功"出圈",吸引了州内外 40 万余游客前来打卡。以节促旅,旅游成

---

① 参考:《马关县 2022 年国民经济和社会发展计划执行情况与 2023 年国民经济和社会发展计划草案的报告》,http://www.ynmg.gov.cn/mgxrmzfw/gmjjhshfzgh/pc/content/content_1854148305103450112.html。

② 参考:《马关县"三个聚焦"全面激活文旅消费潜力》,http://www.ynmg.gov.cn/mgxrmzfw/ggwhfw/pc/content/content_1862353633590743040.html。

为全县经济发展的"新引擎"。

2023年花山节活动期间,除了开幕式文艺演出、各民族文艺交流展演、民族服饰走秀、倒爬花秆比赛等主题活动,有200余游客上台展示舞蹈、芦笙演奏、唱歌、武术等精彩才艺,观看群众人数累计10万余人次,涵盖省内周边县市游客和四川、贵州等省外游客以及越南、美国等国外游客,有超过500家商户在花山场周边摆摊设点。省内外旅游者、海外旅游者等众多类型的旅游者参与马关旅游目的地的互动,成为马关旅游目的地形象系统主体的主要组成部分。

(2)马关旅游目的地形象客体。

马关乡村旅游景点包括马白镇马洒村、坡脚镇小马固新寨村、仁和镇阿峨新寨村、金厂镇罗家坪村、小坝子镇老懂寨村、夹寒箐镇岩腊脚村。康养旅游景点包括古林箐镇瓢厂村、马白镇马鞍山村、八寨镇花坝子村、坡脚镇麻哈冲天坑群、篾厂乡大吉厂云海观光、木厂镇堡堡寨峡谷观光。爱国主题教育景点包括都龙镇茅坪国门、金厂镇罗家坪大山战场原址、石丫口碉楼、龙半坡碉楼。边境旅游景点包括都龙口岸、都龙镇工业旅游观光、八寨镇阿雅古城遗址、八寨镇三圣宫(马关县第一个中共党支部成立旧址)。

近年来,马关依托自身区位优势和良好的生态环境,抓紧抓实农旅融合发展,积极推进乡村旅游业发展,大力实施"乡村振兴百千万工程""绿美乡村建设""现代化边境幸福村建设"等项目。截至2020年末,马关由国家民委命名的边境少数民族特色村寨有五个,分别是文山州马关县金厂镇金厂村委会罗家坪、文山州马关县南捞乡小麻栗坡村委会坡角村、文山州马关县仁和镇阿峨村委会新寨村、文山壮族苗族自治州马关县马白镇马洒村委会马洒村、文山壮族苗族自治州马关县坡脚镇小马固新寨村。罗家坪村为3A级旅游景区。马洒自然村是马关最大的壮族聚居村寨,传统文化保存完整,有纸马舞、手巾舞等传统舞蹈,有银器制作、刺绣、侬人古乐等传统技艺,非物质文化遗产资源集中,内容丰富,共有八大类60多项。马白镇、马洒村还分别被授予"国家级全域森林康养试点建设镇""中国森林康养人家"称号。龙树脚村依山傍水、风景秀丽。2017年,阿峨新寨壮族版画列入云南省非物质文化遗产名录,同年被国家民委命名为中国少数民族特色村寨。小马固新寨村是一个完整保留着本民族语言、服饰和风俗习惯的傣族聚居村,通过观傣家文艺、跳傣家舞、吃傣家饭、过傣家节等方式把傣家风情彰显得淋漓尽致,民族交往、交流、交融不断深入,群众经济、文化进一步发展、弘扬,真正实现民族团结进步示范创建和群众增收双赢。

（3）马关旅游目的地形象本体。

为构建马关"山水田园乡村旅游示范县"的旅游目的地形象，马关采取举办主题大会、系列配套活动和地方性文旅主题系列活动等形式，融入"有一种叫云南的生活——畅享文山·玩转马关"文山壮族苗族自治州首届乡村文化旅游节。通过"线上＋线下"联动，全面展示马关全域旅游发展的生动实践，内容涵盖乡村旅游、餐饮美食、非遗技艺、民族歌舞、群星演唱会等。

"畅游马关"系列精品线路中"沧桑国门·边关风情"之旅包含了中越大峡谷、悬崖边寨大梁子、老懂寨兜阳文化旅游村、凉水井边境特色村、罗家坪大山、茅坪南疆国门小镇、茅坪老国门、都龙口岸、龙半坡碉楼。开发这条线路旨在用好当地的红色资源，引导游客厚植爱党爱国爱社会主义的情怀。此外，十条精品线路还包含马白骏马雄关、八寨街脚国家级传统村落、大吉厂云海、古林箐原始森林、古林箐盐马古道、健康农场热区风光的"国之大道·丛林穿越"之旅，囊括马关民族服饰风情街、马洒壮族文化旅游村、罗家坪苗族文化旅游村、老懂寨兜阳文化旅游村、阿峨新寨壮族版画旅游村、杨茂松布依族文化旅游村、腊科彝族文化旅游村、小马固新寨傣族文化旅游村的"多彩民族·激情狂欢"之旅，"百年记忆·米轨时光"之旅，"诗画田园·浪漫乡村"之旅等九条线路。

除了春节、元宵节、端午节等中华传统佳节，"三月三"歌节、祭"太阳神"活动、"闹兜阳"等民族节庆活动在马关轮番上演，"魅力马关"民族服饰文化节、鞍马湖山水田园音乐会、阿雅帆船露营地专场演唱会、乡村文化旅游节等系列活动接连不断，形成了"月月有活动、处处有欢歌"的各民族共同团结进步的景象。玩转美丽马关、感受魅力马关、宣传有感马关，营造了各民族美美与共、共聚共乐的良好氛围。

同时，马关依托自身区位优势和良好的生态环境，抓紧抓实农旅融合发展，积极推进乡村旅游业发展，大力实施"乡村振兴百千万工程""绿美乡村建设""现代化边境幸福村建设"等项目。打造了龙树脚、马洒、小马固等多个农旅融合综合体，全面推进乡村振兴。

（4）马关旅游目的地形象媒介系统。

①传播媒介。线上媒体主要有马关县人民政府门户网站、马关县融媒体中心、"马关文旅"微信公众号、"马关县人民政府"抖音号等，用来发布文旅活动、文旅资讯等信息内容。线下积极促进文化交流与经济发展，利用各民族

重要节庆举办民族服饰时装秀、民族文化文艺演出、非遗体验、文创产品展示等活动,以节为媒,以节促游,将节会演变为一种集观赏游玩、交易往来、文化宣传于一体的综合性活动,吸引了国内外大量游客广泛参与,在带动消费增长的同时,还提升了民族文化传播影响力,促进了国内国际民族文化交流。中国马关—越南河江青少年夏令营活动、"云南十大狂欢节"之一的马关国际花山节、云南文山"魅力马关"民族服饰文化节、"有一种叫云南的生活——畅享文山·玩转马关"文山州首届乡村文化旅游节等节庆活动,共吸引了来自越南、老挝等国家的6支民族团队300余人,以及来自我国贵州、四川、广西等地的38支民族团队4000余人参与①。

②交通媒介。近年来,马关交通网络日益改善,投入资金43.8亿元,实施重点交通项目6个。文马高速公路建成通车,G248线二级公路加快推进,马关至河口、马关至西畴兴街高速公路前期工作取得重大进展,"四好农村路"建设成效明显,全县公路总里程达4288千米,行政村、自然村通硬化路比例分别达100%和96%②,并积极开展文山—马关—河口铁路、马关通用机场项目前期工作。交通的便捷性对马关旅游目的地形象的传播起到了有力的推动作用。

③管理媒介。马关充分发挥旅游目的地形象管理媒介的作用,贯彻执行文化市场管理、文物市场管理、旅游市场管理等的相关政策、法规,调查研究市场发展态势,制定文化和旅游市场发展规划、政策、规范性文件、产品标准、管理办法等并组织实施。严格管理和培训文化和旅游市场从业人员、依法对文化和旅游市场经营进行监管、指导文化和旅游市场执法工作。同时,提升旅游行业治理水平。开展旅游行业专项整治行动,提升旅游市场"双随机、一公开"监管力度,深化旅游行业行政审批制度改革。推广运用"一部手机管旅游",畅通"12345"等举报投诉渠道,利用信息化手段创新旅游市场监管机制,推进多级监管、协同监管和大数据监管等新型监管模式。落实"红黑榜"制度,推进旅游行业信用体系建设,完善线上线下企业诚信评价机制,建立以游客为中心的旅游市场服务质量评价体系。

---

① 参考:《"吸睛"又"吸金"!马关县推动文旅融合联动》,https://mp.weixin.qq.com/s/gXR1Pc_DlSD_nugJlCkpXw。
② 参考:《马关县五年来经济社会发展综述》,http://www.ynmg.cn/mgxrmzfw/jjsh/pc/content/content_1854171577199194112.html。

(5) 马关旅游目的地形象外围因素。

①旅游信息化服务。主要包括旅游电子政务和旅游信息服务两方面。马关旅游电子政务相关网站主要包括马关县人民政府门户网站(http://www.ynmg.gov.cn/index.html)和文山壮族苗族自治州人民政府门户网站(http://www.ynws.gov.cn/index.html)。马关县人民政府门户网站设有走进马关、文化服务信息公开、图说马关等专栏,供游客了解马关旅游的概况、路线、景点等相关信息。文山壮族苗族自治州人民政府门户网站设有文山旅游专栏,通过转载马关县融媒体中心等媒体的文章,以图文并茂的方式介绍马关旅游景点等信息。同时,马关县人民政府、马关县文化和旅游局开通微信公众号发布政务公开、办事指南、文旅活动、文旅资讯等信息内容,"文山发布"微博号也可服务游客,宣传马关旅游。马关旅游信息服务包括马关县融媒体中心创建的"马关发布"和"视听文山"微信公众号、文山发布网等,均在加强马关的宣传和推广中起到促进作用。

②旅游厕所建设。2018年,文山州在《加快推进旅游产业转型升级实施方案》中提出全州主要旅游城镇、游客聚集公共区域、主要乡村旅游点、旅游小镇、旅游景区(点)、旅游度假区、旅游综合体、旅游交通沿线新建、改建旅游厕所289座以上。马关还大力开展旅游厕所革命,在摸排各乡镇区内公共厕所后,发现大多存在配备数量不足、选址不当、设备落后等问题。根据城镇商业街、文化街、客运站、开放式公园、旅游景点等地的人流密集程度,把厕所新建、改造提升内容纳入各镇街小城镇环境综合整治规划中。在厕所的规划设计上,要求新建厕所的外观、色彩设计既要与周边景观风貌相协调,又要在装修风格上体现文化特色元素。

③危机应对机制。截至2022年末,马关已建成马洒、阿峨新寨、小马固新寨、老懂寨、罗家坪、鞍马湖6个3A级旅游景区。景区管理存在垃圾收集系统不完善、旅游公共厕所布局不合理等问题;同时,景区缺乏社会资本投入和专业运营管理团队,6个景区均依托乡镇代管,管理缺乏专业性和规范性,管理水平和服务质量不高;此外,景区建成后,后续投资不到位,运营效果差,基本无收益。景区管理的危机在很大程度上会损害旅游目的地形象,打击旅游者的积极性。因此,县文化和旅游局需加大基础设施建设力度,坚持政府引导、企业主导、市场运作、社会联动的思路,加大资金投入,有效撬动社会投资,拓展乡村旅游发展融资渠道,创新乡村旅游投融资体制,着重打造有发展前景的乡村旅游项目。同时,应打好"宣传牌"。推动旅游宣传营销方式创

新,强化马关旅游整体包装和对外宣传,打造叫得响的乡村旅游目的地形象品牌,进一步扩大马关的对外影响力和知名度,积极开拓县外旅游客源市场。

④旅游安全保障。2023年,在春节、花山节、"闹兜阳"以及各类节日及文化系列活动中,为护航全县农文旅融合及高质量发展,马关县公安局针对县域旅游市场回暖态势,树立主动警务理念,抓实旅游警务,不断提升旅游投诉处理效率,切实维护消费者和旅游经营者的合法权益,推动旅游业高质量发展;同时,加强监督检查,护航文旅市场安全发展。紧盯文化市场守法经营及行业安全生产不放松,进一步强化部门监管责任和文旅企业的主体责任,对全县截至2023年6月底的7个A级旅游景区、文物古建筑、公共文化场馆疫情防控、安全生产方面开展隐患排查和整治,持续开展节前、节中执法检查,实现拉网式、全覆盖检查,存在的安全隐患均整改完毕。马关以新安全格局保障辖区乡村旅游高质量发展,在全力服务乡村振兴、维护旅游目的地良好形象方面取得了较好的效果。

**4. 马关旅游目的地形象发展面临的挑战**

(1) 景区同质化严重。

其一是景区建筑同质,突出表现为近年来各村各寨的发展中,拆除了原来的各种民族风格特色的住宅建筑,建起了几乎千篇一律的火柴盒式的砖混结构住房,原有的民族特色建筑几乎消失,城乡建筑样式和特色基本一个样,乡村建筑没有明显、独特的外在文化个性。其二是旅游项目同质,近年来各地兴起"全域旅游"发展热潮,都大力发展乡村旅游,很多乡村旅游项目重复建设,到处都建民族文化旅游村、A级旅游景区,很多项目村民族相同、文化相同、建筑风格样式相似、旅游设施相似、自然景观相似、游乐项目相似,缺乏各自独特、吸人眼球的看点和玩点。

(2) 市场开发难度较大。

乡村旅游目标客源市场以周边城镇居民为主。2020年,马关城镇化率为48.2%,城镇人口18万余人,但马关并无中大型城市,18万余城镇人口中多数常年在乡镇集镇和农村生活,每天目睹、接触的都是乡村的方方面面,即使是在州内各县市中大城镇工作生活的城镇人口,对农村农业农事和农村文化习俗了如指掌,乡村旅游对他们来说并无太大吸引力;相反,他们对大城市和传统的大旅游景区更感兴趣、更向往,与马关毗邻的周边县市的情况也基本类似,乡村旅游客源市场开发的潜力和空间较有限。

(3) 开发深度不够。

目前,马关乡村旅游基本以初级观光为主,乡村旅游产品深度开发不够,文化内涵挖掘不深,旅游商品供给不丰富,缺乏游客参与性大、体验性强的游乐项目。马关截至 2023 年 6 月底的 7 个 A 级旅游景区建设以政府投资为主,建设内容以公共景观、村庄道路硬化、停车场、公共厕所、居民住房装饰改造、村容整治等为主,景区开发的社会资本投入不足,旅游服务设施不完善。例如,阿峨新寨、老懂寨缺乏向游客提供餐饮住宿的农家乐、民宿和供游客游乐的文体娱乐项目,各景区可供游客购买的量产旅游商品极少,旅游接待能力弱,服务质量不高,景区对游客的吸引力不足,需要依靠社会资本投入的游客服务中心和景区经营性项目还未成型,游客在景区逗留时间不长,难以形成收入可观的旅游消费。

(4) 发展旅游意识不足。

相关部门和部分干部群众对发展乡村旅游的重要性、必要性认识不足,参与旅游基础设施建设、休闲旅游活动的积极性不高。除了花坝子、坡坝等处有少量民间资本投资建设了漂流、草场等少量游乐设施,举办了几次乡村旅游节、铜炊锅长街宴,各景区群众和有条件参与景区建设的企业很少有旅游业发展投入。加之,大量青壮年外出务工,留守人员多为文化水平较低的老幼群体,生产能力较弱,旅游服务能力较弱。例如,截至 2021 年 7 月底,金厂镇罗家坪村仅有客栈 1 家,仅能接纳 4 人;农家乐 2 家,仅能接待 20 桌,群众参与度不高,旅游服务质量不高。

## 八、景洪旅游目的地形象分析

### 1. 景洪旅游目的地形象发展历程

景洪,傣语意为"黎明之城",古称"勐泐""景陇",旧称"彻里""车里",是西双版纳傣族自治州州府所在地,也是全州的政治、经济、文化和对外交流中心。随着生态环境建设的深入和城乡人居环境的不断优化,景洪的旅游发展呈现新格局,不再仅仅依托自然资源,还凭借着人与自然和谐相处的城市气质吸引着来自全世界的游客。

(1) 初期形象:"黎明之城"。

自 1982 年西双版纳被列为国家重点风景名胜区,西双版纳的旅游业迅速发展,仅用了 6 年时间,游客人数从 1986 年不足 1 万人次到 1992 年突破 100 万人次。此时景洪城建成区面积还不到 10 平方千米,难以满足游客激增的需要。1993年12月,景洪撤县设市,翻开了景洪发展的新篇章。自1993年起,西双版纳开始建设旅游度假区,众多星级酒店相继落成,城市接待硬件水平逐步提高,国家级港口景洪港建成并不断完善。1993年,西双版纳首届茶王节在景洪隆重开幕。1998年,我国第一条空中热带雨林客运观光索道在景洪野象谷正式运营。1999年,西双版纳大桥建成,"黎明之城"的光彩开始在澜沧江两岸同步绚烂。

(2) 中期形象:"雨林景洪,柔情傣乡"。

进入21世纪初期,景洪借助热带雨林这一得天独厚的生物资源优势,将"雨林景洪"发展成为其极为重要的自然景观特色之一。根据2010年的相关统计数据,景洪森林覆盖率达72%,得天独厚的气候环境,自然天成的雨林氧吧,淳朴浓郁的民族风情,生态和谐的人居家园,营建出优越的生态环境和良好的旅游感应氛围,使景洪成为国内外游客亲近自然、追求身心放松的好地方。美丽富饶的景洪拥有悠久的历史、灿烂的文化、旖旎迷人的热带自然风光、多姿多彩的民族风情,"雨林景洪,柔情傣乡"已成为叫响世界的城市名片。2009年,景洪接待国内外旅游者498万人次,增长15.8%,旅游业总收入37.6亿元,增长21.8%[1],为建设"世界知名、中国一流"的国际生态旅游城市奠定了坚实基础。

(3) 近期形象:"中国休闲暖都·世界旅游名城"。

景洪具有云南省"边疆、民族、山区、美丽"的内涵特征,区位优势明显,生态优势突出,旅游资源丰富,民族风情独特。其是云南对外开放的最前沿,澜沧江—湄公河国际流域中极具活力的城市,也是我国大西南连接中南半岛的枢纽城市,在云南建设面向南亚东南亚辐射中心中具有重要战略地位。全市连续五年入围中国西部百强市,两次跻身云南省县域经济十强市,荣登"2019中国县域旅游竞争力百强县市"榜单。全国民族团结进步示范市、生态文明建设示范区持续巩固,以"中国—中南半岛经济走廊的区域中心城市"为坐标定位,打造"中国休闲暖都·世界旅游名城",景洪将迎来全速发展的机遇期,成为全州高质量发展的领头羊、全省高质量发展的突破口和前沿阵地[2]。2022年,景洪全市接待国内外游客2970万人次,同比增长30.09%;旅游总

---

[1] 参考:《2010年1月18日在市四届人民政府第四次全体会议上》,https://www.jhs.gov.cn/150.news.detail.phtml?news_id=4336。

[2] 参考:《景洪市国民经济和社会发展第十四个五年规划和二〇三五年远景目标纲政策解读》,https://www.jhs.gov.cn/137.news.detail.phtml?news_id=120133。

收入370亿元,同比增长7.8%[①]。

**2. 景洪旅游目的地形象发展基础**

随着西双版纳州围绕全域打造闻名世界的森林公园、闻名世界的康养旅游名城的路径,景洪在西双版纳的国际旅游中心地位日益突出,在以国际康养旅居目的地、全季型国际旅游目的地、边境跨境旅游示范区"两地一区"为发展构架,建设辐射南亚、东南亚的世界旅游名城中起着重要作用。

(1) 地理位置优越。

景洪东邻江城县、勐腊县,西接勐海县、澜沧县,北连普洱市,南与缅甸接壤,紧邻老挝、泰国,有"东方多瑙河之门"的称谓,是中国进入东南亚各国的主要通道,是中国的南疆门户和东南亚经济合作的重要枢纽,为云南乃至中国联系东南亚国家的桥头堡。同时,景洪拥有两个国家一类口岸景洪(关累)港、景洪国际航空港,以及一个重要的240陆路边境通道,构成中国通往东南亚极为便捷的口岸通道,是云南省唯一的"水、陆、空"齐全的口岸和边境通道城市[②]。景洪具有开展边境旅游的地缘优势、口岸通道优势、客源集散优势,可以同时对接国际客源市场和国内客源市场。

(2) 自然资源丰富。

景洪茂盛的热带雨林和温暖、湿润的气候环境给各种野生动物提供了生长繁殖的良好条件,被誉为"动物王国"和"天然动物园"。截至2023年底,境内有高等植物3890种,264科,1471属。其中可供利用的经济植物1200多种,珍贵名木树种340多种,列为国家级保护物种的有52种。通过实施热带雨林和生态保护修复工程,建成各类自然保护区244.74万亩,森林覆盖率达85.04%。

(3) 气候条件突出。

景洪属热带季风气候。2023年的相关统计数据显示,景洪年平均气温为24.3℃,创历史新高,比历年同期偏高1.4℃;年降水量为627.5毫米,为建站有气象数据以来历史最少。年降水量比常年同期偏少512.7毫米(−45.0%)。夏季丰雨不酷热,冬季有雾不干燥,浓荫匝地,花香四季。景洪还是国内少有的静风区,常年风小。得天独厚的气候条件,为景洪发展避寒度假、康体疗养旅游奠定了基础。

---

[①] 参考:《2022年政府工作报告》,https://www.jhs.gov.cn/150.news.detail.phtml?news_id=115227。
[②] 陈燕.景洪市旅游业发展SWOT分析[J].思茅师范高等专科学校学报,2011,27(2).

(4) 民族风情多样。

景洪世居民族有汉族和傣族、哈尼族、基诺族、拉祜族、彝族、布朗族、瑶族7个少数民族。2023年的相关统计数据显示,少数民族人口占户籍总人口的98.0%,其中,傣族占33.0%。景洪是傣族的聚居区,同时,有景哈哈尼族乡、基诺山基诺族乡。各民族共同生活在这片神奇、美丽、富饶的土地上,创造了丰富多彩、各具特色的民族文化,为景洪大力发展民族旅游,创建"民族特色城""文明和谐城"提供了条件。

(5) 历史宗教文化深厚。

景洪民族文化资源多姿多彩,有傣族的"贝叶文化"、哈尼(爱尼)族的"无文字文化"和基诺族的"热带丛林文化"等特色鲜明的民族文化。民族节日有傣族的"泼水节"、哈尼(爱尼)族的"嘎汤帕节"、基诺族的"特懋克节"、拉祜族的"拉祜扩节"和瑶族的"盘王节"。

**3. 景洪旅游目的地形象系统构成**

近年来,景洪突出地域特色和亮点,积极整合各方面资源,大力实施少数民族特色旅游村寨提升改造工程,成功打造一批示范村寨,成为全市抓党建促乡村振兴、促基层治理、促民族团结进步示范及"旅游促各民族交往交流交融"的重要载体和实践基地,形成了景洪独特的旅游目的地形象系统。

(1) 景洪旅游目的地形象主体。

2019年,景洪全年接待国内外旅游者2682.23万人次,比上年增长20%。其中,海外旅游者43.77万人次,比上年增长24.8%。口岸入境一日游游客8.37万人次,国内旅游者2630.09万人次。全市实现旅游业总收入5979917万元,比上年增长28.6%,其中,旅游外汇收入40133万美元,比上年增长61.9%[①]。国内旅游者、海外旅游者、口岸入境一日游游客等众多类型的旅游者参与景洪旅游目的地的互动,成为景洪旅游目的地形象系统主体的主要组成部分。国内旅游者市场仍然是景洪最大的客源市场。景洪应针对海外旅游者和口岸入境一日游游客制定策略,以便开发更多的旅游市场。

(2) 景洪旅游目的地形象客体。

2022年,景洪深耕产业转型升级,持续推动农业提质增效、工业扩标优化、文旅欣欣向荣。国际医疗旅游先行区、大渡岗田园综合体等文旅康养项目持续推进,草木间、布朗云溪等半山酒店加快建设,小普希村、曼勒村、曼洪

---

① 参考:《2019年景洪市基本概况》,https://www.jhs.gov.cn/226.news.detail.dhtml?news_id=88982。

村等率先成为乡村旅游示范村,持续巩固旅游市场秩序整治成果。近年来,景洪入选中国县域旅游综合竞争力百强县市和全国"两山"发展百强县,两次入围全省县域经济发展十强县,连续五年被评为中国西部百强县。

截至 2020 年末,景洪共有 10 个边境少数民族特色村寨。曼景罕居民小组获得"同心村"、省级美丽宜居村寨、国家级和省级少数民族特色村寨等荣誉称号。巴坡村民小组村内建设有"基诺山寨"景区,是全国唯一一个最全面最集中展示基诺文化的实景演艺体验地,于 2014 年被国家民委授予"中国最具传统特色民族村寨"荣誉称号。曼景村民小组距今已有 600 多年的历史,是一个傣族传统村落,2017 年以来,被评为"云南省少数民族特色村寨""中国少数民族特色村寨""中国传统村落"。2014 年,曼丢被云南省评为"云南省少数民族特色村",同年 3 月,被西双版纳州委、州政府评为"民族团结进步示范村";2016 年,被评为"中国少数民族特色村"。巴卡老寨是一个纯基诺族集聚的自然村寨,是基诺族古歌文化盛行之地。曼春满村是傣族杆栏式传统民居建筑的花园古村寨,民风淳朴,环境优美。曼乍村位于国家 4A 级旅游景区——傣族园内,与曼听、曼春满、曼嘎等傣族村寨鸡犬相闻,紧邻勐罕镇中心,地理环境优越。景洪市勐龙镇曼别村委会曼迷村、景洪市勐罕镇曼嘎俭曼峦嘎、景洪市勐龙镇坝卡村委会坝卡等民族特色村寨的建设极大地提振了居民的精气神。

景洪加快"世界旅游名城"创建工作,昆曼大通道成为精品自驾旅游线路;告庄西双景创建为省级旅游度假区、入选云南首批夜间经济地标。"国家知识产权强县工程试点"于 2019 年验收并获优秀等次;景洪嘎洒镇打造为"科普小镇"。全市经济发展不断提速,民生福祉不断提高,改革开放不断深化,生态环境不断改善,民族团结、边疆稳定的大好局面进一步巩固,经济社会发展取得了新的历史性成就,全面建成小康社会如期实现,为旅游目的地形象的良好发展奠定了坚实基础。

(3)景洪旅游目的地形象本体。

景洪在其旅游目的地形象构建中,结合少数民族节庆活动多的实际,全力打造民族节庆活动品牌,把景洪主导主办的各类大型活动布局到各特色旅游村寨,吸引全国各地的游客到各村旅游观光、旅居、研学等。通过民族节庆活动赋能特色旅游村寨,"陌生人"变"一家亲",旅游促进各民族交往交流交融的计划在各村寨得到了生动的实践,村民充分享受到了民族团结进步事业发展带来的丰厚成果。

同时，积极把民族团结进步元素融入少数民族特色旅游村寨打造，利用宣传栏、文化长廊、民族团结进步宣传画、宣传标语等，让村民和游客在观光旅游中、在日常生活中，潜移默化接受民族团结进步宣传教育。借助各村农家书屋、新时代文明实践站（所）等阵地，多形式、多渠道把党的民族理论和政策法规送入各村各寨。积极赋予民族节庆活动民族团结进步新的时代内涵，有重点、有针对性地开展宣传教育及主题活动，对各族群众和游客全面增进对伟大祖国、中华民族、中华文化、中国共产党、中国特色社会主义的"五个认同"起到了积极的作用。

多元化途径的构建，使景洪"中国休闲暖都·世界旅游名城"的品牌享誉国内外，建成全国民族团结进步示范区、生态文明建设示范区、中国—中南半岛经济走廊区域性中心城市，具有国际先进水平的健康生活目的地、面向南亚东南亚商贸物流集散地、区域产业化新高地。

（4）景洪旅游目的地形象媒介系统。

①传播媒介。充分利用《景洪新闻》、"雨林景洪"App、"景洪发布"微信公众号、"景洪市融媒体中心"今日头条号的宣传平台，进一步加大新闻宣传力度；2022年，联合支付宝（中国）网络技术有限公司开展"城市邀请函——西双版纳欢迎你"系列活动，依托支付宝平台优势，通过微博、微信、抖音等自媒体传播渠道，发布了由景洪市人民政府和支付宝联合打造的官方视频《城市邀请函——西双版纳篇》，向全国各地展示了具有浓郁地方特色的西双版纳旅游目的地形象。积极利用中缅边境交易会、中国国际旅游交易会、中国—南亚博览会等经贸文化交流活动，组织涉旅企业参展宣传，不断开展多层次的旅游推介活动，突出宣传和营销西双版纳国际精品旅游城市的形象。景洪利用各类媒体并密集、高效地开展重点品牌节庆活动，趁势强化抖音、微信等线上平台宣传，精准谋划并推出精品旅游线路和文旅特色产品，为景洪旅游目的地形象的推广做出积极贡献。

②交通媒介。围绕创建"世界旅游名城"的目标，景洪不断拓展交通基础设施旅游服务功能。客运枢纽与旅游景区交通衔接畅通，精品自驾游线路基础设施不断完善，交通运输服务与旅游行业间信息共享，旅游客运企业规模化、集约化、公司化、网络化经营基本形成，水运邮轮旅游、旅游运输企业跨区域旅游包车经营不断拓展，"快进慢游"的便捷运输服务体系基本形成。2019年，旅客运输周转量312235万人千米。全年民航航班起降42766架次，比上年增长23.3%，日均起降117架次。接送旅客552.53万人次，比上年增长

24.3%,日均接送旅客15138人次①。

③管理媒介。近年来,景洪多点发力,制定全市文化和旅游政策措施和管理制度,并组织实施和监督检查;统筹规划文化事业、文化产业和旅游业发展,制定发展规划并组织实施,推进文化和旅游产业转型升级、融合发展,推进文化和旅游体制机制改革,协助推进"民族文化名州"和"世界旅游名城"的建设。同时,规范行业管理,促进旅游行业标准化建设,强化卫生整治,提升景区人居环境。全面实施"乡村文化带头人""文化旅游能人""三区文化人才"等人才支持工程,培养一批爱家乡、有专长的文化人才,做好非遗项目及代表性传承人普查和申报工作。继续推进边境小康村项目和文化中心项目建设,加强数字资源的开发工作,推进图书馆、文化馆智慧化服务建设,持续推进、完善、丰富、拓展线上服务,提升文化设施服务效能。在规范行业管理方面,进一步强化目标责任管理,与旅游企业签订安全生产、消防安全、节能减排、综治维稳等旅游行业综合目标责任书,加强对旅游企业行业标准化管理,有序推进旅游行业标准化建设。

(5)景洪旅游目的地形象外围因素。

①旅游信息化服务。该服务主要包括旅游电子政务和旅游信息服务两方面。景洪旅游电子政务相关网站主要包括西双版纳傣族自治州人民政府门户网站里的西双版纳旅游度假区管理委员会和西双版纳州文化和旅游局窗口(https://www.xsbn.gov.cn/lfw/lfw.dhtml)。西双版纳州文化和旅游局窗口设有文旅信息公开专栏,供游客了解州内包括景洪旅游在内的相关信息,新闻动态中也会推荐旅游目的地供游客参考。同时,景洪市文化和旅游局开通微信公众号和微博号,均可服务游客,宣传景洪旅游。公众号内设有12345政务热线和国务院督查链接,同时设有咨询电话,可供游客问询及投诉。另外,由中国共产党景洪市委员会宣传部开通的"景洪发布"微信公众号也有大量推广景洪旅游的攻略及文章可供游客参考。景洪旅游信息服务平台包括"景洪融媒"App、"西双版纳掌上文旅"微信公众号、"西双版纳旅游"微博号等,对于加强景洪旅游的宣传和推广起到促进作用。

②旅游厕所建设。为加快旅游要素服务质量全域化进程,近年来,景洪大力开展旅游厕所革命,完成了2015—2017年建设的旅游厕所收尾工作并投入使用,且实行免费对外开放,有效缓解了游客"如厕难"问题。截至2021

---

① 参考:《2019年景洪市基本概况》,https://www.jhs.gov.cn/226.news.detail.dhtml?news_id=88982。

年5月底,景洪建成A级旅游厕所93座,A级、非A级旅游景区全部消除旱厕,实现公共厕所100%免费开放,厕所供给能力进一步增强①。

③危机应对机制。2023年春节期间,以景洪城区为代表的住宿餐饮等服务产品涨出"天价"。有的日常一晚售卖100元至200元的饭店被抬高到1000元至2000元;从西双版纳嘎洒国际机场到景洪市嘎洒镇云投喜来登大酒店行程不到5千米的出租车、网约车要价80元一人;客人预订的酒店因价格较低被商家单方面取消订单,乘兴而至的游客被迫流落街头;价格居高的菜品不仅分量较少,还一席难求。面对突如其来的游客大军,节日期间出现了"行路难、停车难"问题,呈现了"一房难求、一车难寻、一车难停、一餐难挤"等现象。凡此种种,导致网络媒体上负面声音不断,给刚刚复苏的景洪旅游市场蒙尘。这些问题反映了部分商家趁过节坐地起价、不明码标价、"一锤子买卖"等不讲诚信的行为,以竭泽而渔、杀鸡取卵的方式牟取暴利,啃噬了景洪旅游业的良好形象。同时,也暴露了相关职能部门对旅游热潮和突发状况事前预判不足,准备不充分,管理处置不到位等问题。另外,随着旅游市场的火热,"商家隐性消费""'小蜜蜂兼职'App拉单"等旅拍乱象也随之暴露,旅拍投诉成为景洪消费者投诉的重点。

④旅游安全保障。为进一步规范旅游市场秩序,保护消费者合法权益,切实提升来访游客体验感、舒适度、满意度,依据《中华人民共和国旅游法》《中华人民共和国治安管理处罚法》《中华人民共和国价格法》《中华人民共和国反不正当竞争法》等法律法规,针对高发、频发的问题,精准打击严重影响游客体验的违法违规行为,从重从严处罚扰乱市场、欺诈消费行为,西双版纳州假日旅游协调领导小组办公室于2023年4月明确了"十个严禁"。2023年,景洪多部门联合制定并发布了《景洪市旅拍摄影行业管理办法(试行)》《景洪市关于促进旅拍行业规范管理的通告》《景洪市旅拍行业"红黑榜"管理办法(试行)》,为强化旅拍市场监管、整治"'小蜜蜂兼职'App拉单"等旅拍乱象立下规矩、提供依据。同时,成立旅游投诉中心。例如,2023年7月告庄西双景旅游投诉中心揭牌成立,这有助于健全旅游诉求办理机制,全面提升景区诉求办理质量。景洪告庄西双景旅游投诉中心的成立,标志着当地旅游纠纷解决化解新模式正式落地。下一步,相关部门将以此为抓手,不断提升旅游投诉处理效率,切实维护消费者和旅游经营者的合法权益,推动旅游业

---

① 参考:《西双版纳:四个增强,解决游客急难愁盼事》,https://www.xsbn.gov.cn/lfw/84137.news.detail.dhtml?news_id=2828021。

高质量发展。

**4. 景洪旅游目的地形象发展面临的挑战**

（1）旅游目的地老化与形象重塑并存。

作为云南较早开发旅游的地区之一，长期的旅游发展为景洪奠定了较为雄厚的产业基础，积累了较为丰富的经营和管理经验，但也出现旅游目的地老化现象，如部分景区老化，市场档次有待提升，接待设施老化，理念、技术落后，业内恶性竞争较为突出，各方利益冲突加剧，旅游服务质量下滑，行业管理亟待加强等。旅游目的地老化现象使景洪失去后发优势，为其旅游二次创业增加了成本和难度。在处理旅游目的地老化问题的同时，景洪面临旅游目的地新形象的树立和重新获得市场认可的问题。究其原因，在固有传统形象上和旅游者的认知中，景洪所处的西双版纳州首先被认为是旅游目的地而非旅游集散地；其次，西双版纳往往被旅游者自然归属为中国大陆旅游圈，其东南亚旅游圈和澜沧江—湄公河旅游区的定位被忽视，这些将为目的地重塑带来一定的制约。

（2）生态环境保护与开发的挑战。

生态环境是旅游发展的根本。景洪处在以"动物王国""植物王国"为承载的生态旅游区。热带雨林对整个亚洲气候的影响举足轻重，一旦受到破坏将很难恢复。一方面，在开发阶段，若是缺乏科学规划和合理评估，旅游资源的开发和旅游景区的建设可能会对生态环境造成破坏。另一方面，在旅游业发展过程中，管理制度不够完善、管理经验欠缺以及受经济利益驱动，旅游地的环境容量没有得到有效控制，导致超载，造成对景区生态环境的威胁。

（3）民族文化保护与开发的挑战。

"热带雨林""避寒胜地"体现了景洪美丽宜人的自然环境，"柔情傣乡""神秘风情""和谐家园"是景洪引人入胜的魅力所在。民族文化旅游开发促进民族文化复兴与传承的同时，也会促使民族文化发生变异，若是处理不当，甚至会造成对民族文化的破坏。主要表现在：一是民族文化旅游产品化过程中容易舞台化、商业化及庸俗化；二是受经济利益驱动，民族文化资源被过度利用，或遭建设性破坏、破坏性建设；三是民族文化受到一定的冲击，文化生态环境逐渐改变，传统文化氛围有待维护[①]。

---

[①]陈燕.景洪市旅游业发展 SWOT 分析[J].思茅师范高等专科学校学报,2011(2).

## 第三节 云南边境少数民族特色村寨旅游目的地形象传播现状分析——以新浪微博平台为例

为贯彻落实党的二十大精神,按照《"十四五"旅游业发展规划》和2023年全国文化和旅游厅局长会议部署,创新加强国内旅游宣传推广,进一步拓宽传播渠道、丰富宣传内容、创新传播方式,促进我国旅游市场恢复发展,满足人民群众美好旅游需求,文化和旅游部联合多家媒体平台、联动全国各地,共同开展"旅游中国·美好生活"国内旅游宣传推广活动。其中,抖音平台承办"跟着季节游中国"专项推广活动,微博平台承办"城市巡游记"专项推广活动,喜马拉雅平台承办"我的家乡有宝藏"专项推广活动。在当前全民参与的背景下,自媒体成为旅游目的地形象的重要传播渠道。对自媒体平台相关数据与实地调查结果的整合,有助于更加全面、客观地评价与分析云南边境少数民族特色村寨旅游目的地形象,也有助于更加准确地判断当前云南边境少数民族特色村寨旅游目的地存在的问题,从而有助于进一步提出云南边境少数民族特色村寨旅游目的地形象传播的对策和建议。

### 一、数据获取

本研究初步对比抖音、微博、喜马拉雅等平台的旅游数据,发现三个平台上的相关数据表现出以下特征:其一,抖音平台的数据主要以短视频和直播带货的方式呈现,基于现有技术提取和识别旅游相关信息的难度较大,难以获取有效数据;其二,喜马拉雅平台的数据主要以音频方式呈现,播客数量和条目内容非常少,其中与云南旅游相关的数据寥寥无几,且目前缺乏关于云南边境少数民族特色村寨的数据;其三,微博平台数据最多,与本研究相关的"旅游""边境旅游""云南旅游""云南边境少数民族特色村寨"数据内容非常多,且不同主题的数据结果呈现较大差异,便于进行对比分析。因此,本研究最终选定微博平台,以其为例,结合网络文本数据分析对意见领袖和赴云南省游客的微博内容进行了收集、分析和讨论。

本研究主要针对意见领袖和个人用户的微博内容进行分析,将微博"蓝

V""黄 V"等各级各类组织机构的账号、知名度较高的博主账号等归为意见领袖,不加 V 的普通用户归为个人用户。通过网络爬虫技术在微博网站分别以"旅游""边境旅游""云南旅游""云南边境少数民族特色村寨"关键词进行数据识别和抓取,数据获取时间范围限定为 2019 年 1 月 1 日—2023 年 12 月 15 日,共识别抓取超过 24 万名博主的近 45 万条微博内容。

## 二、数据分析

本研究基于网络爬虫技术获取到的数据较多,以下将从基础数据统计分析、对比分析和词频分析三个方面展开讨论。

### 1. 基础数据统计分析

基于"旅游""边境旅游""云南旅游""云南边境少数民族特色村寨"四个关键词的意见领袖和个人用户微博数据获取结果统计见表 7-2。

表 7-2 微博数据统计分析表(2019 年 1 月 1 日—2023 年 12 月 15 日)

| 主题 | | | 微博 | | | |
|---|---|---|---|---|---|---|
| | | | 数量 | 评论数量 | 点赞数量 | 转发数量 |
| 旅游 | 意见领袖 | 博主 | 11970 | 606797 | 43412369 | 14342819 |
| | | 条目 | 44442 | | | |
| | 个人用户 | 博主 | 188307 | 2439587 | 10433365 | 1938328 |
| | | 条目 | 268296 | | | |
| 边境旅游 | 意见领袖 | 博主 | 5675 | 113578 | 1155455 | 81162 |
| | | 条目 | 16800 | | | |
| | 个人用户 | 博主 | 9865 | 206003 | 982844 | 205730 |
| | | 条目 | 16838 | | | |
| 云南旅游 | 意见领袖 | 博主 | 2766 | 57280 | 265161 | 56937 |
| | | 条目 | 20492 | | | |
| | 个人用户 | 博主 | 23901 | 591246 | 2922538 | 713189 |
| | | 条目 | 77673 | | | |
| 云南边境少数民族特色村寨 | 意见领袖 | 博主 | 595 | 3041 | 7599 | 2345 |
| | | 条目 | 948 | | | |
| | 个人用户 | 博主 | 717 | 6505 | 33435 | 6464 |
| | | 条目 | 940 | | | |

续表

| 主题 | | | 微博 | | | |
|---|---|---|---|---|---|---|
| | | | 数量 | 评论数量 | 点赞数量 | 转发数量 |
| 总计 | 意见领袖 | 博主 | 21006 | 780696 | 44840584 | 14483263 |
| | | 条目 | 82682 | | | |
| | 个人用户 | 博主 | 222790 | 3243341 | 14372182 | 2863711 |
| | | 条目 | 363747 | | | |
| | | 博主 | 243796 | 4024037 | 59212766 | 17346974 |
| | | 条目 | 446429 | | | |

由表7-2可知,2019年1月1日至2023年12月15日,关于"旅游""边境旅游""云南旅游""云南边境少数民族特色村寨"四个主题的数据来自超过24万名博主的近45万条微博。共计点赞数量近6000万次,评论数量超过400万次,转发数量逾1700万次。

**2. 对比分析**

(1) 整体微博数量对比分析。

由图7-1、图7-2可知,针对本研究相关内容发布微博的意见领袖与个人用户在博主数量和发布微博的条目数量上存在较大差异。整体表现为以下三个方面:其一,意见领袖的博主数量占比仅8.62%,明显少于个人用户的博主数量;其二,意见领袖的微博条目数量占比仅18.52%,与个人用户的微博条目数量差距较大;其三,单从数量上看,意见领袖在微博上的参与度明显低于个人用户的参与度。

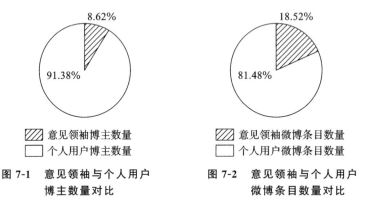

图7-1 意见领袖与个人用户博主数量对比    图7-2 意见领袖与个人用户微博条目数量对比

(2) 各主题微博数量对比分析。

由图7-3、图7-4可知,一方面,意见领袖发布微博数量最多的是关于"旅游"主题的,占比53.75%;其次是关于"云南旅游"主题和关于"边境旅游"主题的微博,分别占比24.78%和20.32%;关于"云南边境少数民族特色村寨"主题的微博非常少,占比仅1.15%。另一方面,个人用户发布微博数量最多的也是关于"旅游"主题的,占比73.76%;其次是关于"云南旅游"主题的微博,占比21.35%;关于"边境旅游"主题的微博占比4.63%;关于"云南边境少数民族特色村寨"主题的微博占比仅有0.26%。相比之下,在"旅游"主题上,个人用户表现出比意见领袖更高的关注度;在"边境旅游"主题上,意见领袖的关注度比个人用户明显高出很多;在"云南旅游"主题上,意见领袖与个人用户的关注度基本持平,都有较高的关注度;而在"云南边境少数民族特色村寨"主题上,意见领袖与个人用户的关注度都比较低,其中又以个人用户的关注度更低。

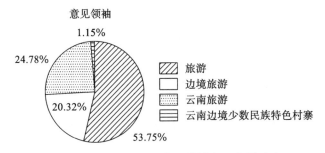

图7-3 意见领袖不同主题微博条目数量对比

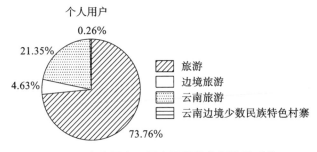

图7-4 个人用户不同主题微博条目数量对比

(3)整体微博传播影响力对比分析。

意见领袖与个人用户在相关研究主题上呈现出的巨大差异还表现在微博评论数量、微博点赞数量和微博转发数量方面,以上三个方面的差距共同体现了意见领袖与个人用户在微博平台上的传播影响力。就数量上的差距而言,意见领袖与个人用户在微博传播影响力方面呈现出一些新的特点。以下主要从整体微博数量、微博评论数量、微博点赞数量和微博转发数量,及其在"旅游""边境旅游""云南旅游""云南边境少数民族特色村寨"四个主题上的不同表现进行对比,分析意见领袖与个人用户在微博传播影响力方面的差异。

图7-5是意见领袖与个人用户微博传播影响力的对比。由图7-5可知,意见领袖发布的微博数量小于个人用户发布的微博数量,而意见领袖的微博评论数量也明显低于个人用户的微博评论数量;但意见领袖的微博点赞数量和微博转发数量均显著高于个人用户。这说明:其一,意见领袖发布微博频率相对个人用户较低;其二,可能由于意见领袖发布微博以客观描述性内容为主,而个人用户发布微博以主观评价为主,较容易引起讨论和争议,因此意见领袖微博评论数量较个人用户明显偏低;其三,可能由于意见领袖发布微博多以正面、带动性内容为主,而个人用户发布微博内容多带有个人主观色彩,不具有说服力,因此意见领袖微博点赞数量和微博转发数量较个人用户显著偏高。整体而言,意见领袖和个人用户的微博评论数量与其各自发布的微博数量成正比,但微博点赞数量和微博转发数量与其各自发布的微博数量成反比。意见领袖的微博参与频率较个人用户偏低,但可能因受众较多和发布内容相对客观的特点,其在微博的传播影响力较个人用户更胜一筹。

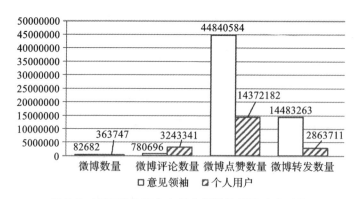

图7-5 意见领袖与个人用户微博传播影响力对比

图7-6是意见领袖关于"旅游""边境旅游""云南旅游""云南边境少数民族特色村寨"四个主题的微博传播影响力对比。由图7-6可知:其一,从微博数量上看,意见领袖发布的"旅游""边境旅游""云南旅游""云南边境少数民族特色村寨"四个主题微博的数量大致呈现由高到低的特征,但其中关于"云南旅游"的微博数量高于关于"边境旅游"的微博数量;其二,从微博评论数

量、微博点赞数量和微博转发数量上看,意见领袖发布的"旅游""边境旅游""云南旅游""云南边境少数民族特色村寨"四个主题微博的评论数量、点赞数量和转发数量整体呈现由高到低的特征;其三,意见领袖发布的关于"旅游"主题的微博数量和微博评论数量较"边境旅游""云南旅游""云南边境少数民族特色村寨"三个主题仅略偏高,但关于"旅游"主题的微博点赞数量和微博转发数量较"边境旅游""云南旅游""云南边境少数民族特色村寨"三个主题的数量优势较为明显。

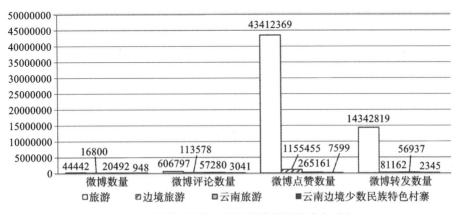

图 7-6 不同主题意见领袖微博传播影响力对比

图 7-7 是个人用户关于"旅游""边境旅游""云南旅游""云南边境少数民族特色村寨"四个主题的微博传播影响力对比。由图 7-7 可知:其一,从微博数量上看,个人用户发布的"旅游""边境旅游""云南旅游""云南边境少数民族特色村寨"四个主题微博的数量大致呈现由高到低的特征,但其中关于"云南旅游"的微博数量高于关于"边境旅游"的微博数量,这与意见领袖表现出的特点一致;其二,从微博评论数量、微博点赞数量和微博转发数量上看,个人用户发布的"旅游""边境旅游""云南旅游""云南边境少数民族特色村寨"四个主题的微博评论数量、微博点赞数量和微博转发数量大致呈现由高到低的特征,但其中关于"云南旅游"的微博评论数量、微博点赞数量和微博转发数量高于关于"边境旅游"的微博评论数量、微博点赞数量和微博转发数量,这与意见领袖表现出的特点截然相反;其三,单从数量上看,个人用户发布的关于"旅游"主题的微博数量、微博评论数量、微博点赞数量和微博转发数量最高,接着依次是"云南旅游""边境旅游"和"云南边境少数民族特色村寨"。相比之下,个人用户比意见领袖对"云南旅游"的关注度更高。

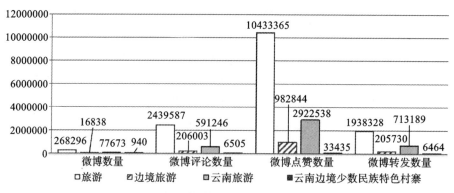

图 7-7 不同主题个人用户微博传播影响力对比

（4）各主题微博传播影响力对比分析。

图 7-8 是意见领袖和个人用户关于"旅游"主题微博传播影响力对比。由图 7-8 可知，意见领袖发布的关于"旅游"主题的微博数量和微博评论数量明显少于个人用户，但微博点赞数量和微博转发数量明显高于个人用户，与整体微博传播影响力的对比分析呈现出一致特征。

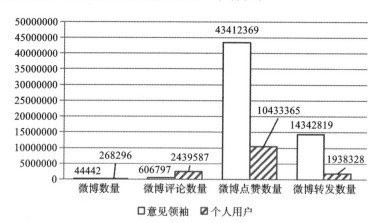

图 7-8 "旅游"主题微博传播影响力对比

图 7-9 是意见领袖和个人用户关于"边境旅游"主题微博传播影响力对比。由图 7-9 可知，意见领袖发布的关于"边境旅游"主题的微博数量与个人用户基本持平，与整体微博传播影响力的对比结果存在一定差异；意见领袖发布的关于"边境旅游"主题的微博评论数量略少于个人用户，微博点赞数量略高于个人用户，与整体微博传播影响力的对比结果类似；但微博转发数量明显低于个人用户，与整体微博传播影响力的对比结果存在较大差异。

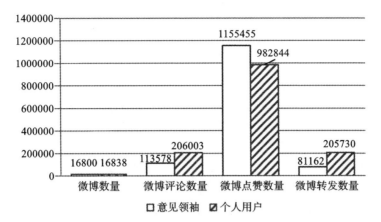

图 7-9 "边境旅游"主题微博传播影响力对比

图 7-10 是意见领袖和个人用户关于"云南旅游"主题微博传播影响力对比。由图 7-10 可知,意见领袖发布的关于"云南旅游"主题的微博数量和微博评论数量明显少于个人用户,与整体微博传播影响力的对比结果一致;意见领袖发布的关于"云南旅游"主题的微博点赞数量和微博转发数量明显低于个人用户,与整体微博传播影响力的对比结果存在较大差异。

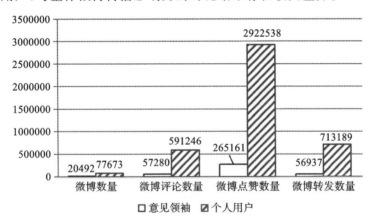

图 7-10 "云南旅游"主题微博传播影响力对比

图 7-11 是意见领袖和个人用户关于"云南边境少数民族特色村寨"主题微博传播影响力对比。由图 7-11 可知,意见领袖发布的关于"云南边境少数民族特色村寨"主题的微博数量与个人用户基本持平,与整体微博传播影响力的对比结果存在一定差异;意见领袖发布的关于"云南边境少数民族特色村寨"主题的微博评论数量明显少于个人用户,与整体微博传播影响力的对比结果一致;但意见领袖发布的关于"云南边境少数民族特色村寨"主题的微博点赞数量和微博转发数量也明显低于个人用户,与整体微博传播影响力的

对比结果存在较大差异。

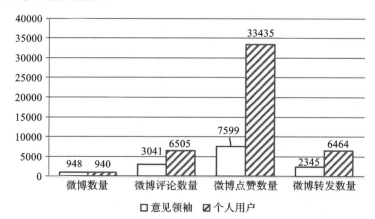

图 7-11 "云南边境少数民族特色村寨"主题微博传播影响力对比

从以上四个主题的微博传播影响力对比分析可知,意见领袖和个人用户只有在关于"旅游"主题的微博传播影响力上表现出与整体微博传播影响力一致的特征,而在"边境旅游""云南旅游"和"云南边境少数民族特色村寨"三个主题上均与整体微博传播影响力特征存在差异,其中以"云南旅游"和"云南边境少数民族特色村寨"两个主题的微博传播影响力特征与整体微博传播影响力特征的差异较大。

### 3. 词频分析

本研究基于爬虫数据技术在微博平台提取意见领袖与个人用户关于"旅游""边境旅游""云南旅游"和"云南边境少数民族特色村寨"四个主题的微博内容,同时将时间限制为 2019 年 1 月 1 日至 2023 年 12 月 15 日,对来自超过 24 万名博主的近 45 万条微博进行筛选,将筛选后的文本数据作为云南边境少数民族特色村寨旅游目的地形象传播的基础文本数据,并进行进一步分析。

在获取到相关数据之后,本研究运用内容挖掘系统 ROSTCM6.0 软件对微博文本内容进行词频分析和质性归纳。从词频分析表中,可以直接、明确地了解相关微博内容关键词及相关关键词出现的频次。针对微博文本内容,进行概括性描述统计分析,并对文本内容进行总结和归纳。

本研究在微博原始数据词频分析的基础上进行了调整,将与旅游目的地形象相关性不高的词汇予以剔除后最终形成各主题微博文本内容词频分析结果。表 7-3 列举了各主题排名靠前的微博文本词频分析结果。未能归入相关类别的词语较多,此处不再一一列举。这些词多为动词或形容词,对分析旅游目的地形象的参考价值不大。

表 7-3  各主题微博文本词频 (Top 30) 分析

| 旅游 | | 边境旅游 | | 云南旅游 | | 云南边境少数民族特色村寨 | |
|---|---|---|---|---|---|---|---|
| 关键词 | 频次 | 关键词 | 频次 | 关键词 | 频次 | 关键词 | 频次 |
| 旅游 | 385823 | 旅游 | 75874 | 丽江 | 90650 | 发展 | 2118 |
| 旅行 | 62169 | 发展 | 29434 | 攻略 | 83172 | 民族村 | 1848 |
| 文化 | 59203 | 文化 | 19801 | 大理 | 53488 | 云南省 | 1810 |
| 视频 | 56493 | 健康 | 12622 | 微博 | 23476 | 文化 | 1787 |
| 微博 | 52866 | 景区 | 12167 | 视频 | 23258 | 工作 | 1646 |
| 中国 | 42593 | 经济 | 12145 | 泸沽湖 | 22453 | 特色 | 1418 |
| 攻略 | 40100 | 风险 | 11901 | 昆明 | 22225 | 乡村 | 1071 |
| 景区 | 31732 | 美国 | 11890 | 古城 | 21229 | 脱贫 | 1066 |
| 发展 | 30444 | 安全 | 10064 | 洱海 | 18932 | 进步 | 1042 |
| 工作 | 29982 | 云南 | 9488 | 保山 | 18000 | 生活 | 848 |
| 生活 | 29947 | 视频 | 8238 | 香格里拉 | 16484 | 美丽 | 752 |
| 青海 | 27380 | 酒店 | 8204 | 行程 | 14682 | 土豆 | 709 |
| 喜欢 | 26485 | 重要 | 7841 | 旅拍 | 14060 | 活动 | 699 |
| 活动 | 24222 | 俄罗斯 | 7362 | 豆花 | 13799 | 村民 | 674 |
| 出去 | 23673 | 项目 | 7146 | 民宿 | 12422 | 昆明 | 662 |
| 游客 | 23241 | 乡村 | 7061 | 玉龙雪山 | 11636 | 传统 | 637 |
| 地方 | 22995 | 新疆 | 6500 | 文化 | 10659 | 推进 | 631 |
| 城市 | 22972 | 地方 | 6423 | 客栈 | 10227 | 农民 | 630 |
| 朋友 | 22905 | 微博 | 6344 | 景点 | 9512 | 视频 | 629 |
| 时间 | 22221 | 机制 | 6214 | 拉市海 | 9141 | 产业 | 624 |
| 酒店 | 22212 | 草原 | 6156 | 古镇 | 8834 | 教育 | 623 |
| 代言人 | 22096 | 民族 | 5746 | 自由 | 6849 | 示范 | 587 |
| 美食 | 20844 | 泰国 | 5681 | 美食 | 6838 | 滇池 | 574 |
| 乡村 | 19845 | 市场 | 5652 | 拍照 | 6420 | 生态 | 528 |
| 音乐 | 15951 | 缅甸 | 5634 | 景区 | 6332 | 民族风情 | 508 |
| 服务 | 12390 | 签证 | 5084 | 摄影 | 6265 | 美食 | 497 |
| 风景 | 11600 | 特色 | 4907 | 酒店 | 6252 | 彝族 | 487 |
| 市场 | 10904 | 跨境 | 4865 | 西双版纳 | 6056 | 保护 | 484 |
| 假期 | 10508 | 资源 | 4834 | 风景 | 5774 | 历史 | 443 |

续表

| 旅游 | | 边境旅游 | | 云南旅游 | | 云南边境少数民族特色村寨 | |
|---|---|---|---|---|---|---|---|
| 关键词 | 频次 | 关键词 | 频次 | 关键词 | 频次 | 关键词 | 频次 |
| 感受 | 10079 | 旅行社 | 4652 | 喜欢 | 5268 | 民俗文化 | 433 |

基于各主题微博文本内容词频分析结果,本研究从主要关注点、旅游目的地、旅游吸引物和情感评价四个方面对意见领袖和个人用户发布的微博文本进行梳理。因相关词汇较多,此处选择以上四个方面的高频词录入表7-4。其他省略词汇不再一一列举。

表7-4 各主题微博文本高频(Top 10)关键词分类统计

| 主题 | 微博数量 | 高频关键词(按频次由高到低排序) | | | |
|---|---|---|---|---|---|
| | | 主要关注点 | 旅游目的地 | 旅游吸引物 | 情感评价 |
| 旅游 | 312738 | 文化、视频、微博、攻略、景区、工作、生活、活动、游客、城市 | 青海、重庆、北京、西安、敦煌、成都、上海、新疆、日本、厦门 | 文化、景区、城市、酒店、美食、乡村、音乐、服务、风景、摄影 | 喜欢、希望、推荐、开心、美好、自由、快乐、健康、安全、分享 |
| 边境旅游 | 33638 | 城市、发展、工作、文化、景区、经济、安全、酒店、项目、管理 | 美国、云南、俄罗斯、新疆、泰国、缅甸、呼伦贝尔、西藏、漠河、广西 | 文化、景区、视频、酒店、乡村、草原、生态、阿尔山、签证、旅行社 | 落实、加强、要求、推进、严格、重要、恢复、风险、需要、振兴 |
| 云南旅游 | 98165 | 目的地、攻略、微博、视频、旅拍、文化、住宿、拍照、景区、文旅 | 丽江、大理、昆明、洱海、保山、香格里拉、西双版纳、腾冲、建水、红河 | 城市、古城、古镇、旅拍、豆花、生活、美食、景区、风景、古道 | 推荐、自由、喜欢、分享、美好、体验、美丽、最美、浪漫、治愈 |
| 云南边境少数民族特色村寨 | 1888 | 发展、文化、民族团结、特色、脱贫、传统、农民、视频、产业、教育 | 昆明、西双版纳、腾冲、普洱、临沧、大理、丽江、保山、怒江、勐海 | 民族村、文化、土豆、视频、景点、生态、民族风情、美食、民俗文化、语言 | 美丽、独特、振兴、保护、流连忘返、秀丽、如痴如醉、幸福、提升、积极 |

由表 7-3、表 7-4 可知,"旅游"主题下的微博文本内容主要聚焦于文化、旅游攻略等,以正面、积极的情感评价为主;"边境旅游"主题下的微博文本内容主要聚焦于安全保障、健康管理和文化建设等,以客观、严肃的情感评价为主;"云南旅游"主题下的微博文本内容主要聚焦于旅游目的地、旅游攻略和旅拍等,以正面、积极的情感评价为主;"云南边境少数民族特色村寨"主题下的微博文本内容主要聚焦于地区发展、民族团结和脱贫扶贫等,兼具正面、积极和客观、严肃的情感评价。

### 三、结果与讨论

**1. 相关微博条目内容众多**

整体看来,2019 年 1 月 1 日至 2023 年 12 月 15 日,意见领袖和个人用户发布的关于"旅游""边境旅游""云南旅游""云南边境少数民族特色村寨"四个主题的微博条目较多,共有来自超过 24 万名博主的近 45 万条微博。

**2. 意见领袖与个人用户微博数量存在较大差异**

一方面,针对"旅游""边境旅游""云南旅游""云南边境少数民族特色村寨"四个主题发布微博的意见领袖与个人用户在博主数量和发布微博的条目数量上存在较大差异。整体表现为以下三个方面:其一,意见领袖的博主数量明显少于个人用户的博主数量;其二,意见领袖的微博条目数量与个人用户的微博条目数量差距较大;其三,单从数量上看,意见领袖在微博上的参与度明显低于个人用户参与度。

另一方面,意见领袖与个人用户在"旅游""边境旅游""云南旅游""云南边境少数民族特色村寨"四个主题发布的微博数量存在较大差异。相比之下,在"旅游"主题上,个人用户表现出比意见领袖更高的关注度;在"边境旅游"主题上,意见领袖的关注度比个人用户明显高出很多;在"云南旅游"上,意见领袖与个人用户的关注度基本持平,都有较高的关注度;在"云南边境少数民族特色村寨"主题上,意见领袖与个人用户的关注度都比较低,其中又以个人用户的关注度更低。

**3. 整体微博传播影响力巨大**

整体看来,2019 年 1 月 1 日至 2023 年 12 月 15 日,意见领袖和个人用户发布的关于"旅游""边境旅游""云南旅游""云南边境少数民族特色村寨"四个主题的微博共计点赞数量近 6000 万次,评论数量超过 400 万次,转发数量逾 1700 万次。

#### 4. 意见领袖与个人用户的微博传播影响力存在较大差异

一方面,意见领袖和个人用户的微博评论数量与其各自发布的微博数量成正比,但微博点赞数量和微博转发数量与其各自发布的微博数量成反比。意见领袖的微博参与频率较个人用户偏低,但可能因受众较多和发布内容相对客观的特点,意见领袖在微博的传播影响力较个人用户更胜一筹。

另一方面,针对"旅游""边境旅游""云南旅游""云南边境少数民族特色村寨"四个主题发布微博的意见领袖和个人用户只有在关于"旅游"主题的微博传播影响力上表现出与整体微博传播影响力一致的特征,而在"边境旅游""云南旅游"和"云南边境少数民族特色村寨"三个主题上均与整体微博传播影响力特征存在差异,其中又以"云南旅游"和"云南边境少数民族特色村寨"两个主题的微博传播影响力特征与整体微博传播影响力特征的差异较大。

#### 5. 不同主题的微博内容关注点差异显著

从前文对意见领袖和个人用户发布的"旅游""边境旅游""云南旅游""云南边境少数民族特色村寨"四个主题的微博内容进行词频分析和语义分析可知,"旅游"主题下的微博文本内容主要聚焦于文化、旅游攻略等,以正面积极的情感评价为主;"边境旅游"主题下的微博文本内容主要聚焦于安全保障、健康管理和文化建设等,以客观严肃的情感评价为主;"云南旅游"主题下的微博文本内容主要聚焦于旅游目的地、旅游攻略和旅拍等,以正面积极的情感评价为主;"云南边境少数民族特色村寨"主题下的微博文本内容主要聚焦于地区发展、民族团结和脱贫扶贫等,兼具正面积极和客观严肃的情感评价。

#### 6. 主要结论与讨论

综上所述,可得出以下结论。

其一,近五年数据表明,基于现有的移动互联网和信息技术,无论是意见领袖,还是个人用户,都可以相对便捷地发布大量关于旅游目的地形象的信息和数据。旅游目的地形象传播路径众多且快速有效,应适当加以引导,使自媒体平台成为助力旅游目的地形象传播和提升的重要途径。

其二,总体而言,意见领袖的信息发布频率远低于个人用户的信息发布频率,但意见领袖的传播影响力远高于个人用户的传播影响力。因此,应当合理利用意见领袖的传播影响力,适当提高意见领袖关于旅游目的地形象的内容传播频率,使其成为传播和提升旅游目的地形象的有力抓手。

其三,大众比之前更关注健康、安全、休闲等主题内容,但旅游目的地本身及其相关信息仍然是传播的核心内容,所有关注文化、攻略、视频、旅拍的内容,其本质仍然是讨论旅游目的地产业发展、地区发展和形象传播。因此,要想提升旅游目的地形象的传播效率,其本质在于提高旅游目的地本身的旅游吸引力和旅游服务质量,提升游客满意度,反哺旅游目的地形象传播。

其四,相关微博内容显示大众的关注点呈现出一些全新的变化,除了原本的文化和旅游相关内容,还涵盖了视频、旅拍等内容,这些内容已经超出了传统旅游本身的含义范畴,反映出时代发展对旅游目的地形象传播提出的新要求。旅游目的地形象的传播要聚焦其本身,但同时也要重点关注传播方式和传播效率。

其五,云南旅游是大众关注的焦点之一,且以正面形象的情感评价居多,得到意见领袖和个人用户的认可,但云南边境少数民族特色村寨并没有因此而得到较多关注,传播内容主要局限于其地区内部建设与发展。其原因之一是云南边境少数民族特色村寨地处我国西南边境,肩负国家边境安全重担,需要关注的民生问题众多,在旅游目的地形象塑造与传播方面难免出现短板;原因之二是云南边境少数民族特色村寨虽为国家命名,但其本身作为旅游目的地的知名度还不够,需要进一步提升;原因之三是云南边境少数民族特色村寨在自媒体平台上的宣传推广力度微弱,亟待进一步加强。

## 第四节 云南边境少数民族特色村寨旅游目的地形象传播现存问题

### 一、旅游产业基础薄弱

**1. 产业链构建不完善**

目前,云南边境少数民族特色村寨在旅游资源开发、保护上成绩斐然,也创建了一部分知名度较高的景区,但是剩余的大量景区仍处于较为初级的开发阶段,相应附加产业、配套设施建设还不够完善,融合效果不佳,未能在区域内形成集群效应。此外,与旅游相关的产业业态相对陈旧,传统项目较多,新业态较少,产业链条偏短,在娱乐项目、休闲项目、购物项目上的开发力度不足。

**2. 特色重点项目欠缺**

截至 2020 年 1 月底,云南边境少数民族特色村寨共有 85 个,目前围绕乡村旅游打造了多个特色旅游村和乡村旅游精品线路,文化和旅游融合发展已经开始起步。但从目前的发展情况来看,云南边境少数民族特色村寨现有的旅游景区普遍存在体量较小、业态不全、品质不高等现实问题,缺乏一批特色鲜明、专业化程度高、竞争优势强的重点项目,导致文旅发展速度不快、档次不高。

## 二、地方文化发掘不足

### 1. 文化资源利用程度不高

从整体上来看,云南边境目前仍处于以依托优越的自然资源为主的旅游发展阶段。在旅游目的地形象塑造中,发掘地方文化是非常必要的一步。云南边境少数民族特色村寨除了拥有自然资源,还拥有民族文化、居住文化、服饰文化、饮食文化、礼仪风俗、音乐舞蹈、节庆文化等多种类型的民俗文化资源,云南边境少数民族特色村寨可以通过挖掘这些文化要素,并将其深入地运用到旅游发展中,形成独特的、区别于云南省其他旅游目的地的文化形象。

### 2. 文化元素融合效果欠佳

目前在云南边境少数民族特色村寨旅游品牌形象的创建过程中,文化元素与旅游资源的融合效果欠佳。云南边境少数民族特色村寨的特色民族文化已经具备走向市场的基础和条件,但是,相应的文化产业体系尚未构建,民族文化的经济效应难以得到有效发挥,文旅融合发展未能形成组合拳。应该在开发多功能和多主题的旅游资源上下功夫,并且积极融合地方人文景观、民俗文化,体现出云南边境少数民族特色村寨的人文特色和内涵,从而提高云南边境少数民族特色村寨旅游品牌的吸引力和竞争力。

## 三、旅游危机事件频发

### 1. 自然危机事件较多

云南边境大部分少数民族特色村寨地形崎岖,气候变幻莫测。雨季时,山洪、泥石流、滑坡等自然灾害频发;到了冬季,独龙江区域常因大雪而封山。此外,野生动物出没、高原反应、路况复杂等均为云南边境少数民族特色村寨发展旅游的重要考虑因素,这些因素共同构成了云南边境少数民族特色村寨旅游目的地形象的高频关键信息。云南边境少数民族特色村寨独特的神秘魅力吸引着众多游客。然而,地理位置的特殊性使得游客在探访过程中可能会发生安全事故,因此相关部门需要对此高度重视。如果不加以重视,相关负面新闻的无限扩散与游客的理解偏差可能会对云南边境少数民族特色村寨的旅游目的地形象造成不良影响,因此,此类标签是一把"双刃剑"。一方面,它可以提升云南边境少数民族特色村寨生态境地的旅游目的地形象,为云南边境少数民族特色村寨增添神秘色彩；另一方面，如果不加节制地使用自然资源，也可能增加危险要素，不利于提升云南边境少数民族特色村寨旅游目的地的吸引力。

**2. 在线旅游舆情危机不断**

一方面，旅游业的发展离不开地方民众的支持和协作。尽管云南省在全域旅游方面做出了积极的努力，但仍然存在一些问题。例如，"黑导""黑社""黑车"等不法现象时有发生，这给旅游市场带来了一定的负面影响。同时，部分旅游景区的酒店、饭店和购物场所也存在未明码标价，标价信息不全，随意涨价以及欺客、宰客等不良经营行为。另一方面，茶旅、咖旅深度融合后，精致咖啡庄园和茶庄及相关的研学旅游产品相继出现。但当前这类旅游活动的相关政策法规尚不健全，市场上应运而生的各类套餐繁杂，质量参差不齐，且价格普遍偏高。这些问题严重损害了游客的合法权益，引发线上广大民众的热切关注和热烈讨论，负面评价层出不穷，影响了云南边境少数民族特色村寨旅游目的地的形象和声誉。

## 四、自媒体运营效率低下

**1. 自媒体整体运营滞后**

全民媒体时代的大背景下，自媒体的运营成为提升旅游目的地形象的重要手段。近年来，互联网对于云南旅游市场规范性的讨论热度一直比较高，广大网友对云南旅游消费市场的乱象也心存顾虑，这对云南边境少数民族特色村寨旅游业的发展形成了一定冲击。自媒体矩阵包括微信公众号、抖音号、微博号等，通过对相关自媒体平台的数据进行分析，可以发现云南边境少数民族特色村寨在自媒体运营方面整体较为滞后，存在诸多问题，如信息数据较少、内容质量不高、浏览量较低、话题热度不足等。总的来说，云南边境少数民族特色村寨的自媒体运营整体效果欠佳，存在较大提升空间。

**2. 自媒体平台官方主导不足**

通过对包括微信公众号、抖音号、微博号、喜马拉雅博主号等自媒体平台账号的数据抓取和分析，可以发现云南边境少数民族特色村寨的意见领袖数量极少，个人用户的关注度也相对低下，在浏览量、点赞数量、评论数量和转发数量等方面存在明显不足，并且尚未建立起完善的自媒体矩阵。目前使用较多的方式是通过微信公众号这个单一平台进行传播，其传播能力有限，未能充分发挥自媒体平台上意见领袖的主导作用。

### 五、旅游目的地形象模糊

**1. 旅游目的地形象尚不明确**

"十三五"期间,云南边境少数民族特色村寨的文化和旅游产业发展较为迅速,非遗名录不断扩大,文物保护更加有效,乡村旅游逐渐兴起。但是从总体上来看,各边境州市、县域、乡镇及景区仍处于独立发展的态势之中,未能形成具有优势的云南边境少数民族特色村寨文旅产业集群,缺乏统一的品牌形象与功能定位,导致发展定位不清、发展方向不明、知名度不高,因此,云南边境少数民族特色村寨旅游目的地形象比较模糊,缺乏认知度。在未来文旅产业发展进程中,明确旅游目的地形象、提取关键元素,并提升云南边境少数民族特色村寨本身的认知度至关重要。

**2. 个性化旅游需求针对不足**

虽然云南边境少数民族特色村寨的旅游发展收获了一系列颇为亮眼的成果,但是随着新生代青年人逐渐成为旅游消费的主力军,旅游目的地形象构建和传播过程中目标客群的多元化、产业链条布局的针对性、直戳新生代年轻消费群体需求"痛点"的旅游模式开发等都需要进一步强化,文旅产业的布局和转型仍然有较大的上升空间。

## 第五节  云南边境少数民族特色村寨旅游目的地形象传播对策

目前,云南省旅游产业正处于文化和旅游强省建设以及产业转型升级的关键时期。双重特殊时期给云南省文旅产业发展和旅游目的地形象的传播带来巨大的压力,也为云南边境少数民族特色村寨旅游目的地形象的传播实践带来了更多的困难。基于前文对云南边境少数民族特色村寨旅游目的地形象的实地调研与自媒体数据结果分析,本研究提出着重改善云南边境少数民族特色村寨旅游目的地形象的主要影响因素来形成传播机制,提高云南边境少数民族特色村寨旅游目的地形象传播效率。

### 一、加快文旅产业建设,加强传播主体参与

**1. 以加强旅游经营者的参与为核心**

旅游经营者是旅游市场上提供旅游产品和服务的核心主体。2016 年 12

月,随着沪昆高铁、南昆客专开通运营,云南交通体系中的高铁运输实现了零的突破,大大提高了云南边境少数民族特色村寨旅游目的地的可进入性和交通便捷性。云南接入全国高铁网,迈入高铁时代。2021年12月,中老铁路开通运营,使得云南从全国铁路网的边陲末梢走向开放前沿。此外,2022年,云南省新谋划重大文旅项目603个,集中开工重大文旅项目402个,总投资1922亿元;完成旅游固定资产投资1053.2亿元,同比增长52.9%,增速居全国第1位,旅游业首次成为云南省五大投资支柱行业之一①。截至2023年末,全省铁路运营里程达5222公里,14个州(市)通铁路并实现动车覆盖,铁路干线"大动脉"支撑基本形成。2025年2月的相关统计数据显示,云南省已建成运营15个民航运输机场,数量位居全国第4位,机场密度远高于全国平均水平。全省各机场开通航线数量高峰时达666条,基本实现南亚东南亚国家首都和重要旅游城市航线全覆盖。时至今日,云南省已经基本形成集交通、旅游、购物于一体的综合性旅游目的地的完整产业体系,因此,有效提高了各类旅游企业经营者的参与度,对传播云南边境少数民族特色村寨旅游目的地形象具有重要意义。

**2. 以加强旅游从业人员的参与为重点**

自发展旅游业以来,云南省的旅游从业人员数量就一直居高不下。长期以来,云南省针对旅游企业和旅游从业人员展开了一系列"打非治违"和打击强迫及变相强迫消费等专项行动,在提高旅游从业人员的稳定性和专业化素质方面效果显著。

多年来,旅游从业人员为促进云南省旅游业的发展发挥着重要作用,是云南省旅游目的地形象传播的生力军。然而,专业素质及行业制度的要求与旅游从业人员自身发展需求之间存在的较大矛盾,使得云南省旅游从业人员提供低质旅游服务的问题尚未得到妥善解决。基于此,旅游从业人员是传播云南省旅游目的地形象的重要主体。

**3. 以加强旅游组织的参与为依据**

云南省旅游行政组织主要包括以云南省文化和旅游厅为主的各州市相关政府部门;旅游行业组织涵盖旅游行业协会、饭店行业协会、星级饭店行业协会等;旅游教育与学术组织主要包括开设旅游管理、酒店管理等专业的各大高校。相关旅游组织在云南省旅游目的地建设过程中发挥着举足轻重的

---

① 参考:《云南省去年旅游固定资产投资增速全国第一》,https://dct.yn.gov.cn/html/2303/24_28560.shtml。

作用,是传播云南省旅游目的地形象的重要主体。

**4. 以加强旅游目的地居民的参与为抓手**

云南省是我国民族种类最多的省份,除了汉族,人口在6000人以上的世居少数民族有25个,少数民族总人数超过千万。云南边境少数民族特色村寨旅游目的地的开发属于典型的少数民族地区旅游开发,在促进社区参与、合理分配社区利益等工作上需要多方面的考量和投入。因此,要提高旅游目的地居民的主人翁意识,充分调动旅游目的地居民参与旅游目的地形象传播,有效促进云南边境少数民族特色村寨旅游目的地形象的传播。

**5. 以积极动员旅游者的参与为支撑**

省外旅游者是云南省最主要的旅游者客源,其他亚洲国家和地区是云南省的重要海外客源市场,邻近客源国和地区相似的文化背景是云南省旅游目的地吸引旅游者的阻力;而由于地理位置限制和旅游目的地形象的影响力较弱,云南省旅游目的地目前对欧美市场的吸引力还相对较小,需要进一步加强。随着旅游者数量的不断增长,旅游市场的投诉事件小有增加。旅游者对旅游目的地进行投诉、意见反馈和共同监督,是云南边境少数民族特色村寨进行旅游目的地形象传播的重要环节。

## 二、深入挖掘文化特色,充分满足市场需求

**1. 旅游市场需求细分化**

传播旅游目的地形象,必须切实把握旅游市场的需求变化,根据不断变化、多元化的旅游市场需求,打造差异化旅游目的地形象。云南边境少数民族特色村寨旅游资源丰富,旅游产品形式多样,能够满足海内外旅游者的多种需求,但是正因为云南边境少数民族特色村寨可供选择的旅游产品过多,云南边境少数民族特色村寨旅游目的地形象难以明确。因此,云南边境少数民族特色村寨旅游目的地形象的塑造必须基于自身旅游资源基础,结合旅游市场需求,重点树立品牌,打造顺应旅游市场发展趋势的旅游目的地形象。

**2. 旅游目的地形象独特化**

针对云南边境少数民族特色村寨旅游资源丰富、旅游产品种类齐全的特点,云南边境少数民族特色村寨旅游目的地形象的传播必须深度挖掘旅游资源特色,树立鲜明的旅游品牌形象。其一,要充分了解同类旅游资源的空间分布特点,使云南边境少数民族特色村寨旅游目的地形象形成规模效应;其二,要深入分析旅游资源、产品的时间分布规律,把握云南边境少数民族特色

村寨旅游目的地形象传播的时间节点；其三，要灵活依据旅游目的地资源及产品的不同种类，丰富云南边境少数民族特色村寨旅游目的地形象的层次和类型。云南边境少数民族特色村寨旅游目的地形象的树立要突出旅游目的地的主要优势，而不是简单地对资源进行归纳和总结。云南边境少数民族特色村寨旅游目的地具有多种优势旅游资源，要突出宣传区别于其他旅游目的地的特点，形成旅游目的地差异化竞争力。

### 三、加强旅游市场管理，降低旅游危机风险

**1. 规范市场秩序**

旅游产业已经成为云南省的支柱产业，对带动云南省各方面的发展发挥着至关重要的作用。然而，近年来旅游市场上出现的一些负面舆情，对云南边境少数民族特色村寨旅游目的地形象的树立和推广产生了较为恶劣的影响，不利于云南边境少数民族特色村寨旅游目的地及旅游经济的可持续发展。针对云南省旅游市场中出现的以低劣手段及"潜规则"等方式影响旅游者利益等现象，要想长期维护云南边境少数民族特色村寨旅游目的地的美好形象，就必须严厉打击行业、市场的各种不良行为，努力规范旅游市场秩序。

**2. 落实旅游政策**

当前，云南省乃至全国范围内的旅游产业都处于转型升级的关键时期，文化和旅游部出台了一系列有利于旅游目的地发展的相关政策。2017年以来，云南省强力整治"不合理低价游"、推行"游购分离"等措施。一方面，相关政策的出台和实施斩断了旅游产业的灰色利益链条，人力、物力及资本等是云南省旅游产业转型升级的重要基础资源；另一方面，旅游市场秩序得到整治之后，旅游目的地形象的推广、旅游市场需求的细分、旅游数字化服务的升级、全域旅游的推进等一系列工作也要逐步跟上。

**3. 改善危机应对**

旅游目的地形象危机的出现往往都具有偶然性和突发性，因此通常难以精准预防和避免，因此，在旅游目的地形象危机产生之后，及时、有效地对旅游目的地形象危机进行妥善处理，最大限度地减少因旅游目的地形象危机事件带来的破坏，显得尤为重要。旅游目的地形象危机的发生，能够凸显旅游目的地政府及相关部门在旅游目的地形象传播过程中存在的问题，如传播体制不健全、不协调，传播效率低下等，这是对现有旅游目的地形象传播模式的挑战和检验，有利于旅游目的地形象危机传播机制的完善和健全。应制定并

实施合理的旅游目的地形象传播机制,并将旅游目的地形象危机加以分解,从而形成针对旅游目的地各利益相关主体的具体战略或对策,通过统一的应急指挥和协调传播,分阶段、有步骤地应对和处理旅游目的地形象危机。合理地传播资源配置、及时应对并处理旅游目的地形象危机,从而尽可能降低甚至消除旅游目的地形象危机事件给各方面带来的不良影响和损害,能够直接体现旅游目的地政府及相关传播部门处理突发事件的能力,对传播云南边境少数民族特色村寨旅游目的地形象产生重要正面意义。

## 四、优化传播队伍结构,完善形象传播机制

### 1. 加强主体合作

旅游目的地形象传播需要旅游目的地各利益相关主体的协作。云南边境少数民族特色村寨是典型的少数民族地区旅游目的地,以社区居民参与为主、以政府指导为辅,与旅游经营者具体操作相结合的模式是进行少数民族地区旅游开发的较好模式。旅游目的地政府应从资金和政策两方面入手,设立少数民族地区旅游开发和建设基金,引导旅游目的地做好旅游接待中心建设,尊重并灵活应用旅游目的地居民的风俗民情和宗教文化,合理配置资源,努力实现旅游利益分配的相对公平。要完善云南省旅游目的地形象传播机制,塑造、推广特色鲜明的旅游目的地形象以迎合旅游市场日益变化的需求,并通过市场反馈和形象修正来维护云南边境少数民族特色村寨良好的旅游目的地形象。

### 2. 优化人才队伍

旅游行业的人才队伍肩负着云南边境少数民族特色村寨旅游服务与接待等活动及旅游目的地形象传播相关工作的重任。云南边境少数民族特色村寨旅游目的地形象传播要求培育专业化、高素质的复合型人才队伍来满足旅游市场日益多元化的各种需求。一方面,要培养复合型人才。旅游目的地政府应制定并实施培养、引进人才,以及鼓励人才的相关政策,为解决目前高素质从业人才队伍相对缺乏的问题提供制度保障。另一方面,要设立专业化、高素质的复合型人才培养的专项资金。旅游目的地政府应加大人才培养资金的投入及人才奖励资金的设立,培养专业化、高素质的从业人员队伍,激励现有人才做出更大的贡献。

### 3. 弥补发展短板

就目前情况来看,云南边境少数民族特色村寨旅游目的地存在的主要问

题在于基础设施建设相对落后、旅游行业规范与传播体制不够健全以及旅游智能化服务相对欠缺。针对上述问题，一方面，应深入挖掘云南省旅游目的地资源特色与文化内涵，提升云南边境少数民族特色村寨旅游产品质量，丰富云南边境少数民族特色村寨旅游目的地产品体系。另一方面，针对基础设施建设相对落后的情况，既要加强云南边境少数民族特色村寨基础设施建设的政策保障和资金投入，又要使用先进高新技术来克服云南边境少数民族特色村寨本身不利于开发的地形限制困难。此外，针对旅游目的地智能化旅游服务相对落后的现状，应顺应国家促进大数据产业发展的潮流，加快云南边境少数民族特色村寨旅游目的地信息化建设，运用信息化技术和手段提供旅游服务，传播旅游目的地形象。

**4. 合理利用媒介推广**

一方面，应制定并发布一系列专项政策，引领和规范产业发展。一是对边境少数民族特色村寨旅游资源进行全面普查和分类，建立边境少数民族特色村寨旅游目的地形象传播信息数据库；二是构建边境少数民族特色村寨旅游目的地形象传播基础设施体系并制定相应建设标准；三是完善边境少数民族特色村寨旅游媒体服务体系并制定相应服务质量标准；四是构建边境少数民族特色村寨旅游目的地形象传播动态管理体系和评价指标体系；等等。

另一方面，应推动多媒体联合，推进典型边境少数民族特色村寨项目建设。依托"央媒＋省媒＋州市县媒体＋文旅企业"联动、线上线下一体的传播矩阵，以县级融媒体中心为核心，借助"一部手机游云南"App、微博等自媒体平台，建立宣传素材共采共享机制，服务腾冲国家森林康养基地、耿马非物质文化遗产旅游村寨、贡山边境养心秘境、澜沧国家级传统村落、"雨林景洪，柔情傣乡"及马关"现代化边境幸福村"等典型项目建设。

与此同时，应该塑造世界知名、特色鲜明的边境少数民族特色村寨旅游目的地形象，深化媒体宣传，加大社会宣传，创新网络宣传，整合市场宣传。围绕云南省打造"有一种叫云南的生活"旅游IP的契机，制作辨识度高、传播力强的图文和视频宣传资料，增强旅游目的地形象传播力。借力边境少数民族特色节庆、体育赛事和学术论坛等活动，大力宣传和推广边境少数民族特色村寨旅游目的地形象，提升品牌影响力。

# 第八章 结 论

## 第一节 研究结论与创新

### 一、基于市场供需视角和时间视角界定旅游目的地形象

已有研究对旅游目的地形象的理解分为需求与供给两个视角。从需求的角度,旅游目的地形象指的是旅游者形成的意念要素的集合;从供给的角度,旅游目的地形象指的是旅游目的地对旅游者进行意念要素的传播,代表着旅游目的地自身的主观愿望。

相关研究具有各自的侧重点,本研究整合了旅游市场的需求与供给的视角,并基于时间视角,结合旅游目的地形象的形成过程,将旅游目的地形象定义为旅游者对旅游目的地投射形象的感知与评价。

### 二、基于系统视角探讨旅游目的地形象的本质

旅游目的地通过各种媒介作用于各类实体与抽象的资源、要素,并向旅游市场进行投射,希望得到市场的认可。旅游者的感知评价是旅游目的地投射形象的市场接受程度的具体表现,媒介系统是传播旅游目的地形象的重要渠道,旅游目的地的非旅游产业因素是对旅游目的地形象的外围影响。因此,以系统理论为基础,将旅游目的地形象看成一个主要由旅游者、旅游目的地、媒介系统和外围因素等共同构成的有机整体不仅符合旅游目的地形象的本质,同时也结合了对旅游目的地相关因素的综合考虑,体现了对旅游目的地形象的系统性理解。

### 三、构建旅游目的地形象形成过程示意图

旅游目的地形象是以旅游目的地对旅游市场的投射为基础,以旅游者的实际体验和感受为路径,以旅游者与旅游目的地的互动为关键节点,以旅游

目的地的实际情况为验证而最终形成的。对旅游目的地形象形成过程的分析实际上是对旅游目的地具象要素引发、形成旅游者感知这一抽象概念的逻辑逆推过程。

### 四、构建旅游目的地形象优化模型

旅游目的地形象优化以旅游目的地利益相关者为主体,以与旅游目的地密切相关的各项具体要素为内容,以优化旅游目的地投射形象为目标,本质上是为了促使旅游者接受性形象的良好转变。

### 五、构建旅游目的地形象网络传播路径

旅游目的地形象的网络传播存在三种不同的路径。这三种不同路径的差异主要来源于旅游目的地形象相关舆情的公众认同程度、相关管理部门的应对和处理效率。这客观印证了自媒体时代下的多元传播主体对旅游目的地形象网络传播产生的"双刃剑"效应。

### 六、实证结论

云南边境少数民族特色村寨特色突出、文化浓郁,是各民族繁荣发展的示范窗口,是云南省建设面向南亚东南亚辐射中心的前沿阵地,具有传播旅游形象的天然优势。云南边境少数民族特色村寨旅游形象的自媒体传播是助推云南省建设文化和旅游"双强省"、世界一流旅游目的地的重要举措。

当前云南边境少数民族特色村寨旅游形象的自媒体传播主要面临的问题有五个:旅游产业基础薄弱;地方文化发掘不足;旅游危机事件频发;自媒体运营效率低下;旅游目的地形象模糊。对此主要提出以下对策:加快文旅产业建设,加强传播主体参与;深入挖掘文化特色,充分满足市场需求;加强旅游市场管理,降低旅游危机风险;优化传播队伍结构,完善形象传播机制。

## 第二节 研究局限与展望

### 一、研究局限

一方面,旅游目的地形象本身是一个涵盖内容繁多、复杂且可以从不同

视角进行解读的概念,加上笔者自身能力有限,对旅游目的地形象的界定可能存在不够完整和不够科学的地方;另一方面,就旅游目的地形象优化和旅游目的地形象传播而言,基于利益相关者理论对旅游目的地主要相关群体的梳理可能还不够全面,具有一定的局限性。

本研究选取云南边境部分少数民族特色村寨作为实证分析的对象展开调查。在对云南边境少数民族特色村寨进行实地调研的过程中,受课题组能力、精力所限,围绕部分州市、部分边境县的少数民族特色村寨所获取的信息和资料有限,在保证分析的准确性与客观性方面,仍有待进一步加强。

## 二、研究展望

一方面,本研究结合市场供求视角对旅游目的地形象及其系统优化模型等内容展开研究,今后的研究可以从旅游目的地投射与旅游市场需求的高度匹配的角度展开深入研究。另一方面,本研究针对云南省实际情况对旅游目的地形象优化进行探讨,后续研究可以选取国家旅游目的地形象或城市/区域旅游目的地形象展开拓展研究。

# 参 考 文 献

[1] Ajzen I, Driver B L. Prediction of Leisure Participation from Behavioral, Normative, and Control Beliefs: An Application of the Theory of Planned Behavior[J]. Leisure Sciences, 1991(13).

[2] Bahar O, Kozak M. Advancing Destination Competitiveness Research: Comparison Between Tourists and Service Providers[J]. Journal of Travel & Tourism Marketing, 2007(2).

[3] Baloglu S. Image Variations of Turkey by Familiarity Index: Informational and Experiential Dimensions[J]. Tourism Management, 2001(2).

[4] Baloglu S, Brinberg D. Affective Images of Tourism Destinations[J]. Journal of Travel Research, 1997(4).

[5] Baloglu S, McCleary K W. A Model of Destination Image Formation[J]. Annals of Tourism Research, 1999(4).

[6] Barich H, Kolter P. A Framework for Marketing Image Management[J]. MIT Sloan Management Review, 1991(2).

[7] Beerli A, Martín J D. Factors Influencing Destination Image[J]. Annals of Tourism Research, 2004(3).

[8] Beerli A, Martín J D. Tourists' Characteristics and the Perceived Image of Tourist Destinations: A Quantitative Analysis—a Case Study of Lanzarote [J]. Tourism Management, 2004(5).

[9] Bonn M A, Joseph S M, Dai M. International Versus Domestic Visitors: An Examination of Destination Image Perceptions[J]. Journal of Travel Research, 2005(3).

[10] Chen H J, Chen P J, Okumus F. The Relationship Between Travel Constraints and Destination Image: A Case Study of Brunei[J]. Tourism Management, 2013(35).

[11] Chen J S, Gursoy D. Cross-cultural Comparison of the Information Sources Used by First-time and Repeat Travelers and Its Marketing

Implications[J]. International Journal of Hospitality Management,2000(2).

[12] Chen J S, Uysal M. Market Positioning Analysis: A Hybrid Approach [J]. Annals of Tourism Research,2002(4).

[13] Choi S, Lehto X Y, Morrison A M. Destination Image Representation on the Web: Content Analysis of Macau Travel Related Websites[J]. Tourism Management,2007(1).

[14] Choi S H. Conceptualizing Tourism Image and Nation Image: An Integrated Relational-behavioral Model[D]. West Lafayette: Purdue University,2011.

[15] Chon K S. Tourism Destination Image Modification Process: Marketing Implications[J]. Tourism Management,1991(1).

[16] Crompton J L. An Assessment of the Image of Mexico as a Vacation Destination and the Influence of Geographical Location Upon That Image [J]. Journal of Travel Research,1979(4).

[17] Dann G M. Tourists' Images of a Destination: An Alternative Analysis [J]. Journal of Travel & Tourism Marketing,1996(1-2).

[18] Dowling G R. Measuring Corporate Image: A Review of Alternative Approaches[J]. Journal of Business Research,1988(1).

[19] Echtner C M, Ritchie J R B. The Meaning and Measurement of Destination Image[J]. Journal of Tourism Studies,1991(2).

[20] Elliot S, Papadopoulos N, Kim S S. An Integrative Model of Palace Image: Exploring Relationships between Destination, Product, and Country Images[J]. Journal of Travel Research,2011(5).

[21] Embacher J, Buttle F. A Repertory Grid Analysis of Austria's Image as a Summer Vacation Destination[J]. Journal of Travel Research,1989(3).

[22] Fakeye P C, Crompton J L. Image Differences Between Prospective, First-time, and Repeat Visitors to the Lower Rio Grande Valley[J]. Journal of Travel Research,1991(2).

[23] Fishbein M, Ajzen I. Belief, Attitude, Intention and Behavior: An Introduction to Theory and Research[M]. MA: Addison-Wesley,1975.

[24] Flores-Crespo P, Bermudez-Edo M, Garrido J L. Smart Tourism in Villages: Challenges and the Alpujarra Case Study[J]. Procedia Computer Science,2022(204).

[25] Fornell C, Larcker D F. Evaluating Structural Equation Models with Unobservable Variables and Measurement Error[J]. Journal of Marketing Research,1981(1).

[26] Frost W. Braveheart-ed Ned Kelly: Historic Films, Heritage Tourism and Destination Image[J]. Tourism Management,2006(2).

[27] Gallarza M G, Saura I G, García H C. Destination Image: Towards a Conceptual Framework[J]. Annals of Tourism Research,2002(1).

[28] Gartner W C, Hunt J D. An Analysis of State Image Change Over a Twelve-year Period(1971-1983)[J]. Journal of Travel Research,1987(2).

[29] Gartner W C. Tourism Development: Principles, Processes, and Policies[M]. New York: Van Nostrum Reinhold,1996.

[30] Grosspietsch M. Perceived and Projected Images of Rwanda: Visitor and International Tour Operator Perspectives[J]. Tourism Management,2006(2).

[31] Gunn C A. Vacationscape: Designing Tourist Regions[M]. New York: Van Nostrum Reinhold,1972.

[32] Hair J F, Anderson R E, Tatham R L, et al. Multivariate Data Analysis with Readings[M]. NJ: Prentice-Hall,1995.

[33] Hunt J D. Image: A Factor in Tourism[D]. Colorado: Colorado State University Press,1971.

[34] Hunter W C. Projected Destination Image: A Visual Analysis of Seoul[J]. Tourism Geographies,2012(3).

[35] Keller K L. Conceptualizing, Measuring and Managing Customer-based Brand Equity[J]. Journal of Marketing,1993(1).

[36] Ketter E. Destination Image Restoration on Facebook: The Case Study of Nepal's Gurkha Earthquake[J]. Journal of Hospitality and Tourism Management,2016(9).

[37] Kim H, Richardson S L. Motion Picture Impacts on Destination Images

[J]. Annals of Tourism Research,2003(1).

[38] Kim S S,Crompton J L,Botha C. Responding to Competition: A Strategy for Sun/Lost City,South Africa[J]. Tourism Management,2000(1).

[39] Kline R B. Principles and Practice of Structural Equation Modeling[M]. New York: The Guilford Press,1998.

[40] Lai K H. Service Capability and Performance of Logistics Service Providers [J]. Transportation Research Part E: Logistics and Transportation Review,2004(5).

[41] Lee C K,Lee Y K,Lee B K. Korea's Destination Image Formed by the 2002 World Cup[J]. Annals of Tourism Research,2005(4).

[42] Lee S,Bai B. Influence of Popular Culture on Special Interest Tourists' Destination Image[J]. Tourism Management,2016(52).

[43] Lojo A,Li M,Xu H. Online Tourism Destination Image: Components, Information Sources,and Incongruence[J]. Journal of Travel & Tourism Marketing,2020(4).

[44] MacKay K J,Fesenmaier D R. Pictorial Element of Destination in Image Formation[J]. Annals of Tourism Research,1997(3).

[45] Martín H S,Rodríguez I A. Exploring the Cognitive-affective Nature of Destination Image and the Role of Psychological Factors in Its Formation [J]. Tourism Management,2008(2).

[46] Mayo E J. Regional Images and Regional Travel Behavior[A]//The Fourth Annual Conference Proceedings of the Travel Research Association Research for Changing Travel Patterns: Interpretation and Utilization. Sun Valley: Travel Research Association,1973.

[47] Mazanec J A. Simultaneous Positioning and Segmentation Analysis with Topologically Ordered Feature Maps: A Tour Operator Example[J]. Journal of Retailing and Consumer Services,1999(4).

[48] McLuhan M. Understanding Media: The Extensions of Man[M]. New York: McGraw-Hill,1964.

[49] Michaelidou N,Siamagka N T,Moraes C,et al. Do Marketers Use Visual Representations of Destinations That Tourists Value? Comparing Visitors' Image of a Destination with Marketer-controlled Images Online

[J]. Journal of Travel Research,2013(6).

[50] Molinillo S,Liébana-Cabanillas F,Anaya-Sánchez R,et al. DMO Online Platforms:Image and Intention to Visit[J]. Tourism Management,2018(4).

[51] Nunnally J C. Psychometric Theory—25 Years Ago and Now[J]. Educational Researcher,1975(10).

[52] Oppermann M. Convention Destination Images:Analysis of Association Meeting Planners' Perceptions[J]. Tourism Management,1996(3).

[53] Pearce P L. Perceived Changes in Holiday Destinations[J]. Annals of Tourism Research,1982(2).

[54] Phelps A. Holiday Destination Image—the Problem of Assessment:An Example Developed in Menorca[J]. Tourism Management,1986(3).

[55] Reilly M D. Free Elicitation of Descriptive Adjectives for Tourism Image Assessment[J]. Journal of Travel Research,1990(4).

[56] Ruekert R W,Churchill G A,Jr. Reliability and Validity of Alternative Measures of Channel Member Satisfaction[J]. Journal of Marketing Research,1984(2).

[57] Smith M C,Mackay K J. The Organization of Information in Memory for Pictures of Tourist Destinations:Are There Age-related Differences? [J]. Journal of Travel Research,2001(3).

[58] Stabler M J. The Image of Destination Regions:Theoretical and Empirical Aspects[J]. Marketing in the Tourism Industry:The Promotion of Destination Regions,1988(7).

[59] Stepchenkova S,Zhan F. Visual Destination Images of Peru:Comparative Content Analysis of DMO and User-generated Photography[J]. Tourism Management,2013(36).

[60] Stylidis D,Shani A,Belhassen Y. Testing an Integrated Destination Image Model Across Residents and Tourists[J]. Tourism Management,2017(2).

[61] Zaichkowsky J L. Measuring the Involvement Construct[J]. Journal of Consumer Research,1985(3).

[62] 安应民.旅游产业生态管理系统构建研究[M].北京:人民出版

社,2011.

[63] 白祖诚.建设北京雄美迷人的旅游形象,优化北京得天独厚的旅游产品[J].旅游学刊,1994(2).

[64] 白凯,马耀峰.入境旅游者对我国旅游形象认知的实证研究——兼论北京奥运旅游形象建设[J].陕西师范大学学报(自然科学版),2007(4).

[65] 贝塔朗菲.一般系统论:基础、发展和应用[M].林康义,魏宏森,译.北京:清华大学出版社,1987.

[66] 卞显红,张树夫.应用有利形象模式衡量旅游目的地形象研究——以西安市与上海市为例[J].人文地理,2005(1).

[67] 陈麦池,张宏梅,凌善金.中国国家旅游形象测量模型设计研究[J].石家庄学院学报,2012(6).

[68] 陈希.景观生态学视角下苏州旅游文化展示系统研究——兼及苏州旅游形象优化的相关思考[D].苏州:苏州大学,2016.

[69] 陈曦.论网络治理信息机制的智能化构建[J].中州学刊,2017(8).

[70] 陈曦.网络社会匿名与实名问题研究[D].北京:北京邮电大学,2014.

[71] 陈燕.景洪市旅游业发展SWOT分析[J].思茅师范高等专科学校学报,2011,27(2).

[72] 程金龙.城市旅游形象感知的动力机制探析[J].商业时代,2012(6).

[73] 程圩,隋丽娜.旅游形象感知模型及其应用研究——以长三角居民对韩国旅游形象感知为例[J].旅游科学,2007(1).

[74] 崔晓明,周超.论旅游形象的塑造和营销——以安康市人文旅游资源优化为例[J].当代经济,2009(9).

[75] 戴克清,苏振,黄润."互联网+"驱动中国旅游产业创新的效率研究[J].华东经济管理,2019(7).

[76] 邓恩,向志强.互联网金融品牌形象传播效果的影响因素作用机制研究——基于中部六省数据的实证分析[J].湖北社会科学,2016(4).

[77] 丁陈娟,杨永德,白丽明.旅游目的地形象三维测量模型构建及其实现技术研究[J].学术论坛,2007(9).

[78] 董坚峰,肖丽艳.旅游突发事件中的网络舆情预警研究[J].现代情报,2015(6).

[79] 董亮.信息传播渠道对旅游形象感知的影响研究——以四川省三个世

界遗产旅游地为例[J].西南民族大学学报(人文社会科学版),2013(2).

[80] 付业勤,陈雪钧.基于旅游消费者感知的旅游网络舆情危机研究[J].求索,2016(1).

[81] 付业勤,雷春.网络新媒体时代的旅游网络舆情危机传播研究[J].社科纵横,2014(3).

[82] 付业勤,郑向敏.网络新媒体时代旅游网络舆情研究:源起、价值与构想[J].河北学刊,2013(5).

[83] 付业勤,郑向敏,郑文标,等.旅游危机事件网络舆情的监测预警指标体系研究[J].情报杂志,2014(8).

[84] 付业勤,纪小美,郑向敏,等.旅游危机事件网络舆情的演化机理研究[J].江西科技师范大学学报,2014(4).

[85] 高静.国内旅游目的地营销研究现状及展望[J].北京第二外国语学院学报,2008(11).

[86] 黄杰,王立明,李晓东.建构主义视角下网络媒介对区域旅游形象的构建——以新疆旅游网站为例[J].传媒,2017(4).

[87] 黄晓华,杨春虹.优化旅游环境提升行业素质树立海南国际旅游岛新形象[N].海南日报,2011-10-09(A01).

[88] 黄晓娜.腾冲市旅游品牌创建的研究[D].昆明:云南大学,2018.

[89] 黄震方,李想,高宇轩.旅游目的地形象的测量与分析——以南京为例[J].南开管理评论,2002(3).

[90] 江晓云.少数民族村寨生态旅游开发研究——以临桂东宅江瑶寨为例[J].经济地理,2004(4).

[91] 金疆.基于旅游者感知的承德市旅游服务形象优化路径探索[J].黑龙江科技信息,2015(26).

[92] 黎洁,吕镇.论旅游目的地形象与旅游目的地形象战略[J].商业经济与管理,1996(6).

[93] 李纲,陈璟浩.突发公共事件网络舆情研究综述[J].图书情报知识,2014(2).

[94] 李海娥,熊元斌.民族村寨居民对所在地旅游形象的感知及其效应研究——以海南省什寒村为例[J].兰州学刊,2016(1).

[95] 李宏.旅游目的地形象测量的内容与工具研究[J].人文地理,2007(2).

[96] 李蕾蕾.旅游地形象策划:理论与实务[M].广州:广东旅游出版社,1999.

[97] 李如跃.我国旅游目的地形象传播的优化模式研究[D].成都:四川大学,2007.

[98] 李玺,叶升,王东.旅游目的地感知形象非结构化测量应用研究——以访澳商务游客形象感知特征为例[J].旅游学刊,2011(12).

[99] 李想,黄震方.旅游地形象资源的理论认知与开发对策[J].人文地理,2002(2).

[100] 李晓莉.事件对举办地的旅游形象影响与提升战略研究综述[J].旅游学刊,2007(8).

[101] 李云鹏,王京.需求泛化与信息共享驱动下的旅游产业深度融合[J].旅游学刊,2012(7).

[102] 李振南,敖姣莉.云南旅游业发展现状、问题及对策[J].商场现代化,2016(1).

[103] 廖卫华.旅游地形象及游客认知差异系统研究——以广州为例[J].暨南学报(哲学社会科学版),2007(2).

[104] 林兴良,文吉.旅游地形象策划研究——以广东省台山市(县)为例[J].人文地理,2003(3).

[105] 刘建峰,王桂玉,张晓萍.基于表征视角的旅游目的地形象内涵及其建构过程解析——以丽江古城为例[J].旅游学刊,2009(3).

[106] 刘力.旅游目的地形象感知与游客旅游意向——基于影视旅游视角的综合研究[J].旅游学刊,2013(9).

[107] 刘孝蓉,冯凌.从传承到传播:农业文化遗产旅游形象建构与推广[J].旅游学刊,2022(6).

[108] 刘毅.略论网络舆情的概念、特点、表达与传播[J].理论界,2007(1).

[109] 刘智兴,马耀峰,李森,等.基于游客感知、认知的北京市旅游形象影响因素评价研究[J].干旱区资源与环境,2015(3).

[110] 陆杏梅,沙润,田逢军.基于IPA方法的城市滨水区旅游形象感知影响因子分析——以南京沿江地区为例[J].南京师大学报(自然科学版),2010(2).

[111] 罗明义.旅游经济发展与管理[M].昆明:云南大学出版社,2008.

[112] 罗永常.民族村寨社区参与旅游开发的利益保障机制[J].旅游学刊,2006(10).

[113] 吕帅.国外旅游形象研究及其对国内的启示——基于1996年～2007年TM和ATR所载文献[J].旅游科学,2009(1).

[114] 马宏宇.关于旅游软环境建设的思考[J].辽宁行政学院学报,2013(6).

[115] 马庆国.管理统计[M].北京:科学出版社,2002.

[116] 马仁杰,王荣科,左雪梅.管理学原理[M].北京:人民邮电出版社,2013.

[117] 马诗远.国际旅游传播中的国家形象研究[M].北京:光明日报出版社,2010.

[118] 马勇,李玺.旅游规划与开发[M].北京:高等教育出版社,2023.

[119] 麦克卢汉.理解媒介——论人的延伸[M].何道宽,译.北京:商务印书馆,2019.

[120] 莫凡.从旅游文化角度对旅游目的地形象提升的探讨[J].山西科技,2009(3).

[121] 倪建伟,耿文佳,张宇翔.自媒体时代游客城市管理评价的传播效应与治理策略[J].现代经济探讨,2017(6).

[122] 欧绍华,徐亚纯.湖南区域旅游形象定位与设计[J].中国流通经济,2006(5).

[123] 彭兰.假象、算法囚徒与权利让渡:数据与算法时代的新风险[J].西北师大学报(社会科学版),2018(5).

[124] 彭兰.生存、认知、关系:算法将如何改变我们[J].新闻界,2021(3).

[125] 祁超萍.旅游形象系统设计研究[J].江苏商论,2011(4).

[126] 人力资源和社会保障部教材办公室.旅游概论[M].北京:中国劳动社会保障出版社,2009.

[127] 桑斯坦.信息乌托邦——众人如何生产知识[M].毕竟悦,译.北京:法律出版社,2008.

[128] 邵雪诗,马丽卿.基于传播学视角的旅游目的地形象研究综述[J].浙江海洋学院学报(人文科学版),2011(2).

[129] 施颖婕,桂勇,黄荣贵,等.网络媒介"茧房效应"的类型化、机制及其影响——基于"中国大学生社会心态调查(2020)"的中介分析[J].新

闻与传播研究,2022(5).

[130] 石培基,李先锋.旅游形象传播研究[J].西南民族大学学报(人文社会科学版),2006(8).

[131] 舒刚.社会转型背景的网络舆情监管及其路径优化[J].重庆社会科学,2011(12).

[132] 宋章海.从旅游者角度对旅游目的地形象的探讨[J].旅游学刊,2000(1).

[133] 粟路军,黄福才.旅游者形象感知影响因素及其对忠诚影响[J].商业经济与管理,2010(6).

[134] 孙亮.信息时代下的"认知茧房"[J].思想政治工作研究,2010(4).

[135] 孙晓晖.网络群体性事件中执政公信力的流失及其防范——基于社会动员的分析视角[J].理论与改革,2010(4).

[136] 唐娟.澳门旅游形象的优化——基于文化内涵的探讨[J].旅游科学,2009(2).

[137] 陶长江,程道品,王颖梅.文化遗产地旅游形象策划及实证研究——基于形象感知偏差测量视角[J].重庆师范大学学报(自然科学版),2013(5).

[138] 王格.论旅游形象传播中的信任流失风险[J].江苏商论,2023(2).

[139] 王观娣.大珠三角区域合作背景下城市旅游形象优化研究——以广州市为例[J].商业时代,2013(19).

[140] 王洁.基于网络文本的武汉市旅游形象特征及优化研究[D].武汉:华中师范大学,2017.

[141] 王磊,刘洪涛,赵西萍.旅游目的地形象的内涵研究[J].西安交通大学学报(社会科学版),1999(1).

[142] 王龙.旅游目的地形象测量内容的研究综述[J].旅游科学,2012(4).

[143] 王晞.旅游目的地形象的提升研究——以桂林为例[D].上海:华东师范大学,2006.

[144] 王晓辉.国内入藏游客对西藏旅游形象感知的实证研究[J].贵州民族研究,2015(10).

[145] 王玉珠.新媒体、区域传播与文化软实力提升[J].重庆社会科学,2014(3).

[146] 乌铁红.国内旅游形象研究述评[J].内蒙古大学学报(人文社会科学版),2006(2).

[147] 吴佳宾.旅游中心城市周边灰度旅游区旅游形象优化研究[D].成都:西南交通大学,2008.

[148] 吴晋峰.旅游目的地形象"拼图"及测评方法[J].陕西师范大学学报(自然科学版),2014(6).

[149] 谢朝武,黄远水.论旅游地形象策划的参与型组织模式[J].旅游学刊,2002(2).

[150] 胥兴安,王立磊,高峰强.旅游广告与网络负面口碑对目的地形象的影响——次序效应和交互效应的实验检验[J].旅游学刊,2017(12).

[151] 徐翔.公共信息茧房:社交媒体信息内容收敛现象与效应——基于新浪微博的文本挖掘[J].情报杂志,2023(1).

[152] 徐小波,赵磊,刘滨谊,等.中国旅游城市形象感知特征与分异[J].地理研究,2015(7).

[153] 徐尤龙,钟晖,田里.基于IPA法的旅游目的地形象测量与问题诊断——以昆明市为例[J].北京第二外国语学院学报,2015(7).

[154] 许萍.区域旅游形象的设计与定位[J].教育与职业,2004(18).

[155] 许亚元,姚国荣.基于在线点评的黄山风景区旅游形象感知研究[J].世界地理研究,2016(2).

[156] 严俊,俞国斌.网络传播、政治沟通与社会治理:传播路径的分析视角[J].马克思主义与现实,2015(6).

[157] 杨杰,胡平,苑炳慧.熟悉度对旅游形象感知行为影响研究——以重庆市民对上海旅游形象感知为例[J].旅游学刊,2009(4).

[158] 姚长宏,陈田,刘家明.旅游地形象感知偏差测评模型研究[J].旅游学刊,2009(1).

[159] 张翠丽.论金融危机背景下的民族旅游形象传播[J].中国商贸,2009(11).

[160] 张丹宇,李庆雷.云南旅游安全问题研究——基于国内旅游者安全认知视角[J].学术探索,2013(2).

[161] 张高军,吴晋峰.不同群体的目的地形象一致吗?——基于目的地形象群体比较研究综述[J].旅游学刊,2016(8).

[162] 张航鹰.基于文化认同模型探索中华民族形象传播策略[J].新闻研究导刊,2022(18).

[163] 张宏梅,蔡利平.国家形象与目的地形象:概念的异同和整合的可能

[J].旅游学刊,2011(9).

[164] 张宏梅,陆林.游客涉入对旅游目的地形象感知的影响——益格鲁入境旅游者与国内旅游者的比较[J].地理学报,2010(12).

[165] 张静儒,陈映臻,曾祺,等.国家视角下的目的地形象模型——基于来华国际游客的实证研究[J].旅游学刊,2015(3).

[166] 张薇,史坤博,杨永春,等.网络舆情危机下旅游形象感知的变化及对出游意向的影响——以青岛"天价虾事件"为例[J].人文地理,2019(4).

[167] 郑向敏.旅游安全概论[M].北京:中国旅游出版社,2009.

[168] 周春林.旅游管理信息系统[M].北京:科学出版社,2006.

[169] 周海灯,王国华,方付建.企业危机事件网络舆情传播机制研究——以思念水饺"致病门"事件为例[J].电子政务,2012(10).

[170] 周永博.黑色叙事对旅游目的地引致形象的影响机制[J].旅游学刊,2020(2).

[171] 周永博,蔡元.从内容到叙事:旅游目的地营销传播研究[J].旅游学刊,2018(4).

[172] 朱德锐.自驾旅游目的地管理评价及优化对策研究——以云南省县(区)级自驾旅游目的地为例[D].昆明:云南师范大学,2022.

[173] 朱洪端.城市旅游形象系统的构建及实证研究[D].郑州:郑州大学,2013.

# 附　　录

**附表 1　已有的旅游目的地形象内涵与分类**

| 研究者 | 旅游目的地形象内涵与分类 | 资料来源 |
| --- | --- | --- |
| Hunt | 旅游目的地形象是一种存在于旅游者脑海中的意识流,是旅游者对旅游目的地的综合印象和态度 | Hunt J D. Image:A Factor in Tourism. Unpublished Doctoral Dissertation[D]. Colorado State University,1971. |
| Gunn | 从旅游目的地形象的发展阶段来看,旅游目的地形象主要由原生形象、诱发形象和诱导形象(修正后)三者共同组成 | Gunn C A. Vacationscape:Designing Tourist Regions[M]. New York:Van Nostrum Reinhold,1972. |
| Crompton | 旅游目的地形象是旅游者关于旅游目的地各方面要素的信任、意见和综合印象 | Crompton J L. An Assessment of the Image of Mexico as a Vacation Destination and the Influence of Geographical Location Upon That Image[J]. Journal of Travel Research,1979(4). |
| Phelps | 根据旅游目的地形象的形成先后顺序,可以将旅游目的地形象划分为次级形象和初级形象两大类 | Phelps A. Holiday Destination Image—the Problem of Assessment:An Example Developed in Menorca[J]. Tourism Management,1986(3). |
| Echtner、Ritchie | 旅游目的地形象的认知属性包括"整体—属性""功能性—心理学特性""普通—独特"三个维度 | Echtner C M,Ritchie J R B. The Meaning and Measurement of Destination Image[J]. Journal of Tourism Studies,1991(2). |
| Gartner | 旅游目的地形象可以分为认知形象、感情形象及意动形象 | Gartner W C. Tourism Development:Principles,Processes,and Policies[M]. New York:Van Nostrum Reinhold,1996. |

续表

| 研究者 | 旅游目的地形象内涵与分类 | 资料来源 |
| --- | --- | --- |
| 黎洁、吕镇 | 旅游目的地形象是旅游者关于旅游目的地的社会、政治、经济、生活、文化、旅游设施、旅游业发展等各方面的感知、印象、信念、观点的综合 | 黎洁,吕镇.论旅游目的地形象与旅游目的地形象战略[J].商业经济与管理,1996(6). |
| 李蕾蕾 | 旅游目的地形象包括本底感知形象和实地感知形象 | 李蕾蕾.旅游地形象策划:理论与实务[M].广州:广东旅游出版社,1999. |
| 王磊、刘洪涛、赵西萍 | 旅游目的地形象分为投射性形象和接受性形象 | 王磊,刘洪涛,赵西萍.旅游目的地形象的内涵研究[J].西安交通大学学报(社会科学版),1999(1). |
| 谢朝武、黄远水 | 旅游目的地形象包括主观形象和客观形象 | 谢朝武,黄远水.论旅游地形象策划的参与型组织模式[J].旅游学刊,2002(2). |
| 李想、黄震方 | 旅游目的地形象是旅游者对旅游目的地资源与产品的一种心理认知 | 李想,黄震方.旅游地形象资源的理论认知与开发对策[J].人文地理,2002(2). |
| 马勇、李玺 | 从时间发展的角度来看,旅游目的地形象包括历史形象、现实形象及未来形象 | 马勇,李玺.旅游规划与开发[M].北京:高等教育出版社,2002. |
| 林兴良、文吉 | 旅游目的地的形象策划可以从省市域(宏观尺度)、县域(中观尺度)及景区(微观尺度)等尺度分析 | 林兴良,文吉.旅游地形象策划研究——以广东省台山市(县)为例[J].人文地理,2003(3). |
| 许萍 | 旅游目的地形象主要包括旅游目的地的旅游景观形象、旅游产品质量形象和旅游社会形象 | 许萍.区域旅游形象的设计与定位[J].教育与职业,2004(18). |
| Beerli、Martín | 旅游目的地形象由旅游者关于旅游目的地的认知形象和感情形象构成,二者共同构成旅游目的地的整体形象 | Beerli A, Martín J D. Tourists' Characteristics and the Perceived Image of Tourist Destinations: A Quantitative Analysis—a Case Study of Lanzarote[J]. Tourism Management,2004(5). |

续表

| 研究者 | 旅游目的地形象内涵与分类 | 资料来源 |
|---|---|---|
| 欧绍华、徐亚纯 | 旅游目的地形象包括目的地的物质景观形象、社会文化景观形象、旅游企业形象及核心地区（地段）形象 | 欧绍华,徐亚纯.湖南区域旅游形象定位与设计[J].中国流通经济,2006(5). |
| 刘建峰、王桂玉、张晓萍 | 旅游目的地形象是为旅游者群体所共享的有关旅游目的地的各种概念、观念、意象及感情等 | 刘建峰,王桂玉,张晓萍.基于表征视角的旅游目的地形象内涵及其建构过程解析——以丽江古城为例[J].旅游学刊,2009(3). |

**附表2　旅游目的地形象影响因素相关观点**

| 研究者 | 旅游目的地形象影响因素 | 资料来源 |
|---|---|---|
| Mayo | 旅游目的地形象主要受到水文气候、地质地貌及生物资源等因素的影响；其主要影响因素是旅游目的地的风景、拥堵状况及气候等方面的差异 | Mayo E J. Regional Images and Regional Travel Behavior[A]//The Fourth Annual Conference Proceedings of the Travel Research Association Research for Changing Travel Patterns: Interpretation and Utilization. Sun Valley: Travel Research Association, 1973. |
| Stabler | 旅游目的地形象与旅游目的地的气候或天气,自然资源条件,基础设施状况,旅游接待服务,当地的文化、经济、政治、社会等方面的因素紧密相关 | Stabler M J. The Image of Destination Regions: Theoretical and Empirical Aspects[J]. Marketing in the Tourism Industry,1988(7). |
| MacKay、Fesenmaier | 旅游目的地形象与旅游者信息获取和市场营销机构投入有关 | MacKay K J, Fesenmaier D R. Pictorial Element of Destination in Image Formation[J]. Annals of Tourism Research,1997(3). |

续表

| 研究者 | 旅游目的地形象影响因素 | 资料来源 |
|---|---|---|
| Mazanec | 旅游目的地形象受到感知主体的认知、旅游目的地及旅游目的地的某些具体属性或特征的影响 | Mazanec J A. Simultaneous Positioning and Segmentation Analysis with Topologically Ordered Feature Maps: A Tour Operator Example[J]. Journal of Retailing and Consumer Services,1999(4). |
| Baloglu、McCleary | 旅游目的地形象形成过程中的刺激因素主要包括信息资源的数量、类型，以往经验及信息获取渠道等 | Baloglu S, McCleary K W. A Model of Destination Image Formation[J]. Annals of Tourism Research,1999(4). |
| 宋章海 | 影响旅游目的地形象的因素主要有旅游资源、旅游环境、旅游风险及其他一些相关因素 | 宋章海.从旅游者角度对旅游目的地形象的探讨[J].旅游学刊,2000(1). |
| Chen、Gursoy | 不同旅游者群体的感知差异对旅游目的地形象产生重要影响 | Chen J S, Gursoy D. Cross-cultural Comparison of the Information Sources Used by First-time and Repeat Travelers and Its Marketing Implications[J]. International Journal of Hospitality Management,2000(2). |
| Kim、Richardson | 旅游目的地形象主要受到旅游者对旅游目的地的认知和情感的影响 | Kim H, Richardson S L. Motion Picture Impacts on Destination Images[J]. Annals of Tourism Research,2003(1). |
| Beerli、Martín | 旅游目的地形象的形成受到旅游者的旅游动机、旅游经历及社会人口特征等因素的影响 | Beerli A, Martín J D. Tourists' Characteristics and the Perceived Image of Tourist Destinations: A Quantitative Analysis—a Case Study of Lanzarote[J]. Tourism Management,2004(5). |

续表

| 研究者 | 旅游目的地形象影响因素 | 资料来源 |
| --- | --- | --- |
| Beerli、Martín | 影响旅游目的地形象的相关因素主要包括自然资源,旅游休闲和游憩,物质环境,一般基础设施,文化、历史和艺术,社会环境,旅游基础设施,政治经济因素,地方氛围 | Beerli A, Martín J D. Factors Influencing Destination Image[J]. Annals of Tourism Research,2004(3). |
| Bonn、Joseph、Dai | 影响旅游目的地形象的相关因素可以分为活动专门因素和吸引物专门因素,或分为环境气氛因素和服务因素两类 | Bonn M A, Joseph S M, Dai M. International Versus Domestic Visitors: An Examination of Destination Image Perceptions[J]. Journal of Travel Research,2005(3). |
| Lee C K、Lee Y K、Lee B K | 吸引物、舒适度、费用的价值和异国氛围是影响旅游者形成旅游目的地形象的重要原因 | Lee C K, Lee Y K, Lee B K. Korea's Destination Image Formed by the 2002 World Cup[J]. Annals of Tourism Research,2005(4). |
| Frost | 公众人物、电影对自己国家的旅游目的地形象有着重要的影响作用 | Frost W. Braveheart-ed Ned Kelly: Historic Films, Heritage Tourism and Destination Image[J]. Tourism Management,2006(2). |
| 李晓莉 | 大型活动对旅游目的地形象的形成有显著影响 | 李晓莉.事件对举办地的旅游形象影响与提升战略研究综述[J].旅游学刊,2007(8). |
| 程圩、隋丽娜 | 一手信源和二手信源是旅游目的地形象的前因变量 | 程圩,隋丽娜.旅游形象感知模型及其应用研究——以长三角居民对韩国旅游形象感知为例[J].旅游科学,2007(1). |
| Choi、Lehto、Morrison | 不同的信息来源及其传播对旅游目的地形象产生重要影响 | Choi S, Lehto X Y, Morrison A M. Destination Image Representation on the Web:Content Analysis of Macau Travel Related Websites[J]. Tourism Management,2007(1). |

续表

| 研究者 | 旅游目的地形象影响因素 | 资料来源 |
|---|---|---|
| 白凯、马耀峰 | 旅游信息的获取程度和旅游体验质量是影响旅游者形成关于旅游目的地形象认知的主要原因 | 白凯,马耀峰.入境旅游者对我国旅游形象认知的实证研究——兼论北京奥运旅游形象建设[J].陕西师范大学学报(自然科学版),2007(4). |
| 吕帅 | 媒体作为游客获取旅游目的地形象的重要信息源,对旅游目的地形象有重要的影响 | 吕帅.国外旅游形象研究及其对国内的启示——基于1996年~2007年TM和ATR所载文献[J].旅游科学,2009(1). |
| 粟路军、黄福才 | 服务公平、感知价值及服务质量是影响旅游目的地形象的主要原因 | 粟路军,黄福才.旅游者形象感知影响因素及其对忠诚影响[J].商业经济与管理,2010(6). |
| 张宏梅、蔡利平 | 地理距离是影响旅游目的地形象的重要原因 | 张宏梅,蔡利平.国家形象与目的地形象:概念的异同和整合的可能[J].旅游学刊,2011(9). |
| 陶长江、程道品、王颖梅 | 影响旅游目的地形象的主要因素包括旅游吸引物、旅游服务、自然环境、社会环境及遗产认知等 | 陶长江,程道品,王颖梅.文化遗产地旅游形象策划及实证研究——基于形象感知偏差测量视角[J].重庆师范大学学报(自然科学版),2013(5). |
| Chen H J、Chen P J、Okumus | 旅游者曾经是否去过某旅游目的地及旅游者的停留时间是影响旅游者形成关于该旅游目的地形象认知的重要因素 | Chen H J, Chen P J, Okumus F. The Relationship Between Travel Constraints and Destination Image: A Case Study of Brunei[J]. Tourism Management, 2013(35). |
| 徐尤龙、钟晖、田里 | 旅游资源、旅游产品、旅游环境、基础设施与配套服务、公共优化与服务是影响旅游目的地形象的主要因素 | 徐尤龙,钟晖,田里.基于IPA法的旅游目的地形象测量与问题诊断——以昆明市为例[J].北京第二外国语学院学报,2015(7). |

续表

| 研究者 | 旅游目的地形象影响因素 | 资料来源 |
| --- | --- | --- |
| 刘智兴、马耀峰、李森、牛亚莉、魏婷 | 旅游设施、旅游氛围、旅游环境、旅游价格和旅游服务等因素对旅游目的地形象产生重要影响 | 刘智兴,马耀峰,李森,等.基于游客感知、认知的北京市旅游形象影响因素评价研究[J].干旱区资源与环境,2015(3). |
| 许亚元、姚国荣 | 旅游目的地形象主要受到旅游资源、旅游基础设施和配套服务、自然环境与社会环境、旅游服务及旅游活动等因素的影响 | 许亚元,姚国荣.基于在线点评的黄山风景区旅游形象感知研究[J].世界地理研究,2016(2). |
| Lee、Bai | 流行文化是旅游目的地形象的重要自主代理 | Lee S, Bai B. Influence of Popular Culture on Special Interest Tourists' Destination Image[J]. Tourism Management,2016(52). |